Friedrich Bernhard Marby

SONNE UND PLANETEN IM TIERKREIS

Friedrich Bernhard Marby

SONNE UND PLANETEN IM TIERKREIS

Eine Studie über Wirken und Bedeutung
aller 360 Grade.

Rudolf Arnold Spieth Verlag Stuttgart
1975

Zusammengestellt aus der Monatszeitschrift
„Forschung und Erfahrung“ von F. B. Marby
Umschlaggestaltung:
Bilder (Zeichnungen): Werner H. Stütz (Freier Künstler); Peter Schäfer

1975
ISBN 3-88093-003-1

Druck: G. Göltz, Stuttgart
Bindearbeit: Dieringer, Stuttgart

Aus dem Inhalt

	Seite
Einleitendes	7
Zum Wesen und Schicksal der Widder-Geborenen	16
Das astrologische Fundament	25
Philosophisches zu 0° Widder	27
Die Grade der Sonne im Zeichen Widder	29
Zum Wesen und Schicksal der Stier-Geborenen	38
Die Grade der Sonne im Zeichen Stier	48
Zum Wesen und Schicksal der Zwilling-Geborenen	56
Die Grade der Sonne im Zeichen Zwillinge	61
Zum Wesen und Schicksal der Krebs-Geborenen	71
Philosophisches zu 0° Krebs	77
Die Grade der Sonne im Zeichen Krebs	80
Zum Wesen und Schicksal der Löwe-Geborenen	85
Die Grade der Sonne im Zeichen Löwe	91
Zum Wesen und Schicksal der Jungfrau-Geborenen	96
Die Grade der Sonne im Zeichen Jungfrau	105
Zum Wesen und Schicksal der Waage-Geborenen	115
Philosophisches zu 0° Waage	124
Die Grade der Sonne im Zeichen Waage	126
Zum Wesen und Schicksal der Skorpion-Geborenen	135
Die Grade der Sonne im Zeichen Skorpion	148
Zum Wesen und Schicksal der Schütze-Geborenen	158

Die Grade der Sonne im Zeichen Schütze 167

Zum Wesen und Schicksal der Steinbock-Geborenen 177

Philosophisches zu 0° Steinbock 187

Die Grade der Sonne im Zeichen Steinbock 188

Zum Wesen und Schicksal der Wassermann-Geborenen 200

Die Grade der Sonne im Zeichen Wassermann 208

Zum Wesen und Schicksal der Fische-Geborenen 217

Neptun – der ungebundene Gott 229

Die Grade der Sonne im Zeichen Fische 230

Abbildungen der sieben Planetentypen und einiger Mischtypen 243

Ausklänge 253

Nachträge 254

Einleitendes

Es ist an der Zeit, daß ich die Ergebnisse meiner etwa ein halbes Jahrhundert umfassenden Forschungstätigkeit, die Ernte meines Lebens, vor den Augen derjenigen, die es wert sind, ausbreite und ihnen zu treuen Händen übergebe. – Zu treuen Händen heißt in diesem Falle: mit der Aufgabe, selbstlos weiter zu forschen und das Erkannte zum Segen der Menschheit zu verwenden.

Den Sternenhimmel und die besonders auffällige Milchstraße hatten die Menschen seit jeher, seit vielen Millionen Jahren schon immer sichtbar über sich. Daher liegen die Zeiten, in der die Galaxis, wie die alten Griechen die Milchstraße nannten, in ihrer Wirkung astrologisch erfaßt und angewandt wurde, wohl schon sehr, sehr weit zurück.

Im allgemeinen Rückgange der Kultur, in der von eigensüchtigen Regungen mächtger Kasten betriebenen absichtlichen Verengung des Weltbildes, ließ sich unter Umständen nur mit großer Mühe teilweise die klassische Astrologie in ihren äußeren Formen retten und durch die geistige Finsternis der Zeiten tragen. Auch sie war und ist dem Strebenden der hohe Weg und dem Wissenden die Brücke zur Erkenntnis und zur Schau der Gesetzlichkeit allen Seins und der endlichen Vereinigung mit dem geistigen Ursein. Viele astrologische Forscher arbeiten heute mit Erfolg an dem Ausbau dieses Weges und der Festigung dieser Brücke, und keinen kann man entbehren.

Ewig wie der Sternenhimmel, wird die Wissenschaft, die sich mit den Wirkungen der Sterne befaßt, die Astrologie, dem unwissenden, abergläubischen und mit Scheuklappen versehenen, irregeleiteten Menschen allerdings ein Stein des Anstoßes sein. Den Menschen mit Wolfsinstinkten aber wird die Astrologie immer dasjenige sein, das ihre größte Furcht erregt und ihren abgrundtiefen Haß. Die Astrologie wäre nichts wert, wenn sie die Menschen nicht frei machen würde von den Trugbildern und unfähig machen zu eigenen Impulsen und eigenem klaren Denken.

In der heutigen Astrologie hapert es an der Grundlagen-Forschung. Daraus ergibt sich ein Mangel an Intuition. Mit genauen Rechnungen ist es nicht getan. Die Gabe der Intuition ist vielleicht gar nicht einmal eine Gabe, sondern etwas in früheren Erdenleben Erworbenes, damals bei vollem Wissen der Grundlagen. So kann man aus den Erfahrungen einstiger, vielleicht vor vielen Jahrtausenden gelebter Leben schöpfen. Erkennen heißt: wieder erinnern.

Irgendwo in der unendlichen Leere des Allraumes ist der Raum der Sterne. Millionen von Milchstraßen-Systemen wirbeln in ihm herum, weite Gebiete sind von kosmischem Staub durchzogen. Wie eine Hohlraumkugel umgibt uns der Sternenraum, in dem die Spiralgebilde, die wir Milchstraße nennen, auch unsere Sonne und unsere Planeten kreisen, die einen schneller, die andern langsamer.

Von uns aus gesehen, liegen diese Bereiche in der Form von Kugelhohlschalen sphärisch um die Erde. Die Sphäre des Mondes ist uns am nächsten; da der Mond in verhältnismäßig kurzer Zeit seine Sphäre durchläuft, ist diese Sphäre von schnelleren Rhythmen und Impulsen erfüllt, als die der anderen Planeten. Von uns aus gesehen folgt so eine Sphäre auf die andere; und eine jede überträgt ihr Wesen, ihr Empfinden und ihre Kraft dem in ihr kreisenden Planeten. Weltraumempfinden liegt so, ohne Frage, bei dem massigen und der Sonne ziemlich entfernten Jupiter sowie bei Saturn, Uranus, Neptun und Pluto viel mehr vor als bei den sonnennahen Planeten Merkurs, Venus und Mars.

In den weiten Räumen des Alls hat die Erde ihre Ordnung, wie jeder andere Himmelskörper, wie jedes Wesen im Raume. Die Erde dreht sich um ihre Achse und tanzt auf ihrer Bahn, die wir die Ekliptik nennen, um die Sonne. Wo die Ekliptik nach Norden aufsteigt, ist der Frühlingspunkt (0°); wo die Ekliptik üher den Erdäquator sinkt, ist der Herbstpunkt (180° der Ekliptik oder 0° Waage). Unsere Rechnung geht vom Frühlingspunkt: 0° der Ekliptik oder 0° Widder aus.

Es ist nun so, daß die Rhythmen in den Sphären mit gewissen Punkten der Ekliptik in Verbindung stehen und auf diese Punkte einwirken. Daher muß für jede Sphäre und den entsprechenden Planeten in der Ekliptik ein Höhepunkt und ein Tiefpunkt vorhanden sein. Diese Punkte, welche die Alten aus Erfahrung kannten, die aber ebenfalls eine gewisse Ordnung aufwiesen, nannte man die ‚Erhöhung' der Planeten und ihren ‚Fall'; oder kurz: Höhe und Tiefe, also H und T. Es wird oft behauptet, daß die fernen (von uns aus gesehen) langsamen Planeten nur Massenschicksale oder Kollektivschuld bewirken. – Gewiß kann eine Anzahl Menschen zu einer bestimmten Zeit ein gleiches Erlebnis haben, aber deswegen kann das Schicksal des einzelnen innerhalb dieser Gruppe dennoch sehr verschieden sein.

Denn das Geschick betrifft den ganzen Lebensweg und nicht irgend ein Ereignis, Erlebnis auf diesem Wege. Das Schicksal ist ein Ganzes. Man kann wohl von einem Schicksals-Typ sprechen; es ist das Geschick eines bestimmten Menschen-Typs. Doch können sich die Erlebnisse innerhalb des Schicksalsweges zu ganz verschiedenen Zeiten abspielen und an ganz verschiedenen Orten. Und an diesen typischen Schicksalen kann ein jeder Planet weben. Er wird nie allein bestimmen, wenn er auch der maßgeblichste ist.

Ein jeder Menschentyp hat ein bestimmtes, typisches Schicksal. Dieses ist viel weniger von den Tyrkreiszeichen abhängig, als von den Planeten. Wir rechnen daher mit Neptun-Typen, Uranus-Typen, Saturn-Typen usw. Wie wir in der Radiotechnik mit Langwellen, Mittel-, Ultrakurzwellen usw. rechnen, so haben die verschiedenen Sphären auch verschiedene ‚Wellenlängen', welche bestimmte Menschentypen schaffen und dirigieren. Und so wie wir mit einem Apparat nicht alle Wellen empfangen können (wenn die Vorrichtungen nicht eingebaut sind), so fehlen auch im Menschen bestimmte Organe, sie sind mangelhaft entwickelt oder nicht ausgebildet, sprechen auf gewisse Wellen nicht an.

Es gab auch Zeiten, in denen die Allgemeinheit, das ganze Volk, in den Wissenschaften zu Hause war, und diese volkischen Wissenschaften weisen ganz andere Erkennungsmöglichkeiten auf als die heutigen. Der Mensch war feinfühliger, sensitiver, sein Erinnerungsvermögen war viel stärker und seine Schlußfolgerungen deswegen zutreffender. Die alten Nachrichten, Sagen, Mythen wurden nicht in Schriftzügen niedergelegt, sie gingen von Mund zu Mund und wurden im Gedächtnis aufbewahrt. Dadurch lebte und wirkte das Wissen mehr, es war etwas Inwendiges, ein Eigenes geworden. Im Gedächtnis lebten die gleichen Innenbilder, die auch die Vorfahren hatten. Das ererbte geistig-seelische Gut lebte in der Kette der Generationen weiter. Fußend auf diesem Fundament wurde das Neue eingeordnet. So wirkten nicht die Besserwisser, sondern die Besserkönner. Entwicklungssprünge wurden so vermieden, auch Entwicklungsrisse.

Die Menschen mit höheren Fähigkeiten wurden hochgeachtet. Ihre Fähigkeiten übertrafen einstmals auch die Leistungsfähigkeiten unserer heutigen feinsten, teuersten und oft riesenhaften Instrumente und Anlagen. So wurden in Zeiten, in denen es noch keine Fernrohre und Teleskope gab, die Fundamente unserer heutigen Himmelskunde gelegt. Daher muß man verstehen, daß viele Einzelheiten und einst weitergreifende Erkenntnisse für die späteren Zeiten unverständlich geworden waren durch den Wort- und Sinneswandel der Zeiten.

Die heutige Astronomie schöpft heute noch aus den Eingrabungen vor mehreren 1000 Jahren in alten Tonscherben chaldäischen Ursprunges, auf denen z. B. nach sumerischer Tradition beobachtete Sonnenfinsternisse datiert erscheinen.

Im übrigen ist die Astrologie die anerkannte Mutter der Himmelskunde, der Astronomie. Nur ist die Astrologie von einst eine Astrologie gewesen, in der das Geistige im All und die Belebtheit des ganzen Alls die Grundlage war. Das hinderte diese alte Astrologie aber nicht daran, ganz präzise zu rechnen. Dann hatten sie die Mondtheorie und auch schon eine Kometentheorie.

Denn das besondere Geistige, ein besonderer Aspekt, eine besondere Auswirkung des einen Gottes oder Allgeistes, bewirkt durch eine besondere Strahlung eine besondere Gestaltung, auch die der Wohnlage.

Bei dem Studium der Ausführungen möge man immer bedenken, daß hier Hinweise vorliegen, die sich in einer reichen Erfahrung gründen, und daß es eben nur Hinweise sein können, denn das hier infrage kommende Gebiet ist unendlich groß.

Da in den Kreisen der Astrologen die Knoten der Planeten-Bahnen wenig oder überhaupt keine Beachtung finden, werde ich in einer späteren Aufsatzreihe noch auf die wichtigsten Knoten-Punkte eingehen.

Gemeinhin wird die Auswirkung eines Planeten viel beurteilt nach dem Zeichen und dem Hause in dem sich der betreffende Planet im Horoskop befindet. So untersteht z. B. die Liebe, wenn die Venus sich im Zeichen Widder oder im 1. Hause des Horoskops befindet, sehr dem Kopfdenken, d. h. der sachlichen Überlegung. Ist Venus im Stier oder im 2. Hause, so wirkt sie mehr in Richtung auf ein anschmiegendes Wesen, auf Fürsorge, Vorsorge in materiellen Dingen und Mütterlichkeit usw. Aber das Wesen und die Auswirkung wird grundlegend doch bestimmt durch den Grad im Tyrkreis, den der Planet besetzt.

Es ist überhaupt interessant, daß der Zeugungstag, also der Tag, an dem sich die Seele vom Sternenhimmel losreißt, im Quadrat zu dem Zeichen steht, in dem die Geburt stattfindet. Nun sagt die landläufige Astrologie, daß diejenigen Menschen, deren Geburts-Sonnenzeichen im Trigon zueinander stehen, zueinander passen. Daß dies in allen Fällen nicht stimmt, weiß jeder Astrologe, außer es dreht sich um öffentliche Belange und finanzielles Vorwärtskommen. Damit ist aber Sinn und Zweck der Ehe nicht erfüllt, wenigstens nicht auf der seelischen und geistigen Ebene. Es ergibt sich nun, daß in die Ehe eines Paares, deren Geburts-Sonnen im Quadrat zueinander stehen, seelisch-geistige Impulse hineingetragen werden können; diese fördern die seelisch-geistige Entwicklung beider Partner.

Das Geburtshoroskop enthält die Anzeichen für alle guten Möglichkeiten, auch über Hindernisse und Unmöglichkeiten des ganzen Lebens. Das Geburtshoroskop ist für den Augenblick der Geburt aufgestellt. Aber von diesen Augenblick an wandern die Planeten und Häuserspitzen weiter; sie sind dann progressiv, d. h. weiterschreitend, fortschrittlich. In diesem Weiterschreiten entstehen auch neue Aspekte, Aspektwinkel zwischen den Planeten und zu den Häuserspitzen, die ebenfalls progressiv, also fortschreitend sind. So besetzen die fortschreitenden oder progressiven Planeten nach und nach verschiedene Plätze der Ekliptik. Und die verschiedenen Plätze oder Grade in der Ekliptik haben eine besondere Wirkung, worauf die Astrologen außer Charubel seither nicht geachtet haben. So, wie ich vor rund 30 Jahren nun die pr. Rechnung ‚ein Tag = ein Jahr‘ in Astrologenkreisen betonte, die vorher die Sonnenbewegung am Geburtstage als Maßstab fast ausschließlich anwendeten, so werde ich nun auch die begründete Wertung der Wirkung der einzelnen Grade in der Ekliptik durchsetzen. Diesem Zwecke dient unser nächstes Werk, Die Sphärische Astrologie, das nun demnächst über die Geheimen Systeme der Astrologie erscheinen wird *).

Die Ur-Religion ist die Astrologie und besonders in der Auffassung der Astrobiologie, dem Wissen von den Lebenserscheinungen in der Welt der Strahlen. Die Kosmobiologie betrifft allgemein das Leben im Kosmos; enger gefaßt nach der heutigen Auffassung, das Leben in dem Werden und den Erscheinungsformen der Körper im Kosmos. Hier ist das Leben in seinen Formen schon mehr materiell aufgefaßt. In der Astrobiologie dagegen wird auch ein Lebenszustand, eine Lebensform anerkannt, wo sie noch fließend, noch aus Strahlungen bestehend, vorhanden ist. Die Wiedererringung dieses Zustandes, in dem man den Tod ‚nicht mehr sieht‘ (in dem es kein Sterben gibt), und den Weg dorthin zu lehren und zu leben, ist der eigent-

*) Siehe unsere Ankündigung F. B. Marby, Die Sphärische Astrologie.

liche Kern aller Religionslehren und aller Religionen. – Darum ist auch die Astrologie, die Kosmobiologie und die Astrobiologie, die Wissenschaft vom Astralen, von der Welt der Strahlungen, das unanfechtbare Fundament aller Religionen! – Wenn das die Völker erkennen, hört das Kirchenbonzentum auf und manches Übel dazu.

Im Wandel der Zeiten verdichten sich die Strahlungen zu festem, mindestens scheinbar festem Stoff, und dieser dann in irgend einer Zusammenballung und Form vorhandene Stoff löst sich danach wieder in Strahlung auf. Diese Verdichtungen und Entdichtungen lösen sich periodisch ab. – So löst sich die jetzt vorhandene stoffliche Welt später in Strahlung auf, und die Strahlung weiter in Geist. Der unendliche Raum wird dann frei von Stoffbindungen, von Strahlungen und schöpferischen Impulsen. Gott, der Geist des unendlichen Raumes, ruht in sich. – Nach Ablauf einer gewissen ‚Zeit' setzt ein neuer Impuls ein. Eine neue Schöpfung beginnt, eine neue Welt entsteht, um einstmals ebenfalls wieder zu vergehen. Das wäre die größte Periode des Werdens und Vergehens. – Immer ging eine Weltennacht dem Weltentag voraus. Immer fing mit dem Weltenabend die Weltennacht an, in der Gott in Ruhe war; doch in dieser Ruhe entwickelten sich schon die Pläne für den neuen Schöpfungsakt, für die neue Form des Stoffes.

Diese große Periode der Weltschöpfung und des Weltuntergangs klingt in anderen, kleineren Perioden nach. Der Nacht im Weltenraum entspricht die Nacht des Jahres, die mit dem Eintritt der Sonne in das Zeichen Waage – dem Herbstanfang – beginnt; und mit dem Eintritt der Sonne in das Zeichen Widder – dem Frühlingsanfang – zu Ende ist. Geht die Sonne, von uns aus gesehen, in das Zeichen Steinbock, so erleben wir die ‚halbe Nacht' des Jahres. Entsprechend der Weltennacht, die den Weltentag hinter sich zieht, ist auch der Abend eines Tages, dann wenn die Nacht beginnt, der Anfang des Tages.

Darum begannen die Atlantier in alten Zeiten und auch unsere Vorfahren in alten Zeiten ihr Jahr mit dem Eintritt der Sonne in das Zeichen Waage, und diese Einrichtung und Sitte trugen sie nach dem Süden. Ebenfalls begannen unsere Vorfahren den neuen Tag um die Abenddämmerung des ablaufenden Tages. Hier wurde der neue Tag mit der Hauptmahlzeit (das ‚Abendmahl') begonnen, als Nachklang einer Sitte, der die nordischen Völker heute noch anhängen, und eine Anzahl südlicher Völker, die diese

Sitten von ihren Lehrern und Leitern übernahmen, ebenfalls. So wirkte die Jahresperiode und die Tagesperiode, des Werdens und Vergehens zum neuen Werden sich, veranlaßt und gebunden an dem Wirken der Sonne aus, und teilte das Jahr und den Tag ein.

Es gibt nun Tage und Zeiten mit guten und starken Strahlungen zwischen dem Himmel und der Erde, zwischen den Himmelskörpern und dem Erdkörper. Auf dem Wege, den die Erde um die Sonne wandert, überquert sie in jedem Jahre etwa in den gleichen Tagen eine Unzahl strahlungsreicher Punkte. Diese Punkte auf dem Wege um die Sonne, diese Punkte auf der Erdenbahn (Ekliptik) werden nun in jedem Jahr, soweit die Sonne infrage kommt, in den gleichen Tagen erreicht. Auf zwei Punkten wirkt die Sonne vorzugsweise auf den Äquator und auf zwei anderen Punkten auf die Achse bzw. die Pole der Erde. Die ersten zwei Punkte sind angesprochen, wenn die Sonne auf 0° Widder und 0° Waage ist; die beiden andern bei 0° Steinbock und 0° Krebs. An diesen Tagen ist also eine besonders starke Strahlung zwischen der Sonne und der Erde vorhanden. Die Strahlung ist zwar nicht gleich in ihrer Art und Wirkung, aber sehr stark. Ja, sie besteht noch einige Tage, wirkt also etwas nach.

Als ‚Ei' wird die Erde an ihrem Äquator bezeichnet: Äa = Ei. Läuft der Mond um Ostern über den Äquator der Erde, so legt der ‚Hase' (der Mond) das Osterei (Osterhase = Ostermond). Der Äquator der Erde barg das ‚Eiwasser', denn ‚eeg' = Ei, heute noch in den nordischen Ländern, bes. England, und ‚wator' = Wasser.

So entstanden die Festtage, besondere Tage der All-Verbundenheit und Tage des Dienstes am Guten, und jeder Tag hat seinen besonderen Sinn und seine besondere Wirksamkeit. So ergaben sich auch, entsprechend der guten und starken Strahlungen des Himmels und der Erde die Gelegenheiten, guten und starken Geistern aus der himmlischen Gemeinschaft die Bahn frei zu machen, zu einem neuen Leben auf dieser Erde, ihnen in einem neuen Körper wieder ein Werkzeug zu geben zum Segen der Familie, des Volkes, der Menschheit. Denn nur starke, klare Geister entsprechen starken und klaren Strahlungen des Himmels und der Erde!

Ich werde den Beweis bringen *), daß erstens der ‚christliche Kalender' der christlichen Kirchen nach astrologischen Grundsätzen gestaltet wurde, und zweitens, daß eine frühere Zeit die sphärischen Punkte und Grade und ihre Auswirkung erkannte. Trotz einiger Namensverschiebungen im Kalender der Christenheit ergeben sich diese Tatsachen dem ernsten astrologischen Forscher.

Die Namensgebung (auch der Kirche) enthüllt klar und deutlich, daß die Kirche den Kalendertagen, entsprechend den kosmischen Einflüssen des Grades, der an diesem Tage von der Sonne besetzt wird, unter Bezugnahme auf die Lehren der Astrologie und entsprechend der Planeten-Einflüsse auf die Veranlagung, das Schicksal und das Leben, Namen gab, die an bekannte oder erdichtete Personen ihr Wesen und ihr Schicksal hinwiesen.

Wir sehen, wie sehr die Romkirche, besonders diese, eine astrologische Einstellung hat. Gewiß, sie hat diese Einstellung aus dem Gedankengut der germanischen Kirche und aus dem Gedankengut der Grecogermanen (Griechen) übernommen, denn von diesen Zusammenhängen haben die Jünger Jesu nichts gewußt, außer vielleicht Johannes, der wohl Galiläer war, aber griechisch erzogen wurde (während Paulus Grieche war, aber jüdisch erzogen wurde). – Die meisten heiligen Handlungen der Romkirche (eigentlich alle) entstammen ebenfalls der überrumpelten germanischen Kirche. Auch unsere Äcker und Wiesen, unser Land, unsere Gebräuche und unser Blut entstammen keineswegs der römischen Kirche und werden länger bestehen als diese. Wir sollten es nie vergessen, uns auf unser Eigenstes, das sich in uns unter Gottes Liebe und Führung entwickelt hat, zu besinnen und aus uns heraus, aus eigenstem Empfinden heraus zu handeln. Tun wir das, so sind wir die echten Kulturträger. Tun wir das nicht, so werden wir zum verrottenden Kulturdünger.

Friedrich Bernhard Marby

*) Marbys „Sphärische Astrologie" erscheint bewußt erst nach seiner Graddeutung. Wir wollen damit der Voreingenommenheit des Lesers entgegentreten.
Bekanntlich arbeitet heute die akademische Wissenschaft zuerst ihre Thesen (also Theorien) aus und richtet danach in der Praxis ihre Beweisführung. Wir halten dies für falsch, also ‚bio-logisch' unrichtig. Bei uns ist es umgekehrt: wir führen als ersten Grad die Beobachtung (Praxis), und darauf begründen wir die Theorie. So ist Beobachtung und Empirie ein biologisches Folgeprinzip, auf dem dann theoretisch seine Beweisführung steht. Es ist ja auch so, daß manch ‚logische' Möglichkeiten den

‚bio-logischen' (kontrinär) entgegenstehen. Darum ist nicht was logisch, auch biologisch! Das biologische Prinzip steht über dem logischen. Deshalb kommt auch die höhere Mathematik und Physik nur noch mit ‚Unbekannten' zurecht, weil ihr nicht die Möglichkeit inne steht, zuerst aus der Praxis zu kommen und dann die Begründung zu finden.

Rudolf Arnold Spieth

Zum Wesen und Schicksal der Widder-Geborenen

Mit dem Zeichen Widder beginnt die Reihe der Tierkreis-Zeichen, die in einem geschlossenen Ring unser Sonnensystem, also auch unseren Planeten, umgibt. Da die Sonne in den Tagen 21. März bis 19. April (von uns aus gesehen) das Zeichen Widder durchwandert, rechnet man die in diesen Tagen Geborenen wegen ihres Geburts-Sonnen-Ortes zu den Widder-Geborenen.

Nach der Regel der Alten wird das Zeichen Widder, ähnlich wie die Zeichen Krebs, Waage und Steinbock zu den Kardinal-Zeichen gerechnet. Es entsteht auf diese Weise das kardinale Kreuz.

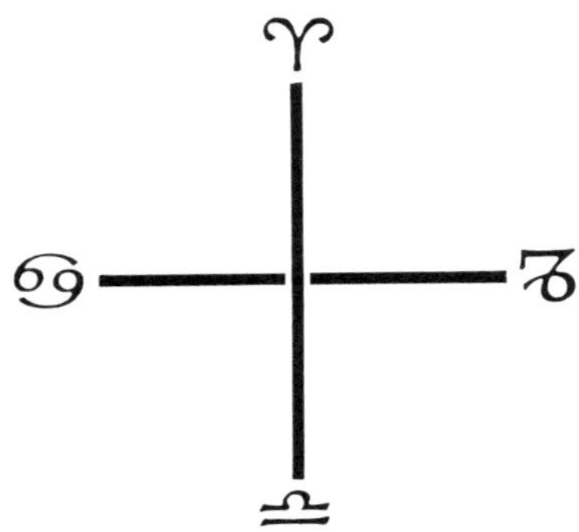

DAS
KARDINALE KREUZ

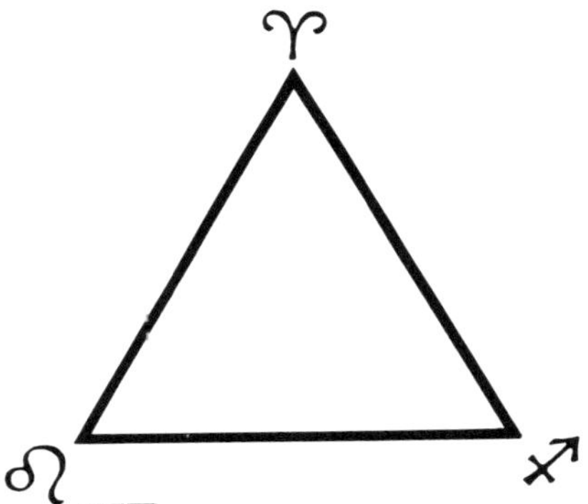

DIE
FEUER-ZEICHEN

Von einem anderen Gesichtspunkt aus rechnet man außerdem das Zeichen Widder, wie die Zeichen Löwe und Schütze, zu den Feuerzeichen oder den „feurigen" Zeichen.

Nach den Gesichtspunkten der ersteren Einteilung handelt es sich, das sei hier erstmals klar gesagt, um den Wirkungsbereich der festen beweglichen und kardinalen Zeichen. So gelten die festen Zeichen als Vermittler der Impulse der geistigen Welt, die kardinalen Zeichen als Vermittler der Impulse aus der irdischen Welt und die beweglichen Zeichen als Kraftfelder des zwischen der geistigen und der irdischen Welt vermittelnden Sternenhimmels.

Dagegen behandelt die zweite Einteilung in feurige, erdige, luftige und wässrige Zeichen mehr die Art und Weise des Verhaltens und Wirkens der feurigen, erdigen, luftigen und wässrigen Zeichen. –

Will man das Zeichen Widder recht verstehen, so muß man bedenken, wo innerhalb der Ekliptik die Widderzone zu finden ist, und welche Auswirkung denjenigen Planeten aufgezwungen wird, die das Zeichen Widder erreichen und es durchwandern. Die Auswirkung eines jeden Planeten wird, das hat sich erfahrungsgemäß ergeben, in den verschiedenen Zeichen oder Ekliptik-Zonen verstärkt oder geschwächt oder in unguter oder guter, hemmender oder fördernder Weise verändert. – Unter den Planeten, die sehr den Zielen und der Wesensart des Zeichens Widder entsprechen, gelten die Planeten Pluto und Mars als die „Herrscher“ des Zeichens Widder. –

Der lateinische Name des Zeichens Widder ist ‚Aries‘. Das will nicht besagen, daß alle Widder-Geborenen nun Arier sein müssen. Aber unter der Betrachtung der Herrscher in diesem Zeichen: Pluto und Mars, können wir das Zeichen Aries oder Widder grundlegend verstehen. – In der kurzen Zeit, in der wir die Wirkung des Planeten Pluto bisher beobachten konnten, hat sich ergeben, daß sein Wirken vor allen Dingen Gemeinschafts-Arbeit, die unter Umständen im Dauererfolg sehr fraglich sein und oftmals tragisch enden kann, betrifft. Damit wäre eigentlich das ganze Auftreten der Arier auf dem Erdball in Art und Auswirkung verständlich, und zwar nicht nur u. a. nach der politischen, sondern auch in religiöser Richtung. – Die Wirkung des Planeten Mars ist dagegen mehr bekannt. Er wird zumeist als der „kriegerische“ Planet bezeichnet. Das betont man sehr gerne im Lager der knochenweichen Kreise, denen der offene, opfervolle Kampf nicht liegt und die dafür gerne auf Schleichwegen und durch Lügen und Hintertüren ihre Ziele zu erreichen suchen. Der Mars ist mindestens ebenso gut und ebenso stark der Lichtbringer, der Klärer, der Streiter auf geistigen Gebieten, als der Entscheider im Kampfe auf offenem Felde. – Daß er in seiner Freude am Kampfe auch irregeleitet und ausgenützt werden kann für Zwecke und Ziele, die ihm selbst Schaden bringen können, ist das Tragische im Leben der Widder-Geborenen. Daß er oftmals erleben kann, beiseite gesetzt zu werden, wenn er nicht mehr benötigt wird, hat sogar der am 1. April geborene Bismarck erfahren müssen. – Damit geriet aber auch sein Werk, das von ihm geschaffene Deutsche Reich, auf die Bahn des Unterganges. –

Will man die Wirkung des Zeichens Widder weiter verstehen, so muß man bedenken, daß dieses Zeichen am Äquator der Erde beginnt und daß mit dem Übergang der Sonne über den Äquator und dem gleichzeitigen Eintritt in das Zeichen Widder eine Umpolung in der magnetischen Atmosphäre vor sich geht. Dieses wirkt sich in der Seele der Widder-Geborenen aus und über diese auch in der Funktion der Drüsen. Ebenso wirkt sich dieses in einem Schicksal aus, das immer neue Lagen schafft und schnelle Entschlüsse, die nicht lange überlegt werden können, von den Widder-Geborenen verlangt. Darum kann der (die) Widder-Geborene im Vorgehen etwas hart und „kriegerisch" erscheinen.

Unter den Körperzonen wird der Kopf vom Zeichen Widder besetzt. Da dort, wo im Horoskop die Sonne wirkt, die Organe stark durchblutet sind, und da während des Schlafes das Gehirn ziemlich blutleer sein sollte, ist der Schlaf der (des) Widder-Geborenen oft sehr leicht und unruhig, und viele Widder-Geborenen klagen über Schlaflosigkeit. Über Tage und im Wachzustande befähigt der starke Zufluß des Blutes zum Gehirn zu einem schnellen Denken. Der stark zum Gehirn flutende Blutstrom läßt dagegen die Nieren (auch den Magen und die Kniezone) etwas unter Blutmangel leiden und die Möglichkeit zu entsprechenden Krankheiten (auch das Gefühl von Kälte) in diesen weniger begünstigten Körperzonen auslösen. Dagegen kann die Blutüberfülle in der Kopfzone das Auftreten bestimmter Krankheiten, wie Ohrenleiden, Augenleiden, Zahnleiden und anderen Leiden zumeist entzündlicher Art, begünstigen oder hervorrufen. Auch kann die Halszone in Mitleidenschaft gezogen werden.

Nun einige Wesenszüge der Widder-Geborenen: Unternehmungslust, Mut, Willensbewußtsein, Stürmertum, Unabhängigkeitsgefühl, Pflichtgefühl gegenüber der Familie, Freigebigkeit, Herrscherdrang, Ehrgeiz, Großzügigkeit. Bei weniger entwickelten Widder-Geborenen: Prahlsucht, Rücksichtslosigkeit, Eifersucht, Untreue, Rachsucht und Grausamkeit, Fanatismus, Starrsinn und Rauheit. – Diese Unarten sind dann zumeist bei übler Aspektierung vorhanden. –

Widder-Geborene wissen in den meisten Fällen sich eine ausgiebige Existenz zu schaffen. Die meisten erstreben Selbständigkeit und erreichen sie auch. Es fehlt im Leben nicht an guten Gelegenheiten. Sie wissen die Möglichkeiten, Vorteile zu erringen, wohl zu sehen und zu erfassen. Die Verhältnisse bessern sich zusehends, und das Alter ist in den meisten Fällen finanziell gesichert. Falls Geschwister vorhanden sind, erfolgt von diesen später meistens eine Trennung, und in Verträgen sind sie eher mißtrauisch, mindestens vorsichtig. Es besteht ein starker Bewegungstrieb, und Reisen werden gerne unternommen. In allen Sportzweigen sind Widder-Geborene stark vertreten. – Große Verluste im Elternhause können den Ausbildungs- und Berufsweg erschweren. Erbschaften der Eltern werden nicht immer sicher angelegt. – Jugendliebschaften können eine schon sehr frühe Ehe erzwingen. Ist der Partner (die Partnerin) schon ziemlich höher in den Jahren, weiter geistig überlegen und weiß zu führen, so mag die Ehe bringen, was erwünscht ist. Sonst aber kann es zu Mißhelligkeiten, Trübungen in der Ehe, Untreue und zu Scheidungen kommen. Auch durch Unglücksfälle oder durch Tod kann die Ehe gelöst werden. – Liegen diese Erlebnisse vor, so kommt es nach kurzer Zeit zu einer weiteren Ehe, die gut verläuft, oder es wird überhaupt nicht mehr geheiratet, weil man mit der Zeit die Schattenseiten in der Ehe, die ja auch immer vorhanden sind, zu schwarz sieht, auch selbst eine gewisse Selbständigkeit errungen hat. – Die Kinderzahl ist meistens nicht sehr groß. Einige Kinder können sich durch Unüberlegtheiten großen Schaden zufügen und dem (der) Widder-Geborenen viel Sorgen bereiten.

Widder-Geborene haben eine große Lebenskraft und können ein sehr hohes Alter erreichen. Sie sind besonders zu Krankheiten des Magens und der Verdauungsorgane veranlagt, aber auch zu Nierenleiden. Die Krankheiten der Kopfzone wurden schon erwähnt. Alle Krankheiten der Widder-Geborenen neigen dazu, entzündlicher Art zu sein. Lebensgefahr kann auch durch tollkühnes Verhalten und Fahrigkeit erwachsen. Der Tod kann auch besonders durch Sturz auf den Kopf veranlaßt sein. – In der Ehe kann es zu sehr schweren Differenzen kommen. Diese können dann auch zur Trennung oder Ehescheidung führen. Dabei wird dann kräftig gestritten, was ja eigentlich Unsinn ist, aber ein jeder Teil möchte gerne Recht haben. Recht haben und Recht bekommen ist aber meistens zweierlei. Bei allem liegt auch vieles am Widder-Geborenen selbst. Die Feurigkeit der Art kann Untreue bringen. Auch die Selbstbetonung kann dazu führen oder Krisen herantragen. Ein Todesfall kann die Ehe frühzeitig beenden. Je nach den vorliegenden Aspekten kann es auch an Wärme in der Familienatmosphäre fehlen. Darin fühlen sich dann die Kinder auch nicht wohl und rächen sich mit einem entsprechenden Verhalten, das dann die Eltern in Schwierigkeiten bringen kann. – Die Reiselust der Widder-Geborenen kann sie auch in weitentfernte Gebiete tragen. Aber der Aufenthalt in fernen Ländern braucht nicht dauernd oder endgültig zu sein. – Beruflich liegt den Widder-Geborenen die Eisen- und Metall-Branche nahe. Dabei dreht es sich nicht immer nur um die Herstellung der Gegenstände, sondern auch um ihre Handhabung und ihren Gebrauch im Berufe. So findet man Widder-Geborene unter den Fleischern und Ärzten, den Soldaten und Friseuren, den Maschinenbauern, den Förstern und den in der Industrie beschäftigten Menschen. Dem Mars (Lux) als Lichtbringer ist es auch zu verdanken, daß viele Widder-Geborene Lehrer werden. Das Feurige im Wesen des Mars verknüpft auch etwas mit den Feuergeistern und läßt Freude an einem Beruf bringen, der irgendwie mit Feuer zu tun hat. – Mit Berufen, die unter die Venus fallen, hat der (die) Widder-Geborene weniger Glück, außer die Venus steht entsprechend. – Das Berufsleben der Widder-Geborenen spielt sich selten glatt ab, bringt Schwierigkeiten und Widerstände genug, wird aber letzten Endes doch gemeistert und zum Ziele geführt. – Pakte mit Menschen anderer Rassen führen in den meisten Fällen zu Schädigungen und Niederlagen.

Freundschaften mit geistig hochstehenden Menschen sind den Widder-Geborenen sehr dienlich. Als Empfangende sollten da die Widder-Geborenen nicht zu sehr Überwertigkeitskomplexe zeigen. Wenn die Blume die Blüte nicht öffnet, kann die Sonne nicht hineinscheinen. Die Hand, die sich nicht öffnet, kann nicht empfangen, und Spitzigkeit kann den gutmeinenden Helfer auf die Dauer oder sofort verwunden und abschrecken. Schwierigkeiten verursachen sich die Widder-Geborenen meistens selbst. Freundschaften können und wollen den Widder-Geborenen gerne helfen. Freundschaften sind viel auf dem Lebenswege. Wahre Freunde aber schmeicheln selten. Menschen mit feinem Empfinden und gutem Wollen soll man nicht abstoßen. Eher soll man gegen Schmeichler vorsichtig sein. – Feindschaften entstehen, wenn der (die) Widder-Geborene sich in der Öffentlichkeit betätigt, aus den Kreisen verbundener Personen, Vereine und Verbände. Diese Tatsache entspricht wieder der Eigenart einer Auswirkung des Planeten Pluto. Wer an Gemeinschaftsaufgaben beteiligt ist und darin hervortritt, wird von anderen Gemeinschaften bekämpft. Ausländische Feinde sind da gefährlicher als diejenigen im eigenen Lande. –

Wir werden nun noch gewisse Geburtstagsgruppen in kurzen Zügen besprechen.

Das sind erst einmal die in den Tagen 21.–26. März Geborenen. Ihre

Geburtssonne ist in der Nähe des Erdäquators, dessen Einflüsse mehr oder weniger stark mitwirken. Die Bewegung der Oberfläche der Erde ist da am größten. Die hier Geborenen haben einen sehr starken Bewegungstrieb, der sich körperlich, aber auch seelisch auswirken und ebenso auch in vielen schicksalshaften Veränderungen auswirken kann. Im ersteren Falle wird gerne gewandert und gereist, im zweiten Falle wechseln sehr die Neigungen und die Wissensgebiete, mit denen man sich beschäftigt, und im dritten Falle wirkt sich das in öfterem Wohnungswechsel, mehrfachem Stellungswechsel und Wechsel in Partnerschaften aus. Der der Erde verwandte Mond, Frau Luna, wirkt sich hier in „Launen" aus – im Drang nach Veränderungen und immer anderer Betrachtungsweise. Dabei ist die Einstellung zum Leben und der Umgebung oft sehr egozentrisch und oft auch vom ausgesprochenen Egoismus diktiert. Die Linie des Äquators ist ja die Linie des Ego. Das Empfinden und Wollen ist sehr stark von den Strömen, die den Erdball umfluten, beeinflußt. An der Stärke und Art dieser Ströme ist gestaltend sehr der Mond beteiligt, der rund alle 14 Tage über den Äquator wandert. Aus diesem Grunde bringen diese Geburtstage auch Sensitive und Medien, die besonders in den Naturreichen hellsichtig sind und oftmals mit Zwergen, Nixen, Undinen und Salamandern Unterhaltungen pflegen, als wenn es Menschen wären. Auch der Mond in diesen Graden wirkt ähnlich so. – Die körperliche Gestalt geht in diesen Graden gerne in die Fülle, und Menschen mit hoher Gestalt findet man hier selten. Man könnte fast annehmen, daß hier die gleichen Strahlungen und Kräfte, die die Kugelgestalt der Erde hervorbringen, dasselbe auch in Hinsicht auf die körperliche Form der Menschen und Tiere bewirken wollen. Auf 0 Grad Widder haben wir auch den Punkt der Orange (Apfelsine) zu suchen, und zwar besonders stark, wenn hier der Jupiter ist. – Die Fruchtbarkeit der Erde kann sich in einer mittleren bis großen Kinderzahl und in einer noch größeren Anzahl Fehlgeburten auswirken. In der Ehe ist oft nicht alles in Ordnung, die Kinder sind sehr verschieden, und mehrere Ehen können am Lebenswege liegen. Die in diesen Tagen Geborenen werden immer genug Lebensmöglichkeiten haben, finden auch immer wieder Wege zur Neugestaltung und bleiben bis an das Lebensende immer wendig genug, obgleich sie gerne bedauert werden. Es liegt eine gewisse Erdenschwere in diesen Graden. – Wohnlage: meistens in Eckhäusern oder in freistehenden Häusern, Erdgeschoß oder einen Stock höher.

Die vom 27.–31. März Geborenen sind wieder anderer Art, obgleich noch einiges von den Äquatoreinflüssen nachklingen kann. Es liegt hier etwas weniger an Erdgebundenheit vor. Der Intellekt ist meistens reger, die Stimmungen und Gefühle stellen sich mehr in den Hintergrund, und der Wille kann sich spritziger äußern. In diesen Graden, in denen die Ekliptik sehr stark wirkt, ist ein stärkeres Fluten des Blutes im Kopfe vorliegend. Es kommt in diesen Graden, besonders im 7. Grade (Geburtstag der 28., 29. März) sehr oft zu Ohrenleiden, zu Augenleiden und zu einseitigen Nervenleiden (Gesichtsnervenschmerz), wie zur Gesichtsrose. Die letztere Krankheit tritt gerne bei dazu veranlagten Personen (meist braunhaarig und ziemlich vollbackig) auf, die in der Nähe eines Baches oder Flusses wohnen. Dieselbe Wohnlage scheint den „Mumps" (Ziegenpeter) zu begünstigen. – Die in diesen fünf Tagen des Ende März Geborenen sind meistens etwas schlanker gebaut und haben in ihrem Leben oft viele Gelegenheiten, um vorwärts zu kommen. Kunstgefühl und künstlerische Talente findet man viel in diesen Graden. Die Zahl der Kinder ist nicht sehr groß. Wohnlage: Auch hier noch oftmals Eckhäuser oder Haus neben einem Eckhaus.

Eine weit größere Geistigkeit liegt gewöhnlich bei den vom 1.–4. April Geborenen vor. Die körperliche Figur ist imponierender. Breite Schultern werden oft von einem massigen Schädel gekrönt. Abwägend ist das Verhalten, die gerne zurückgehaltene Energie kann sich, wenn es sein muß, auch in einer Sturzflut von Argumenten und Willensimpulsen entladen. Es wird logisch gedacht und meistens nüchtern geurteilt. Das reiche Empfinden wird nicht gerne gezeigt, läßt sich aber nicht immer verbergen. Brausejahre in der Jugend werden von einer in Treue gehaltenen Ehe abgelöst. Der (die) Ehepartner(in) stirbt meistens früher. Die in diesen Tagen Geborenen sind geeignet für den Staatsdienst, da es an diplomatischem Geschick nicht mangelt. In der Familie sind sie eher zu rücksichtsvoll, und der Nachwuchs erreicht selten die geistige Höhe und Zielklarheit der in diesen Tagen Geborenen. Die feineren Ausstrahlungen der Zeugungssäfte der in diesen Tagen Geborenen werden wohl von ihm selbst für die eigene geistige Tätigkeit verbraucht, oder die Säfte sind immer noch zu jung. Ich gebe hier einen Hinweis auf wertvolle und wichtige Möglichkeiten. Der Mensch sollte wissen, was er tut. Das gilt für alle. – Die Wohnlage der in diesen Tagen Geborenen: Freistehendes Haus oder Eckhaus oder Haus neben Eckhaus zumeist. –

Wir kommen nun an die vom 5.–7. April Geborenen. Fragen des moralischen und sachlichen Rechts sind es, die in diesem Erdenleben immer wieder geprüft, durchlebt und innerlich (oft auch nach außen hin) beantwortet werden. Der Mensch hat sich für jedes Erdenleben bestimmte Probleme vorgenommen, oder sie werden ihm von den führenden Geistern zugeteilt. (Inwieweit die führenden Geister in dem Menschen selbst sind, ist eine andere Frage!) – Die in diesen Tagen Geborenen haben sich sehr stark mit dem Problem der Treue zu beschäftigen. Ihnen selbst wird es sehr schwer, treu zu sein, oder andere Menschen geben ihm auf, über dieses Problem nachzudenken oder sind ihm nicht treu. – Immer müssen wir bedenken: Wir leben, um uns seelisch zu klären und zu entwickeln. Leben heißt: Probleme zu klären und Prinzipien zu erfassen, zu bejahen und leben. – Die in den Tagen 5.–7. April Geborenen sind meistens geschäftlich sehr rührig, haben aber auch eine unklare Ader, und kennzeichnend ist da ihre eigenartige unklare Redeweise. Da poltern oftmals die Worte und die Sätze durcheinander. Etwas unklar und oft auch zu gewagt sind die von diesen Geborenen getätigten oder geplanten Geschäfte. Da könnte ein Konkurs oder ein Vergleich ganz unnötig die Folge sein. Die Partnerin oder der Partner muß auf Ordnung sehen, mindestens sich etwas um die Geschäfte kümmern, damit vollkommener Ruin vermieden wird. Das ist auch notwendig, weil meistens eine Anzahl Kinder vorhanden ist, oft sogar sehr viele. Und dann ist es doch auch schön, wenn gegenseitige Treue das Gebäude der Ehe sichert. Die Figur ist etwas voll, mittelgroß, breitschultrig. – Wohnlage: Meistens mitten in der Reihe und oft in einer Straße, die von Nord nach Süd verläuft und dann auf der rechten Seite. – Noch nachzuholen ist, daß die in diesen Tagen Geborenen sich vor Gewalttaten und Unglücksfällen hüten sollten. –

Nun die vom 8.–11. Geborenen: Die körperliche Figur ist meistens schlank, oftmals groß, große Nase, engzusammenstehende Augen, hohe, etwas fliehende Stirne, dunkel- oder schwarzhaarig. Aufrechter Gang. – Das Leben spielt sich oftmals sehr in der Öffentlichkeit ab. Die in diesen Tagen Geborenen treten irgendwie hervor und erregen Aufmerksamkeit in der Öffentlichkeit. Sie sind tüchtig, erfolgreich und sehr repräsentativ im Auftreten. Sie legen Wert auf gute Formen und können oft recht königlich tun. Viel Verehrung, wenig Freundschaften, viel Feindschaften. Im allgemeinen eine bemerkenswerte Lebensbahn, die aber im Alter von etwa

68 Jahren sehr gefährdet ist. Oftmals zwei Ehen, die nicht ohne Berechnung geschlossen werden. Der Schein sollte das Sein nicht überwuchern. – Wohnlage: Zumeist an einem freien Platz oder dort, wo die Straße verbreitert ist, an der Südseite. Oftmals in der Nähe öffentlicher Gebäude. –

Die vom 12.–17. April Geborenen haben eine ziemlich stabile Schicksalslinie zu verzeichnen. Sie sind strebsam und eher etwas zurückhaltend im Wesen. Aber das Leben ist meistens erfolgreich. Krebskrankheiten können in der Familie eine Rolle spielen. Eine gerechte, vorsichtige Einstellung. Kleinere Liebhabereien, Musikvereine, Skatabende, Geselligkeit, Freude an Kindern, eine temperamentvolle Partnerin (Partner). Etwas Schwierigkeiten mit angeheirateten Verwandten. Beruflich: Vielleicht Beamter oder ähnliches. Dauernde Stellungen, gut fundiertes eigenes Geschäft, Solidarität. Zurückhaltung, keine Prahlsucht, oder nur selten. Langes Leben. – Wohnlage: Meistens mitten in der Reihe, wie die vom 5.–7. April Geborenen. –

Zum Schluß dann noch die am 18., 19. April Geborenen. Hier liegt eine gewisse Entschlußlosigkeit vor. Die guten Gelegenheiten des Lebens sollten aber frisch erfaßt werden. So sehr es das Innenleben beschäftigen kann, sollte es doch den Blick nach außen nicht zu sehr behindern. Innere Energien sollten nicht zu sehr und immer gebremst werden. Die in diesen Tagen geborenen weiblichen Widder kommen oft nicht zur Heirat, weil sie sich nicht entschließen können, weil sie nicht wissen, was sie wollen. Den männlichen geht es ähnlich so. – Eher mehr schlanke Figur. Beruflich liegt die Eisenbranche nahe oder wenigstens die Metallbranche. Selten Selbständigkeit. Aber ein langes Leben. Vor Unfällen hat man sich sehr zu hüten. Nicht viele Kinder oder gar keine. – Wohnlage: In der Nähe einer Straßenbiegung mit Aussicht über freies Gelände oder über eine industrielle Anlage. Sicht meistens nach Süden. –

Damit sind wir am Ende der kurzen Besprechung des Zeichens Widder angelangt. Diese vorstehende Betrachtung kann natürlich nicht erschöpfend sein und kann und soll auch nicht in allen Zügen zutreffen. Wenn man ein möglichst klares Bild haben will, muß man sich schon ein auf die Geburtsminute berechnetes Lebens-Horoskop anfertigen lassen. Das ist den Widder-Geborenen nunmehr anzuraten.

Um dies zu erkennen und zeitig und richtig zu handeln, kann ein persönliches Horoskop schon eine große Hilfe sein.

im Hinblick auf die körperliche Verfassung, mit einem Blick auf die Wesenart und die Fähigkeiten und in bezug auf die möglichen Erlebnisse. Geltend für das ganze Jahr auf Grund des Sonnenstandes bei der Geburt, und geltend für jedes Lebensjahr auf Grund der Jahr um Jahr einen Grad vorrückenden Sonne (ein Grad ist ein Lebensjahr). Die Abweichungen durch Planeten-Aspekte, die die Wirkung der Sonne beeinflussen, können hier nicht erwähnt werden, ebenso nicht die Wirkung der Transite.

Die Behandlung der Geburtstage zeigt ohne Frage, daß nicht alle Menschen, die in einem Zeichen geboren sind, ein gleiches Wesen und ein gleiches Schicksal haben können. Die einzelnen Grade haben ihre besondere Art und Wirkung. Das dürfen wir nie übersehen. Einiges Gemeinsame ist in dem Tierkreiszeichen wohl zu finden, aber das Besondere zeichnet sich in den einzelnen Graden ab. (Und noch einmal:)

Mit wenig Einfühlung kann man sich nun laufend für jedes Lebensjahr ein Bild über die körperliche und gesundheitliche Verfassung machen, wenn man das hinter dem Buchstaben ‚K' Gesagte durchdenkt.

Über die in dem laufenden Jahre möglichen Stimmungsschwankungen und die evtl. Einstellung zu den Problemen des Lebens und wie die Umgebung sie an uns heranträgt, finden wir dann einiges hinter dem Buchstaben ‚W'. – Was sonst in dem betreffenden Jahre an uns herankommen kann, ergibt sich aus den Angaben hinter dem Buchstaben ‚S'.

Die Bedeutung der nachstehend verwendeten Abkürzungen:

K = Körperliche Grundlage, Fähigkeiten, Veranlagung
W = Wesenart, ihre Äußerungen, Fähigkeiten, Eigenheiten
S = Schicksalsmöglichkeiten (Seele = gedankliches Erleiden)
Progr. = Progressive Möglichkeiten in diesem Jahr
E = Verbindungen, die zur Ehe führen können
G = Geschäftsgründung, evtl. größere Selbständigkeit.

Da das Jahr 365¹/₄ Tage zählt, war die Einrichtung der Schalttage notwendig. Der Sonnenstand ist daher nach Einschaltung des Ausgleichstages (alle 4 Jahre am 29. Februar) ein anderer als in den Jahren vor dem Schaltjahr.

Der Einfachheit halber nehmen wir nun in der folgenden Aufstellung den mittleren Tag an = Sonne am 21. März = 0° Widder.

Bei der Deutung muß man natürlich das Lebensalter mit in Betracht ziehen. – Ein Kind von 5 Jahren kann noch nicht heiraten. Aber eine Hochzeit liegt in der Familie oder Umgebung, oder kann sich um das beziehen. Immer ist es ja so, daß die Sternstellungen die Atmosphäre, die Erlebnisse, die Probleme anzeigen, in die man hineingestellt wird, sei es als Hauptperson oder als Miterlebender oder als Zuschauer. Daher ist möglich, daß u. a. bis zur Verheiratung die Sonne auch den Vater anzeigen kann und nachher den Ehemann. Doch ist hier große Vorsicht geboten, denn als Anzeiger für den Vater gilt mehr der Jupiter und für die Mutter der Saturn.

Beispiel: Ist jemand am 1. Juli geboren, so begann der Start mit dem Sonnenstand 9° Krebs (99° des Tierkreises). Die Möglichkeiten seines Lebens sind in großen Zügen bei dem Geburtsdatum 1. Juli angegeben. Damit aber auch die Möglichkeiten für das erste Lebensjahr. Da kommt vor allem das Gesundheitliche in Frage.

Der 2. Juli ist nun maßgebend für das 2. Lebensjahr; daß heißt es bei 10° Krebs, 2. 7.: Lebenskraft etwas stärker.

Nun kommt mit etwa 14 Jahren die Entscheidung über den Beruf, sei es eine Lehre oder vielleicht ein wichtiges Examen. Hierfür wäre der 15. Juli maßgebend (der Geborene im 15. Lebensjahr ist 14 Jahre alt). Da gilt (1. Juli + 14 Jahre = 14 Tage) der 15. Juli oder 23° Krebs. Hier ist unter anderem angegeben unter K: Gefahren für die Funktion der Drüsen. Also wird die Pubertät nicht ganz reibungslos verlaufen. Aber im kommenden Jahr (16. Juli) finden wir Hinweise, daß sich vieles beheben wird. – Am 15. Juli ist unter ‚S' angedeutet, daß ein gute Lehrstelle angenommen oder ein gutes Examen gemacht wird. Wechselnde Stimmungen und Lagen sind nun am 16.–19. angegeben usw. Mit 17 Jahren tritt schon die Liebe in das Leben. Das ist oft bei jungen Mädchen (und Jungen) im 16. Lebensjahre der Fall, und schon hier kann sich alles entscheiden.

Philosophisches zu 0° Widder, einem wichtigen Merk- und Wendepunkt

21. 0° 0° Widder
Hier ist im Frühlingsanfang auch der Punkt, in dem die Sonne aufersteht, d. h. über den Äquator geht, hinauf nach Norden wandert, und besonders in den 3 Tagen vorher ist sie am stärksten in der ‚Höhle der Erde' gebunden. 0° Widder ist ein Wendepunkt; hier lautet das Schicksalwort: Trennung – Tod – Wiedergeburt, Auferstehung, neues Leben.

Beim Übergang der Sonne über den Äquator sprengt sie die Höhle, und tanzend (wie die alte Volksmeinung sagt) strebt sie um Ostern, dem Fest der Befreiung, dem Fest der neuen Sonne und des neuen Lebens, am Himmel empor. Das sind Ansichten und Gedanken, die schon vor mehr als einigen hunderttausend Jahren durch die Arier in alle Gebiete und Länder der Erde getragen wurden, so verschieden auch die Namen der neuen Sonne, der auferstandenen Sonne waren und sind.

Ring der Hauptfeste

Fasnacht (45 Tage = 45° vor Ostern)	Zeugung des Körpers (Merkur)
Karfreitag (3 Tage = 3° vor Ostern)	Geist kommt in die Erde (Mond)
Ostern	Geist steigt wieder empor
Himmelfahrt (40° nach Ostern), Mond	Geist schwebt in den Himmel hinein
Pfingsten (50° nach Ostern), Merkur	Geist kommt gewandelt zum Gral
Fronleichnam (60° nach Ostern), Sonne	Geist breitet sich segnend aus über die ganze Erde.

Karfreitag – Pfingsten: ♀-Fest, ♀-Aspekt (350°)

1. Mose 1, 1: Am Anfang schuf Gott Himmel und Erde. Und die Erde war wüste und leer, und es war finster auf der Tiefe; und der Geist Gottes schwebte auf dem Wasser.

Also: am Anfang war Chaos, Wasser und Logos und Nacht. Daher begann der Tag immer mit der vorausgehenden Nacht!

So entstand der Brauch, den Tagen bestimmte Namen zu geben, je nach der Strahlung. Diese Namengebung wurde von der Kirche übernommen, allerdings öfter abgewandelt. Dennoch sollten die Strahlungen bzw. ihre Wirkung auf den neuen Namensträger übergehen, daher ist in der katholischen Kirche heute noch der Name und sein Patron wichtiger als der eigentliche Geburtstag.

So entstand auch der Brauch, die Tage der guten und starken Strahlung auch als Zeugungstage zu benützen, ja, es kam zur Einrichtung von Zeugungsfesten, die man heute ‚Karnevals'-Feste, auch ‚Kirchweih'-Feste nennt, ohne den eigentlichen Sinn dieser Feste zu verstehen.

Es entsteht der Stoff und die Form (der Körper), und es vergeht dieser Stoff und diese Form, um erneuert wieder erstehen zu können! In dem Stoff und in der Form und durch den Stoff und durch die Form wirkt der ewige Menschengeist, wirkt Dein Geistteil, der aus Gott kam und gereift wieder zu ihm zurückkehrt. Klären und reinigen kannst Du Dich nur selbst, aber der Himmel, das All hilft, wenn Du die Harmonie mit ihm erstrebst. Denn dem All selbst ist der Trieb zur Höherentwicklung eigen. Darum lasse Dich nicht von den ungünstigen Wellen begraben, sondern lasse Dich von ihnen tragen. – Jede strahlungsreiche Zeit des Jahres hat ihr Besonderes.

Mit dem Übergang der Sonne über den Äquator, aufsteigend nach Norden, im Frühlingsanfang, um Ostern, kommt die Sonne an drei Kreuzen vorbei, besonders wenn eine Mondfinsternis in der Nähe ist. Das eine wird gebildet durch den Übergang der Mondbahn über die Ekliptik, das zweite entsteht durch den Übergang der Mondbahn über den Äquator und das dritte durch den Übergang der Ekliptik über den Erdäquator. Hier in 0° Widder beginnt der Mensch (der göttliche Geist im Menschen) sich vom Stoff zu befreien, indem er den Stoff umwandelt in Schwingung, in Strahlung. Er taucht nochmals in die tiefsten Tiefen des Stoffes (Niedergang zur Hölle) und macht sich vom Körper frei, bereit zur Himmelfahrt, zum Vordringen in die geistigen, die strahlenden, die feinstofflichen Welten.

Apfelsinenpunkt (besonders wenn hier Jupiter); meist lebhaft, rege, etwas launisch, oft mit scharfer Nase, hie und da spritzig, nicht immer überlegt handelnd, doch pflichtgetreu, oft Stimmungen, sensibel, auch Egoismus möglich. Frühzeitige Heirat, auch Ehekrisen. Veränderungen. Wendepunkt, Trennung, Tod, Auferstehung (gewaltsamer Tod). Bei Saturn: Ehrgeiz, Machtstreben; bei Merkur: Reiselust; bei As: betontes Leben. Esel – Asinus – Ase.

Die Grade der Sonne im Zeichen Widder

Geb.-Tage im März	Die Sonne im Widder	Die Bedeutung der nachstehend verwendeten Abkürzungen:	
		K	= Körperliche Grundlagen, Veranlagung, Lebenskraft
		W	= Wesensart, ihre Äußerung, Eigenheiten, Fähigkeiten
		S	= Schicksals-Möglichkeiten
		Progr.	= Progressiv (Wirkung der vorgeschrittenen Sonne)
		E	= Verbindungen, die zur Ehe führen können
		G	= Geschäftsgründung, evtl. größere Selbständigkeit

21. 0° ♈, 0° = K: meistens kleinere Figur, oft feinknochig und hager, oft mit etwas scharfer Nase, und meistens mit dunklen oder rötlichen Haaren. – Einige werde sehr korpulent. – W: meistens lebhaft und rege, etwas launisch, gerne auftrumpfend, hier und da spritzig, nicht immer überlegt handelnd, meistens pflichtgetreu, oft von Stimmungen heimgesucht, hier und da starker Egoismus, sensibel und größerer seelischer Steigerung fähig. – S: in der Vorfahrenreihe war meistens großer Besitz, von dem nicht mehr viel vorhanden ist. Meistens eine gute Erziehung und frühzeitige Heirat. Oft auch Ehekrisen. Eine zweite Heirat läßt oft lange auf sich warten. Wenig Kinder. – Progr. E, G.

22. 1° ♈, 1° = K: ähnlich wie bei Sonne in 0° Widder. Starker Bewegungs- und Reisedrang. – W: ähnlich wie bei Sonne in 0° ♈. – S: ähnlich wie bei Sonne in 0° ♈, mehr zu Unüberlegtheit neigend. – Progr. E, G.

23. 2° ♈, 2° = K: meistens etwas größer als in den Vortagen. – W: meistens etwas weicher im Wesen. Seelisch sehr steigerungsfähig. – S: ähnlich wie bei Sonne in 0° ♈. Bei einigen in der Jugend schon unverschuldete kritische Lagen und Gefahr unehelicher Schwangerschaft von unbekanntem Partner. Später wohl eine gute Ehe, und bei einigen viele Kinder. Im allgemeinen gute Verhältnisse. – Progr. E, G.

24. 3° ♈, 3° = K: etwas größer zumeist, feinknochig, einige blondhaarig. – W: sehr sensibel, schwärmerischen Gedanken zugänglich und da zu jedem Opfer bereit, fleißig, sorglich, viel Familiensinn. – S: meistens in einer Familie mit guter Tradition und mit Verbindungen zu Kreisen geboten, die religiösen Sonderbestrebungen anhängen. Bei einigen: in der Jugend unverschuldete Lage wie bei Sonne in 0° und 1° ♈. Eine neue Verbindung mit größter Not, und eine Ehe, in der viele Kinder kommen können. In der Ehe erträgliche finanzielle Verhältnisse. Ein Kind erlangt irgendeine Berühmtheit. Es ist ein hohes Alter erreichbar. – Progr. E, G.

25. 4° ♈, 4° = K: meistens klein bis mittelgroß, fast durchweg dunkles oder rötliches Haar, feinknochig. Aussicht auf ziemliche Fülle. – W: intelligent, auf reale Gebiete eingestellt, sparsam, zeitweise verschlossen, fleißig und vorwärtsstrebend, nach außen oft kalt erscheinend und doch nicht ohne romantische Stimmungen. – S: meistens in einer Familie, die in einigermaßen guten Verhältnissen lebt, geboren. Oftmals schon früh eine Ehe, deren Bestand bei einigen fraglich erscheint. Die zweite Ehe läßt sich dann wohl nicht so schnell gestalten, weil der (die) Geborene gewisse Eigenarten pflegt, viel Liebe verlangt, aber selbst in vielen Fällen wenig Liebe zeigt. Meistens in der ersten Ehe ein Kind und in der zweiten Ehe mehrere. Aussicht auf ein hohes Alter. – Progr. E, G.

26. 5° ♈, 5° = ähnlich wie in den Vortagen. – W: intelligent, lebhaft, vorwärtsstrebend, tätig, rastlos, erfinderisch, Veränderungen liebend, meistens egoistisch, teils auch sensibel. – S: meistens in etwas begüterter, strebiger Familie geboren. Frühzeitig berufstätig, Streben nach Selbständigkeit, die auch erreicht werden kann. Die Eheschließung erfolgt meistens unter materiellen Gesichtspunkten. Einige Kinder, die in eine höhere gesellschaftliche Sphäre aufsteigen können. Mittleres bis hohes Alter ist erreichbar. – Progr. E, G.

27. 6° ♈, 6° = K: mittelgroß bis groß, oft breitschultrig, meistens dunkelhaarig. – W: intelligent, schlagfertig, oft profitlich oder sehr egoistisch, sehr steigerungsfähig in den Einbildungen, nervös zumeist, verändern

sich gerne und oft sehr unruhig. – S: in mittleren Verhältnissen zumeist aufgewachsen und frühzeitig im Beruf. Meistens Sicherstellung durch Heirat. Wenig oder keine Kinder. Ein ziemlich wechselvolles Leben. – Progr. E, G.

28. 7° ♈, 7° = K: ähnlich wie bei Sonne in 6° ♈, aber etwas für Ohrenleiden veranlagt, einige auch für Leiden der Beckenzone. Ein bleiches Gesicht, leicht Verletzungen. – W: etwas nervös, empfindlich gegen Veränderungen des Luftdrucks und der Luftelektrizität, intelligent, für sich sorgend, oft übermäßig aktiv, einige haben starke Überwertigkeitsgefühle und benehmen sich entsprechend, dazwischen wieder romantisch eingestellt, starke innerliche Gegensätze, die sich in Schärfe äußern können. – S: meistens in mittleren Verhältnissen aufgewachsen und früh berufstätig. Selbständigkeit ist zu erreichen. Heirat ist bei einigen fraglich. – Progr. E?, G.

29. 8° ♈, 8° = K: meist breitschultrig, einige mit rötlichem Haar, ebenmäßig gebaut, einige Schönheiten. – W: verhalten temperamentvoll, oft unüberlegt, für häusliche Gemütlichkeit, gerne von sich redend, Verbindungen anknüpfend, sich anlehnend, nach Erfolgen gerne überheblich, sonst aber vorsichtig und nicht gerne anstoßend. – S: in der Jugend meistens gut behütet und gefördert, auch beim Eheschluß zumeist. Leicht Krisen in der Ehe. Energische, gutmeinende Partnerin (Partner), vielleicht auch mehrere Kinder. Ein hohes Alter ist erreichbar. Meistens ein Leben ohne hohe Gipfel und tiefe Tiefen. – Progr. E, G. – Einige auch Polizeibeamte.

30. 9° ♈. 9° = K: in der Figur etwas größer, meistens dunkelhaarig, breitschultrig und selten sehr voll. – W: Streben nach einer hohen Position, die auch erreicht, aber meistens nicht gehalten werden kann. Intelligent, ehrgeizig, meistens alles der Erreichung des Zieles unterordnend, auch die eheliche Bindung. In Erfolgen evtl. rücksichtslos und alles dem Ehrgeiz opfernd. Sieht meistens nur die äußere Seite der Dinge und Angelegenheiten. – S: das Elternhaus bietet ein gutes Sprungbrett. Mit allen Kräften wird vorwärts gestrebt. Man steht in der Sonne der Öffentlichkeit. Die Feinde mehren sich. Übersehene Zusammenhänge

und Mächte können zum Sturz beitragen. Ehekrisen. Evtl. Scheidung und zweite Ehe mit energischer Partnerin (oder ebensolchem Partner). Einige Kinder in der ersten Ehe. Ein gesichertes Alter bei allem. – Progr. E, G.

31. 10° ♈, 10° = K: meistens groß, stattlich, dunkelhaarig, imponierendes Äußeres, oft etwas kurze Arme. Viel Lebenskraft. – W: intelligent, sprachgewandt, Haltung bewahrend, meistens ruhig, aber wenn sich unkluge Widerstände zeigen, sehr energisch werdend. Alles überlegend, diplomatisch, Pläne von langer Hand verfolgend, gegen verstockte Ansichten und Kreise in Kampfstellung, obgleich traditionelle Werte schätzend. In der Familie sorglich, treu und einteilend sparsam. Liebt an sich keinen Prunk. – S: oft in kinderreicher strebsamer Familie aufgewachsen, in der die Berufsbahn auch festgelegt wird. Eine Ehepartnerin (einen Partner), die (der) aus guter Familie stammt, aber gesundheitlich nicht fest ist. So ist eine zweie Ehe möglich, aber nicht bestimmt. Erringung einer guten bis hohen Position und allgemeiner Hochachtung. Mehrere Kinder. Ein sehr hohes Alter ist erreichbar. – Progr. E!, G.

April

1. 11° ♈, 11° = K: oft etwas kleiner als bei Sonne in 10°, mehr breitschultrig und mehr blond, etwas Gefahr für die Sehfähigkeit. – W: ähnlich wie bei Sonne in 10°, aber mehr von Gefühlen geleitet, mehr revolutionär eingestellt innerlich, nach außen meistens verbindlich und jovial, kann sich etwas von Stimmungen treiben lassen, oftmals zu gut. – S: meistens in kinderreicher Familie aufgewachsen. Vielleicht als Kind ein Augenleiden. Auch wohl früher Tod eines Elternteils, frühzeitig beruflich tätig, evtl. auch Berufswechsel, selten selbständig im Beruf. Evtl. Mußehe, mehrere Kinder, mittleres Alter. – Progr. E, G?

2. 12° ♈, 12° = K: meistens Mittelgröße, breitschultrig und blond, einige schlank und dunkelhaarig. Vielleicht Krebsfälle in der Familie. – W: ruhig, zurückhaltend, abwartend, intelligent oder schlau, diplomatisch, wissen gute Gelegenheiten zu finden und zu verwerten, ehrlich, selten große Energie zeigend. – S: in mittleren Verhältnisse aufge-

wachsen, meistens eine gute Erziehung (evtl. Krebsfälle in der Familie), im allgemeinen eine gute Ehe (irgendwie Beamtenmilieu), wenig Kinder. Ein hohes Alter ist erreichbar. – Progr. E, G.

3. 13° ♈, 13° = K: ähnlich wie bei Sonne in 12° ♈. – W: ähnlich wie bei Sonne in 12° ♈. Mehr Ehrgeiz. Abwehr jeden Zwanges, mindestens hintenherum. Schönheitsgefühl. Wegen der starken Abstrahlung der Nervenaura schnelle Ermüdung. – S: oft in kinderreicher Familie aufgewachsen, meistens für den Beruf gut vorgebildet, Glück bei der Wahl der Partnerin (des Partners). Gutes Durchkommen zumeist. Mehrere Kinder. Hohes Alter ist erreichbar. – Progr. E, G.

4. 14° ♈, 14° = K: meistens mittelgroß und breitschultrig, oftmals blondhaarig. – W: wohl ruhig und langsam in den Bewegungen, hier und da träge oder schnell ermüdet, bei Aufregungen „außer" sich. Intelligent, vorsichtig, spricht viel von sich selbst, pflegt Verbindungen und Beziehungen, hat Liebhabereien, macht die Arbeit, muß aber hier und da vielleicht etwas angestoßen werden, haßt Beschränkung der Freiheit, fällt immer wieder auf die Füße. – S: oftmals in kinderreicher Familie aufgewachsen, Bildungsmöglichkeiten. Verwandte oder Bekannte führen meistens die richtige energische Partnerin (den rechten Partner) zu. Mehrere Kinder zumeist, stille Ehekrisen möglich, frühzeitige Selbständigkeit, auch wohl einmal eine geschäftliche Krisis. Wird wahrscheinlich sehr alt. – Progr. E, G.

5. 15° ♈, 15° = K, W, S: ähnlich wie bei Sonne in 14° ♈. – Progr. E, G.

6. 16° ♈, 16° = K: mittelgroß, breitschultrig und blonde, lichte Haare zumeist. – W: etwas munterer als in den Vortagen, verständnisvoller und hilfsbereiter, wie auch energischer. Intelligent, diplomatisch, zielsicher und darum auch meistens erfolgreich. – S: wohl meistens in kinderreicher Familie aufgewachsen, gute Erziehung und Ausbildung, evtl. frühzeitige Selbständigkeit, gute Gattenwahl, mehrere Kinder und gutes Vorwärtskommen. Aber der beste Freund oder ein naher Verwandter kann alles ruinieren. Ein hohes Alter ist erreichbar. – Progr. E, G.

7. 17° ♈, 17° = K: mittelgroß bis groß, meistens starkknochig und dunkelhaarig. – W: ruhig zumeist, fleißig, strebsam, intelligent, hilfsbereit, willensbewußt. Guter Organisator, weniger ein Taktiker. – S: vielleicht etwas heikle Verhältnisse in der Kinder- und Jugendzeit, frühzeitiger Eintritt in das Berufsleben, möglich ist auch Selbständigkeit. Beruflicher Aufstieg und Hervortreten in der Öffentlichkeit. Hinterhältige Feinde, oft auch aus der gleichen Familie oder aus der angeheirateten oder deren Rasse und daraus die Gefahr, die öffentliche Stellung und das Vermögen zu verlieren. Evtl. zwei Ehen, wohl bis zu zwei Kinder zumeist. Hohes Alter ist erreichbar. – Progr. E, G.

8. 18° ♈, 18° = K, W, S: ähnlich wie bei Sonne in 17° ♈, eher klarer. Sehr fleißig, sehr temperamentvoll, nimmt Lasten auf sich. Gefahr unehelicher Geburt für einige. – Progr. E, G.

9. 19° ♈, 19° = K, W, S: ähnlich wie bei Sonne in 17° ♈, eher klarer. Sehr ehrgeizig, kann in der Öffentlichkeit eine große Rolle spielen, aber tätiges Pflichtgefühl wird meistens auf die Dauer nicht anerkannt. Zieht sich vor der Zeit zurück. Ein hohes Alter ist erreichbar. – Progr. E, G.

10. 20° ♈, 20° = K: mittelgroß oder groß, eher breitschultrig, meistens blond. – W: fleißig, intelligent, intuitiv, ehrgeizig, aber nicht immer systematisch vorgehend, oder kurz vor dem Ziel aussetzend. Tüchtig, sich abmühend, in kritischen Lagen Beruf wechselnd, vielleicht auch Selbständigkeit erringend, unter viel Mühe vorwärtskommend, Bekämpfung durch mächtige Kreise. Läßt sich ein Konkurs nicht vermeiden, ein schwerer Neuanfang und Begleichung alter Verpflichtungen. So etwa. – S: ist zum Teil schon kurz in den Möglichkeiten geschildert. Meistens in kinderreicher Familie unter Entbehrungen aufgewachsen. In vielen Fällen sind beide Vorfahrenreihen einstmals adelig gewesen, verarmten aber durch politische Intrigen. Bildungslücken werden durch eigene Initiative und Fleiß aufgefüllt. Aufstieg, Rückschlag und wieder Aufstieg beruflich und geschäftlich. Einige sind nicht selbständig. Alle haben wohl mit Schwierigkeiten zu kämpfen, entwickeln aber ein starkes Ich, und wenige lassen sich kaufen. Und wenn, so rächt sich das

sehr. Einige auch Heirat unter eigenartigen Umständen. Wenig Kinder und diese selten in einer zweiten Ehe. Ein hohes Alter ist erreichbar. – Progr. E, G.

12. 22° ♈, 22° = K: meistens mittelgroß, breitschultrig und dunkelhaarig. – W: intelligent, unruhig, vielseitig interessiert, neugierig oder wißbegierig, oft schnell urteilend, etwas nervös. – S: meistens in sehr fleißiger Umgebung aufgewachsen, frühzeitig berufstätig, oftmals wechselnd, etwas Ehehindernisse, einige auch ehelos, durch Fleiß und Sparsamkeit sich sichernd. Wenig Kinder. Ein hohes Alter wohl erreichend, da sehr zähe. – Progr. E?, G.

13. 23° ♈, 23° = K: einige unter Mittelgröße, meistens bleiche Haut, mehr feinknochig, schwache Rückenwirbel, wohl zähe, evtl. Krebsfälle in der weiteren Verwandtschaft. – W: meistens ziemlich ruhig, aber vielseitig interessiert, klug, in den Ansichten etwas schwankend, doch in den Grundzügen des Charakters stabil, anständig, fleißig zufassend, sich aufopfernd, hier und da etwas verschlossen. – S: oft in kinderreicher Familie geboren und aufgewachsen, wird als Kind schon ziemlich in der Arbeit eingespannt, etwas Ehehindernisse, wenig Kinder, auskömmliche Existenz. Ein hohes Alter ist erreichbar. – Progr. E?, G.

14. 24° ♈, 24° = K: meistens mittelgroß, einige sehr schlank, einige blondhaarig oder auch rötlich blond, oftmals sehr feinknochig. – W: intelligent bis sehr schlau, viel Innenspannung, einige leicht gereizt, in Erregung auch wohl rabiat, einige haben eigenartige hochgeschraubte Ideen und Ansichten, leicht haben auch einige Gehirnreizungen. Viel kommt auf die seelische Reife an. – S: meistens in einer Familie mit gesicherten Verhältnissen aufgewachsen. Der Vater ist oft Beamter, selbständig, oder hat doch eine sichere behördliche Stellung oder ist in einem Behördenbetrieb. Die Mutter kann aus einer früher adeligen Familie stammen, vielleicht auch dazu der Vater. Frühzeitige Liebeserlebnisse sind möglich. Wohl zeitige Heirat. Oftmals zwei Ehen. Nicht viel Kinder. Zunehmend gute finanzielle Verhältnisse durch Fleiß und Sparsamkeit. Evtl. später Grundbesitz oder eigenes Haus. Zähe, doch ist das Gehirn empfindlich, immerhin hohes Alter möglich. – Progr. E, G.

15. 25° ♈, 25° = K: mittelgroß bis groß, in der Jugend sehr schlank, später oft sehr voll, hellhäutig und blauäugig, meistens blond, nur wenige kleiner und dunkelhaarig. – W: inneres Feuer, aber besonders in der Jugend voller Hemmungen, sensibel, ragen mit ihrem Empfinden oft sehr weit in die sogenannten übersinnlichen Welten hinein, intelligent, wenig schlau, nicht so sehr für Äußerlichkeiten, oft zu gutherzig, bis sie (oftmals sehr) enttäuscht werden. Fleißig, aber wenig System in der Arbeit. Jedoch immer wieder Einfälle und Auswege. Ehrgeizig in der Verfechtung ihrer Anschauungen, dort tollkühn und wenn angegriffen, sehr scharf reagierend. Brauchen viel Liebe und Verständnis, sind für alles natürlich Schöne, ebenfalls für ein schönes Heim voller Harmonie. Etwas Gewohnheitsmenschen. – S: wie bei Sonne in 24° ♈, auch die Abstammung. Evtl. frühe Mußehe und in dieser Ehe auch Kinder. Oft auch zweite Ehe. Zunehmende gute finanzielle Verhältnisse, besonders durch nie erlahmenden Fleiß und auch durch Sparsamkeit, aber nicht in der Ernährung. Vielleicht auch Grundbesitz. Berufswechsel wahrscheinlich. Ein hohes Alter ist erreichbar. – Progr. E, G!

16. 26° ♈, 26° = K: meistens über Mittelgröße, sonst wie bei Sonne in 25° ♈, eher dunklere Haare meistens. – W: etwa wie bei Sonne in 25° ♈, etwas ruhiger und mehr einen Kräfteverschleiß vermeidend. Sonst wie bei Sonne in 25° ♈. – Progr. E, G.

17. 27° ♈, 27° = K: einige sehr groß oder mittelgroß und meistens schlank, dunkelhaarige auch evtl. sehr voll. – W: lebhaft, unruhig, einige sehr scharf in der Vertretung ihrer Ziele, hier und da etwas dämonische Einflüsse, die aber bekämpft werden können. Benötigen viel Liebe und Verständnis, wollen auch eine Rolle spielen. Intelligent, formgewandt, fleißig. – S: Da das Blut in den meisten Fällen etwas ungünstig gemischt sein kann, nicht immer eine gerade Lebensbahn. Frühzeitige Entwicklung und Heirat, evtl. Mußheirat. Ehekrisen und bei einigen auch Scheidung. Wohl gute finanzelle Verhältnisse durch emsige Arbeit auf einem Sondergebiet, aber selten zweite Heirat. Evtl. eine Freundschaft, die tief geht und zu rückhaltlosen Opfern materieller Mittel veranlassen kann. Im allgemeinen also eine gute finanzielle

Lage und in der Öffentlichkeit bekannt. Wenig Kinder und vielleicht ein plötzlicher Tod im höheren Alter. – Progr. E, G.

18. 28° ♈, 28° = K: die meisten schlank und blond sowie feinknochig. – W: meistens sehr vorsichtig oder doch wenigstens oft unentschlossen. Intelligent, aufnahmefähig, selbst weniger geistig selbstschöpferisch oft. Innere Vorsicht ist mit großem Freiheitsdrang verbunden und mit der Abwehr aller Beschränkungen der persönlichen Freiheit. Sonst sympathisch, anständig, liebebedürftig, opferwillig, Drang nach innerer Harmonie und einer gemütvollen harmonischen Umgebung. Sollte die richtige Ehewahl bedenken, auch in Freundschaften sehr vorsichtig sein. – S: meistens blutlich gute Abstammung, aber die Gefahr, bei der Ehewahl in dem Punkt daneben zu fassen. In solchem Falle trotz allem Fleiß kein entsprechendes Vorwärtskommen. Vielleicht viele Kinder und dadurch viel Schwierigkeiten. Allgemeine Beliebtheit, besonders in Geschäftskreisen und Vereinen, die sich mit okkulten Fragen beschäftigen. Immer wieder der großzügige Helfer oder die großzügige Helferin. Dabei eigene Sorgen, die die Lebensdauer kürzen können. – Progr. E, G.

19. 29° ♈, 29° = K: meistens mittelgroß, selten dunkelhaarig, oft mehr breitschultrig, ein etwas harter Klang der Stimme. – W: sensitiv, begeisterungsfähig, besonders wenn materielle Erfolge erwartet werden können, will beeinflussen, ist redegewandt, ist voller Spannungen. In vielen Fällen intelligent, will Gelegenheiten ausnützen, trägt gerne Masken, kann sehr über das Ziel hinausschießen und Fehlschläge haben. Will sich durchsetzen mit allen Mitteln und muß oft am Ende froh sein, wenn die knappe Existenzgrundlage erhalten bleibt. Einige werden in den letzten Jahren sehr sparsam bis geizig. – S: in nicht gerade armen Verhältnissen aufgewachsen und oft verwöhnt. Berufswechsel. Durchsetzung des Willens in der Ehewahl, aber Krisen in der Ehe, die oftmals unter dem Zwange der Verhältnisse geschlossen wurde. Nicht viel Kinder, aber diese sehr intelligent. Evtl. selbst Schwäche des Unterleibes und entsprechende Operationen. Meistens nicht sehr beliebt, viel Kritik aus der Umgebung, evtl. ein hohes Alter, da sehr zähe. – Progr. E, G.

20. 30° ♈ = 0° Stier.

Zum Wesen und Schicksal der Stier-Geborenen

Mit dem Eintritt der Sonne in den dreißigsten Grad des Zodiakus am 20. April erreicht sie das Zeichen Stier, in dem sie bis zum 21. Mai vorwärtsstrebt. Die in dieser Zeit Geborenen bezeichnet man daher (vom Sonnenstande aus) als die Stier-Geborenen. – Dieses Zeichen Stier rechnet man nach einer alten Regel zu den sogenannten Erd-Zeichen und nach einer anderen Regel zu den sogenannten festen Zeichen. Mit dem Zeichen Löwe, Skorpion und Wassermann bildet das Zeichen Stier das feste Kreuz.

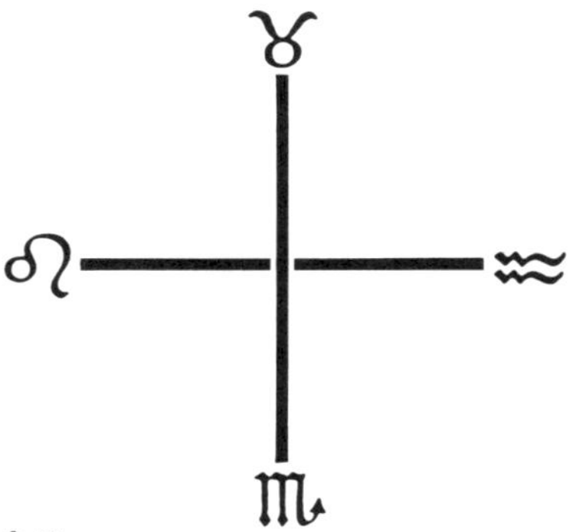

DAS FESTE KREUZ

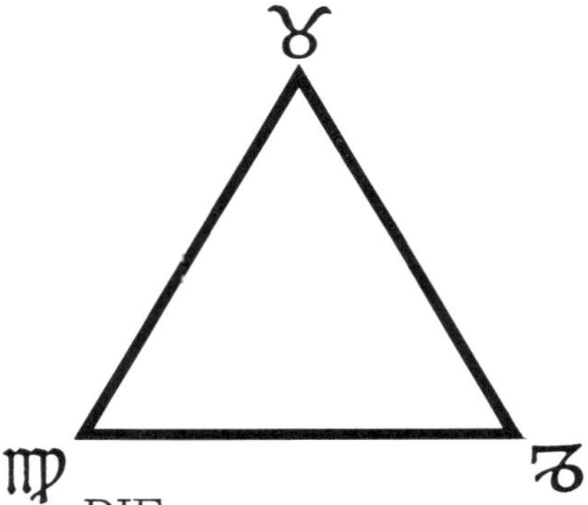

DIE ERD ZEICHEN

Mit den irdischen oder Erd-Zeichen Jungfrau und Steinbock aber ist das Zeichen Stier durch ein Trigon verbunden, das heißt also in einem Winkel von 120 Grad.

Man muß die festen Zeichen als die geistigsten Zeichen des Tierkreises ansehen. –

Da nun das Zeichen Stier zugleich ein Erdzeichen ist, liegt hier womöglich der Fall vor, daß der Geist, der hier auf Erden sich wieder einmal einkörperte oder einkörpern mußte, dieses unwillig tut, denn hier liegen, zwischen der festen Materie und dem rein Geistigen, dem Vakuum des leeren Raumes (dem Sitz der Geister) die größten Gegensätze vor. Die Geister, die also im Zeichen Stier geboren werden oder sonst starke Stierbesetzung haben, mußten sehr fest an den Stoff gebunden werden, um eine weitere Entwicklungszeit auf der Erde durchmachen zu können. Diese Schlußfolgerung scheint auch durch das besondere Wesen der Stier-Geborenen bestätigt zu werden, denn gerade das Zeichen Stier zeichnet sich durch eine oft sehr starre melancholische Grundstimmung aus, und sie scheinen den Trieb zu haben, durch Arbeit und noch einmal durch Arbeit vergessen zu wollen und die Lebenszeit, die durchlaufen werden muß, hinter sich zu bringen. Doch dieser Arbeitstrieb kann auch ausarten und den Stier im Verkehr mit anderen Menschen, wenn er ein hemmungsloser Stier ist, etwas unwirsch oder unfreundlich erscheinen lassen.

Da weiter die Stier-Geborenen sich oft mit ihrem ganzen Willen und Empfinden und meistens auch sehr planvoll nur mit ihrer Arbeit beschäftigen, kommen sie mit ihrem Fleiß auch materiell und finanziell vorwärts, erregen den Neid derjenigen, die weniger an materiellen Werten anhäufen, und sind denjenigen im Wege, die Konkurrenten sind, und die Wiese schon abgegrast vorfinden, auf der sie ernten möchten. Oder sie finden dort den Stier vor, der sich nicht vertreiben läßt und sich eher energisch zur Wehr setzt. – Aus diesem Grunde auch ist der (die) Stier-Geborene bei anderen Menschen oft nicht gerade „beliebt". – Die weniger große „Beliebtheit" hängt dem (der) Stier-Geborenen ähnlich so wie dem (der) Steinbock-Geborenen an, wenn auch noch mehr. Steinbock ist, wie erwähnt, ja ebenfalls ein sehr fleißiges Zeichen. – Wir sind nun eimal in einer Welt, in der man offensichtlich die ehrliche Arbeit und den darin tätigen Menschen weniger schätzt als denjenigen Menschen, der ungearbeitet und durch Schliche und Pfiffe und „Politik" von den anderen Menschen leben will oder gar Vorrechte für sich beansprucht. Auch gibt es Menschen, die in irgendeinem „Idealismus" oder irgendeiner „Geistigkeit" machen, oder sich für Verbindungen und Beziehungen verkaufen und im Innern den arbeitenden Menschen als den „Dummen" oder den „Primitiven" oder die Gesamtheit der arbeitenden Schichten als die „Masse" ansehen, die „geführt" oder hinter das Licht geführt werden muß, damit man sie ausnützen kann. – Gewiß: manche Arbeit ist nicht immer „schön", aber sie vermittelt ganz bestimmte Charakterwerte, befriedigt innerlich, gibt ein gutes Gewissen und entwickelt, wenn nicht übertrieben, auch die Seele. –

Soweit einiges zu dem Untergrund des Wesens des (der) Stier-Geborenen, wie er sich in seiner Art in Hinsicht auf die seelische Verfassung ergibt. –

Als Herrscherin im Zeichen Stier gilt seit alter Zeit die Venus. Das heißt, daß die Venus sehr stark im Zeichen Stier wirkt, wenn sie dieses Zeichen besetzt oder bestrahlt. – Die Venus liebt nur rundliche angenehme (bis massige) Formen und will nichts Spitzes. Die Kraftlinien der Venus, an denen sich der Stoff gestaltet, strahlen nach allen Richtungen, während der Mars nur eine beherrschende Richtung betont und in einer Richtung auch den Stoff gestaltet und im Vorschießen des Stoffes dann die scharfe Spitze. – Ähnlich wie bei der Venus streben die Kraftlinien des Saturn in den Raum. Aber der Saturn zieht, ballt den Stoff eng zusammen, während die Venus den Stoff mehr in schwellenden Formen gestaltet, wie in einem Übergang in die Wellenform, die im Raume flutet. – Aus diesem Grunde neigen die Stier-Geborenen körperlich zur Fülle und in ihren Bewegungen wie in ihrem Benehmen zu Behäbigkeit und ruhigem, selbstsicherem Auftreten. An verhaltenen Bewegungen erkennt man ja überall die von der Venus stark beeinflußten Menschen und Tiere. – So ist also der Körper der Stier-Geborenen wohl nur in der Jugend, wenn überhaupt, schlank, geht schon in der Jugend oft in die Breite und in zunehmenden Jahren über „vollschlank" ins Volle. Dabei kann sich eine faßähnliche Form des Rumpfes heranbilden. Eine geringe Körpergröße können wir besonders bei den vom 20.–24. April Geborenen (mit Ausnahmen) feststellen. Dabei sind die Haare meistens blond. – Die vom 25.–29. April Geborenen sind dann meistens größer und oftmals dunkelhaarig. – Vom 30. April bis 3. Mai Geborene sind oftmals klein und dunkelhaarig. – Etwas größer sind meistens die vom 4.–7. Mai Geborenen und dabei blondhaarig. – Über Mittelgröße sind zumeist die vom 8.–12. Mai Geborenen und dabei auch blond und blauäugig. – In der Größe zurückbleibend sind dann wieder die vom 13.–16. Mai Geborenen (mit Ausnahmen), meistens dunkel im Haar, und die vom 17.–21. Mai Geborenen sind oft sehr groß und hellhaarig.

Wie bekannt, wirken die Planeten auf gewisse Körperzonen, je nachdem welche Zeichen von ihnen besetzt sind und welcher Art der betreffende Planet ist. Die Sonne im Stier wirkt auf die Halszone, trägt dorthin einen erhöhten Blutstrom und vermehrte Wärme. Dadurch neigt die Halszone etwas zu Erkrankungen entzündlicher Art, Verschleimung und Erkältungen. Auf der anderen Seite verleiht die Sonne im Zeichen Stier auch meistens eine gute Singstimme und viel Freude am Gesang, vor allen Dingen auch Folklore-Lieder. Ebenso kann die Sonne im Zeichen Stier die Fähigkeit geben, überlegt und in gut gesetzten Worten zu reden (wenn man will!).

Ist aber der Sonne im Zeichen Stier der Mars zugesellt, so wird oft unüberlegt geredet und in streitbarer Form die (oftmals nicht richtige) Ansicht vertreten, die man nun einmal (zur Zeit) hat. Bei Sonne und Mars im Stier kann es auch oftmals zu geschwürigen Bildungen im Halse oder in der Haut des Nackens kommen. Im letzteren Falle geht es selten ohne auffällige Narben ab. – Weiter gibt die Sonne im Zeichen Stier eine große Liebe zur Natur und Liebe für ein schönes Heim. Eine gemütliche Heimatmosphäre wird auch erstrebt, wenn die Sonne im Stier durch andere Planeten nicht ungünstig beeinflußt wird.

Interessant ist dann noch die Venus im Zeichen Stier. Da sollte man meinen, die Venus als Planet der Liebe im Zeichen Stier und als Herrscherin in ihrem eigenen Zeichen müßte nun alle Liebesdinge, vor allem die Heirat, günstig verlaufen lassen und beschleunigen. Dabei beurteilen wir die Venus im Stier in ihrer Wirkung aber wohl von falschen Gesichtspunkten aus! Die Venus im mütterlichen Zeichen Stier gestaltet den Heiratstermin eben nach der alten, natürlichen, gesunden und vorsorgenden Ordnung. Die Venus im Zeichen Stier verhindert eine frühe Heirat zumeist, begünstigt sie jedenfalls nicht. Wer die Venus in seinem Geburts-Horoskop im Zeichen Stier hat, sollte deswegen nicht mit einer frühen Ehe rechnen, nicht nervös werden und keine Heirat in ganz jungen Jahren erzwingen, denn in den meisten Fällen halten solche Ehen nicht lange. Man erspare sich da also Irrtum, Fehlgriffe, Leid und Kummer und warte in Ruhe die rechte Zeit ab. Ohne nervös zu werden! Auch manch anderer Planet im Zeichen Stier kann ähnlich wie die Venus wirken. – Es stimmt eben auch manches Sprichwort nicht, z. B. das Sprichwort: „Jung gefreit, hat niemand gereut!" Es reimt sich wohl, aber es stimmt nicht immer. Man kann das Wort „niemand" ja auch durch das Wort „ewig" oder „immer" oder „alle" ersetzen. – Das eine ist jedenfalls wahr: der regelmäßige, oft zu reichliche eheliche Verkehr schädigt einen unausgewachsenen jugendlichen, oft kindlichen Körper mehr, als wenn erst eine gewisse Reife vorhanden ist! – Dasselbe gilt für die Geburten und die Fehlgeburten. – Und das gilt nicht nur für Stier-Geborene! – Wie oft sieht man junge Frauen, die kaum erblüht, geheiratet haben und mit 25 Jahren schon halbe Ruinen sind! Über das, was sich später und in den Wechseljahren einstellt, wollen wir erst gar nicht reden. Was da dann alles herausoperiert werden „muß". – Zu beachten ist auch, daß die jungen Menschen von heute unter ungünstigen Verhältnissen schon frühzeitig in intensiver, einseitiger Arbeit eingespannt sind, und in der Ehe dazu! Da muß frische Luft groß geschrieben werden. – Darum: erst einmal in Ruhe den Körper auswachsen lassen und unreif keine Wünsche pflegen, und wenn die moderne „Kultur"-Atmosphäre (Kino, Rundfunk, Fernsehen usw.) noch so sehr darauf aus ist, die „Liebe" als so ungeheuer wichtig und maßgebend hinzustellen. – Die wahre Liebe tritt früher oder später in keiner genormten Form in das Leben. Das bedenken und den richtigen Zeitpunkt erkennen und erfassen, sichert das Glück. Wahre Liebe erhebt, festigt die Gesundheit und läßt den Körper aufblühen und reifen. Zu frühe Liebe, zu der zu frühe Wünsche mit dem Erfolg der Notreife führen können, rüttelt an den Fundamenten des Körpers, der Gesundheit und der seelisch-geistigen Entwicklung. –

Die materiellen Verhältnisse der Stier-Geborenen sind meistens in der Jugendzeit nicht sehr rosig. Erst in späteren Jahren kann der (die) Stier-Geborene materielle Güter ansammeln. Auch Geschenke tragen dazu bei. Wenn das Zeichen Stier schlechte Bestrahlungen von anderen Planeten hat oder selbst von solchen übel besetzt ist, kann der vollkommene Verlust des Vermögens eintreten, trotz der sprichwörtlichen Vorsorglichkeit des (der) Stier-Geborenen. – Mit den Geschwistern kommt der (die) Stier-Geborene leicht in Uneinigkeit. – Im Elternhause geht es meist recht lebhaft zu. Die Eltern können dem (der) Stier-Geborenen eine sehr gute geistige Veranlagung und eine gute Gesundheit und viel Lebenskraft mitgeben. – An Kindern wird es den Stier-Geborenen selten fehlen, und an seinen (ihren) Kindern wird der (die) Stier-Geborene wohl viel Freude haben, wenn diese auch nicht immer die erfahrene Sorglichkeit schätzen. Die Kinder können in ihrem Leben noch „etwas werden". – Die Krankheiten der Stier-Geborenen entstehen meistens aus einer gewissen Unmäßigkeit im Essen und Trinken oder der Liebe oder durch diese drei Gebiete vereint. Die Lebenskraft ist meistens sehr groß, aber jedes Faß hat einen Boden. – Stier-Geborene haben leicht Rheuma, Halskrankheiten, Nieren-, Leber- und Blasenkrankheiten. Auch Blasensteine, Unterleibsleiden und Leberleiden. Da läßt sich viel durch eine entsprechende Diät erreichen, aber auch dadurch, daß man nicht zu viel arbeitet. – Stier-Geborene können auch mehrmals heiraten. Die erste Ehe wird leicht durch andere gestört oder zerstört. Der (die) Stier-Geborene hat sehr viel Geduld und erträgt viel, aber wenn er das Tischtuch hat zerschneiden müssen, wird es nicht mehr geflickt. – Reisen können Lebensgefahr bringen, besonders Reisen ins Ausland. Sonst aber läßt sich bei dem großen Vorrat an Lebenskraft ein hohes Alter erreichen, wenn er (sie) nur einigermaßen vernünftig lebt. – In Weltanschauungsfragen und religiösen Formen ist der (die) Stier-Geborene meistens etwas konservativ und für das Alte eingestellt. Das schließt aber nicht aus, daß er (sie) letzten Endes doch sein (ihr) inneres Empfinden sprechen läßt, wenn er (sie) auch sonst weniger zu diesen Fragen Stellung nimmt, außer die Stellung oder der Beruf oder eine besondere Veranlagung veranlassen ihn (sie) dazu. – Freundschaften kann der (die) Stier-Geborene viele haben, aber die persönlichen Freundschaften bringen ihm (ihr) wenig Nutzen, und die geschäftlichen Freundschaften führen meistens dazu, daß er (sie) ausgenutzt wird. – Eine besondere Rolle spielen dann noch die Feindschaften. Die Feinde sind nicht zahlreich, aber sehr mächtig und können dem (der) Stier-Geborenen sehr schaden.

Nun betrachten wir noch kurz einige Eigenarten der in gewissen Tagen Geborenen, soweit sie die Sonne bei der Geburt im Zeichen Stier hatten.

Zuerst nun die vom 20.–23. April Geborenen. Da ist die Sonne bei der Geburt in 0–3 Grad Stier gewesen. – Die in diesen Tagen Geborenen haben meistens blondes Haar und sind in ihrer Gestalt mittelgroß bis groß. Die hier Geborenen sind meistens sehr strebsam und oft sehr ehrgeizig. In ihren Plänen und in ihrem Verhalten verlassen sie gerne die Mittellinie. Sie sind sehr steigerungsfähig, hier und da bis zur Besessenheit. So können einige sich mit Begeisterung für irgendeine fortschrittliche Idee einsetzen und andere können mit derselben Besessenheit sich in sich selbst vergraben und jedes Hoffnungsgefühl und jeden Gedanken an eine neue Bahn und an neue und weitere Möglichkeiten in sich abtöten und begraben. An die Menschen der ersteren Art kann man ebensowenig herankommen wie an die Menschen der anderen Art. Das Ende ist schnelle oder langsame Selbstvernichtung, oder es kommen Krankheiten der Sexualsphäre, die sehr schwer zu beheben sind oder durch eine Operation ihr endgültiges Bild erhalten. – Die in diesen Tagen Geborenen spielen in einem Kreis verbundener Personen gerne eine besondere Rolle, besonders dann, wenn noch weitere Planeten das Zeichen Stier besetzen. Sie können sich auch für andere einsetzen oder anderen vollkommen vertrauen, werden darin aber meistens sehr enttäuscht, können sich dann in die oben erwähnte Übersteigerung bis zur Besessenheit hineinsetzen oder vergraben und können dabei ihre frühere seelische Verfassung ins Gegenteil verkehren. Da kann dann ein Machtdrang auftreten, der alle Grenzen überschreitet. Dabei werden die eigenen Fehler gerne übersehen, es wird vergessen, daß man den Anfängen und den ersten, scheinbar kleinen Bindungen, nicht ausgewichen ist. Also, so können wir schließen: Ein starkes Selbstgefühl, das sich so oder so bestätigt wissen will, erst im Guten zumeist und dann, wenn alles scheiterte, in seelischer Verkrampfung. – Hier kann die Arbeit allein nicht helfen. Hier muß man sich selbst öffnen. – Die in diesen Tagen Geborenen kommen entweder durch Erbschaft in gute Verhältnisse, oder sie streben sich hinauf. Doch durch Freunde oder Verbundene aus dem nächstliegenden Kreise kann alles verloren gehen. So kann auch im Privatleben die Katastrophe kommen. Dabei ist irgendwie List auf der anderen Seite wirksam. – Die Wohnlage: meistens an einer Straßenbiegung oder deren Nähe, oftmals mitten in der Häuserreihe.

Die vom 24.–29. April Geborenen haben meistens einen höheren Wuchs und sind zumeist dunkelhaarig. Es ist, als wenn ein verborgenes Feuer hier von Zeit zu Zeit sich entfachen möchte. Hier kann die Leidenschaft alle Dämme der Vernunft überspülen und fortreißen. Die beste Medizin und lohnend im höchsten Maße ist hier die Arbeit und noch einmal die Arbeit. Wenn keine üblen Planeteneinflüsse vorliegen, ist große Offenheit und viel Sorglichkeit und Liebe im Umgang mit verbundenen Personen, wie auch Fremden gegenüber vorhanden. Es wird gerne mit „Vorliebe“ geheiratet, aber diese Heirat braucht nicht immer zum Glück zu führen. Am besten ist eine überlegte Heirat in reiferen Jahren. In einer solchen Ehe wird die gute Veranlagung und das gute Wollen besser gewürdigt. Im Leben fehlt es nicht an plötzlichen Schwierigkeiten und tragischen Ereignissen. Besondere Fähigkeiten des Zeichens Stier, so die häuslichen Talente (Kochkunst, Schönheits- und Kunstgefühl) treten hier gerne hervor. Nicht viel Kinder. Viel Lebenskraft. – Wohnlage: im Weichbild der Stadt oder des Ortes oder ländlich, oft in der Nähe des freien Feldes oder einer Straßenkreuzung.

Wieder anders sind die vom 30. April bis 3. Mai Geborenen. Hier herrscht die kleinere, gedrungene Figur und die Dunkelhaarigkeit vor. Vielerlei Stimmungen und eine große Naturfreude sind die Wesensgrundlagen, und an dem Sinn für den Erwerb materieller Güter fehlt es auch nicht. Darin kann man etwas stur sein und für selbstverständlich halten, was anderen als wenig erlaubt erscheint. Das Streben nach einer großen

Kinderschar ist meistens ebenfalls vorhanden. Drang zu magischen Experimenten ist ebenfalls reichlich gegeben oder man kommt von selbst auf solche Dinge. Bei allem eifrigen Tummeln auf der materiellen Ebene ist die Seele nachts oft auf Reisen. Der Sternenhimmel wirkt mit seinen Einflüssen stark in diesen Graden. Oft ein langes Leben, aber auch oft ein plötzlicher Tod. Wohnlage: meistens in der Straßenzeile. –

Blondhaarig und in mittlerer bis voller Größe der Statur erscheinen meistens die vom 4.–7. Mai Geborenen. Die Intelligenz ist hier auf einem gewissen Höhepunkt, aber das Denken ist dabei stark auf alles Praktische gerichtet. Die eigenartige Verfassung der Nerven kann zu Rückgratverkrümmungen oder sonstigen Verkrümmungen des Knochengerüstes führen, wie auch bis hoch in die Jugend zur Bettnässerei. Es wird keine Arbeit gescheut und viel Aufopferungswille zeichnet die Geborenen aus. In der Liebe hat man seine eigenen Ansichten und Wege, wenn es darauf ankommt. Eheverträge werden wohl so früh nicht geschlossen und wenn, so ist ihre Dauer fraglich. Die zweite Ehe wird dann mehr überlegt und kann trotzdem ein Fehlgriff sein, wenn man zu praktisch handeln will. Die Kinderzahl ist von den finanziellen Verhältnissen abhängig. Es wird meistens ein mittleres bis hohes Alter erreicht. Kleine Städte oder Landleben werden bevorzugt, und die Wohnlage ist entsprechend frei. –

Im Wesen und Schicksal treten die vom 8.–12. Mai Geborenen hier und da stark hervor. Hier können sich Menschen verkörpert haben, die schon sehr viel Erdenleben hinter sich hatten. Im vielen Fällen ist der Körper den hohen Spannungen nicht gewachsen. Das kann sich bei den am 8., 9. Mai Geborenen in gewissen Nervenleiden auswirken und z. B. bei einigen am 12. Mai Geborenen in dem sogenannten „Wasserkopf", der auch zu einem frühen Tode in den Kinderjahren führen kann. Möglicherweise rührt diese Krankheit daher, daß die Eltern diesem hohen Geist, der sich da wiederum einkörperte, keine entsprechende Gehirnorganisation zur Verfügung stellen konnten, weil sie und ihre Vorfahren eine rege Gedankentätigkeit nicht gewöhnt waren und sie nicht gepflegt haben. – Die in diesen Tagen Geborenen haben oft einen umfassenden Geist und eine große Energie. Mehr oder weniger sind sie Kampfnaturen und dabei sehr zähe oder auch spritzig. Oftmals ragt ihr Empfinden in die Wellengebiete der höheren Welten hinein. Sie können sehr sensibel und vielen Stimmungen offen sein. Und doch ist in ihnen eine Grenze gesetzt, und immer wieder kehren sie zu dem

Kern ihres Wesens zurück, den sie je nach der Zeit, der Umgebung oder der Religionsform Buddha oder Allah oder Jesus oder Gott heißen, bis sie am Ende erkennen, daß sie es selbst, daß es ihr eigenes innerstes Wesen ist, dem sie bisher Namen und Bedeutung gaben, die außerhalb liegen, und daß in ihnen selbst, wie ein Urbrunnen, der „Vater" ist. – Dann verstehen sie auch das Wort: „Ich und der Vater sind eins!" – Die große Fähigkeit, philosophische Klarheit zu erhalten, indem sie den Schleier der Maja zerreißen, entspringt den hohen Spannungen, die in den Säften sind. Der Mars in diesen Graden kann sogar zeitweise zum Irrsinn oder zum Wahnsinn führen. Andere Planeten in diesen Graden wirken entsprechend. Immer aber wird die philosophische Ader durchklingen. – Die sogenannten Unheil-Planeten in diesen Graden zeigen auch den frühen Tod des einen Elternteils an. – Im allgemeinen ist das Leben erfolgreich, wenn man auch das Verzichten lernt. – Wohnlage: Oftmals Eckhaus, auch das Elternhaus des einen Elternteils ist oftmals ein Eckhaus. Wenig Kinder zumeist. –

Die in den Tagen 13.–16. Mai Geborenen sind meistens körperlich nicht über Mittelgröße und vielfach dunkelhaarig. In diesen Graden ist der Fixstern Algol wirksam. Seine Art ist etwas unberechenbar, kann zu einer, irdisch gesehen, großen Höhe führen, er kann aber auch viel Tragik ins Leben bringen oder das Leben auf tragische Art beenden. Eigenes Schöpfertum kann etwas fehlen, aber viel Arbeitsdrang ist vorhanden. Die Steine zum Bau des eigenen Hauses holt man oft heimlich von dem Bauplatz eines anderen. Das Wesen ist lebhaft und die Art etwas listig. Auf den Bestand der Ehe muß geachtet werden. Etwas Neigung zu Abenteuern und darin auch nicht ohne Aupfopferungsbestreben. Viel Verbindungen und Beziehungen, viel Reisen. Kein sehr hohes Alter. Wenig Kinder. – Wohnlage: meistens in der Straßenzeile. –

Einen sehr klaren Stier-Typ stellen oftmals die in den Tagen 17.–21. Mai Geborenen dar. Sie sind zumeist groß und blondhaarig, neigen zur Fülle und zu einer faßähnlichen Form des Leibes. Sie sind in hohem Grade gutmütig, aufopferungsbereit und fleißig. Sie tun meistens Gutes, wo sie nur können. Sie werden oft ausgenützt und geraten sehr leicht an eine Ehepartnerin (Ehepartner) einer unguten Rassenmischung. Ihre philosophischen Neigungen erwachen oft sehr spät. Sie haben viele Freunde und sind sehr gute, friedliebende Gesellschafter. Groß ist ihre Gabe auf dem Gebiete der Kochkunst. Irgendwie sind sie beruflich (mit Ausnahmen) mit der Textilbranche verbunden oder auch mit Kunstgebieten. Viele sind auch Gastwirte, Hotelbesitzer oder entsprechende Leiter solcher Häuser. Auch als Leiter von Heimen und als gute Krankenheiler findet man sie. – Es werden mehrere Kinder (zumeist weibliche) geboren, doch hat man mit den Kindern, wenigstens mit einigen, auch viel Sorgen. Der Tod kann durch Lungenfäulnis oder eine Lungenentzündung eintreten. Das gilt natürlich nicht für alle, aber auf die Lunge ist zu achten. Je näher der Geburtstag dem 21. Mai ist, um so mehr ist die Wahrscheinlichkeit gegeben, daß mit „Vorliebe" geheiratet wird. – Das Leben ist mittellang bis lang. – Wohnlage: Meistens Eckhaus oder freie Lage und meistens eine große und schöne Wohnung. –

Soweit zu dem Wesen und Schicksal der Stier-Geborenen. Die hier gebrachten Ausführungen konnten nur kurz und nicht alles erfassend die Stier-Geborenen behandeln. Weitere Darlegungen findet die geneigte Leserin und der forschende Leser selbst heraus. Darauf weise ich noch ausdrücklich hin.

Die Grade der Sonne im Zeichen Stier

Geb.-Tage im April	Die Sonne im Stier	Die Bedeutung der nachstehend verwendeten Abkürzungen:		
		K	=	Körperliche Grundlagen, Veranlagung, Lebenskraft
		W	=	Wesensart, ihre Äußerung, Eigenheiten, Fähigkeiten
		S	=	Schicksals-Möglichkeiten
		Progr.	=	Progressiv (Wirkung der vorgeschrittenen Sonne)
		E	=	Verbindungen, die zur Ehe führen können
		G	=	Geschäftsgründung, evtl. größere Selbständigkeit

20. 0° ♉, 30° = K: In der Jugend meistens schlank und blond, später breitschultrig und dunkler im Haar. Etwas rauhe Stimme. – W: will sich durchsetzen und dabei schlau sein, übersieht hier und da evtl. die Grenzen der seelischen Bereiche und der Gesetze. Hier und da auch übersteigerter Ehrbegriff, Rücksichtslosigkeit und Stolz. Oft zu energische Verfolgung der eigenen Ziele, arbeitsam. Einige werden im Alter geizig. – S: meistens in mittleren bis materiell gesicherten Verhältnissen aufgewachsen und mit wenig Geschwistern zusammen. Entsprechende Schulung und meistens eine schöne Jugend. Für viele mit 16, 17 Jahren Veränderungen in Vertragslagen und mit rund 19 Jahren ein Liebesverhältnis, das schon zur Heirat führen kann. Mit 24 Jahren rund evtl. eine schwere Krisis. Eine günstige Welle mit rund 26–28 Jahren. Vielleicht eine Umstellung mit 30 Jahren, kritische Lagen mit 32–34 Jahren. Dazwischen und nachher natürlich auch fördernde Gelegenheiten. Irgendwie spielt Tätigkeit bei einer Behörde oder Verbindung mit behördlich Tätigen eine Rolle, aber darin liegt kein großes Glück. Einige heiraten auch spät oder gar nicht. Wenig Kinder, aber Aussicht auf ein langes Leben. – Progr. E(?), G.

21. 1° ♉, 31° = K: wie bei Sonne in 0° ♉. Blaue Augen. – W: fleißig, teils waghalsig, naturliebend. Bewegungs- und Wandertrieb. – S: meistens

in einer Familie geboren, die von Fehlschlägen heimgesucht wurde. Frühe berufliche Tätigkeit. Ehehindernisse oder doch Verzögerung des Eheschlusses. Im allgemeinen gutes Vorankommen. Wenig Kinder. Ein hohes Alter ist erreichbar. – Progr. E, G.

22. 2° ♉, 32° = K: mittelgroß bis groß, in der Jugend schlank, später breitschultrig und voll, blauäugig zumeist und blondhaarig. – W: sensibel, naturliebend, viel Bewegungstrieb, in der Jugend zu leichtgläubig, sehr steigerungsfähig in der Begeisterung, neigt mehr zu idealen Freundschaften mit Männern, läßt sich lange ausnutzen, hält Wort. – S: sehr gute, aber vielleicht etwas unübersichtliche Abstammung. Einige werden frühzeitig Waise. Ebenso wohl frühzeitige berufliche Tätigkeit, bei der die (der) Geborene ausgenutzt wird. Evtl. Wechsel in der Lehrstelle oder im Lehrgang. Frühzeitige ideale Liebesverbindung mit älterer Partnerin (älterem Partner), die durch Trug von anderer Seite in die Brüche geht. Mindestens einmal im Leben eine Gelegenheit, um viel Reichtum und viel Macht zu erlangen. Vielleicht auch Streit um eine Erbschaft und Rechte. Evtl. entsteht durch die Ehe eine große Feindschaft, durch die alles Erkämpfte verloren gehen kann. Oder auch durch Heimtücke und Verrat von und durch nahestehende Freunde (Freundinnen). Krisenzeiten besonders im Alter von 32–34 Jahren. Die Partnerin (der Partner) tritt evtl. später in eine neue Ehe ein. Wenig oder keine Kinder. – Progr. E, G!

23. 3° ♉, 33° = K, W, S: wie bei Sonne in 2° ♉. – Progr. E, G!

24. 4° ♉, 34° = K: meistens starkknochig, mittelgroß oder groß, mehr dunkles Haar. Viele haben bräunliche Augen. Veranlagt für Rheuma und Augenleiden. – W: meistens ernst im Auftreten, arbeitsam, auf sich selbst bedacht. Läßt sich doch evtl. von minderwertigen Menschen beeinflussen. Leidenschaftlich und ehrgeizig zumeist, einige sehr spekulativ und beeinflußbar. – S: in mittleren Verhältnissen meistens aufgewachsen. Es wird meistens eine gewisse Bildungsstufe erreicht. Oftmals Freundschaften oder Verbindungen mit Menschen, die keinen guten Ruf haben! Gefahr öffentlicher Blamage (durch die Liebe zumeist), auch Gefahr unehelichen Nachwuchses. Wenn überhaupt, dann leicht

späte Heirat. Langsames Vorankommen durch Arbeit und Sparsamkeit. Mittlere Kinderzahl im Falle einer Ehe. Viel Lebenskraft und wahrscheinlich ein hohes Alter. – Progr. E, G.

25. 5° ♉, 35° = K: wie bei Sonne in 4° ♉, aber meistens dunkelhaariger und braunäugig. – W: wie bei Sonne in 4° ♉ etwa, aber etwas freier im Auftreten und intelligenter zumeist, auch mehr Bewegungstrieb. In Freundschaften verläßlich, in der Verfolgung der oft weit gesteckten Ziele etwas listig, vielerlei Fähigkeiten. – S: wie bei Sonne in 4° ♉, aber oftmals Mußehe mit eigenartiger Partnerin (ebensolchem Partner). Gutes Vorwärtskommen materiell. Wenig Kinder. Einige heiraten nicht, haben aber unehelich Nachwuchs und deshalb eine Rente, die sie vom Heiraten abhält. Viel Lebenskraft, langes Leben meistens. – Progr. E, G.

26. 6° ♉, 36° = K, W, S: etwa wie bei Sonne in 4 und 5° ♉. – Progr. E, G.

27. 7° ♉, 37° = K: meistens Mittelfigur, breitschultrig und dunkelhaarig, leicht Gehirnreizung. – W: oft sehr temperamentvoll bis leidenschaftlich, intelligent, schlau, hier und da bequem. Viel Schönheitssinn. – S: meistens jüngstes Kind der Eltern, in der Jugend vielleicht Halbwaise, frühzeitig umworben, auch Verbindung mit Ausländern evtl. Eine sichere berufliche Position. Einige kommen nicht zur Ehe. Vorsicht im Gebrauch von Giften ist anzuraten. Viel Lebenskraft, lange Lebensdauer wahrscheinlich. Alle Ereignisse treten überraschend ein. – Progr. E?, G.

28., 29. 8° ♉, 38° = K: meistens über Mittelgröße, Neigung zur Fülle, oft rotbackig, einige sind schöne Menschen. – W: sensibel, meistens zurückhaltend, erscheint als stolz. Etwas chaotische Stimmungen, die zu unüberlegten Entschlüssen verführen könnten. – S: einige werden in der Jugend Halbwaise und einige kommen früh in einen Beruf. Wahrscheinlich Heirat in der Mitte der zwanziger Jahre in eine Familie mit ganz anderer Familientradition. Gesicherte Verhältnisse zumeist, aber vielleicht eine etwas zu sehr konventionelle Ehe. Etwa zwei Kinder. Im Alter wahrscheinlich Alleinsein. Wahrscheinlich ein langes Leben. – Progr. E, G.

30. 9° ♉, 39° = K: meistens mittelgroß, einige ziemlich zierlich gebaut, oftmals dunkelhaarig. – W: ruhig, doch meistens sehr bewußt und in der Wirkung auf die Umgebung oft bestimmend. Selbständigkeitsgefühl, setzt sich meistens durch. Intelligent, ordentlich, fleißig. – S: früher Eintritt in den Beruf, Heirat, mittlere Kinderzahl, gutes Vorankommen, Verbindungen mit Beamtenkreisen und selbständigen Unternehmern oder selbst in dieser Hinsicht tätig. – Progr. E, G.

Mai

1. 10° ♉, 40° = K: hier ist die Körpergröße sehr unterschiedlich, jedoch sind die an diesem Tage Geborenen meistens breitschultrig und dunkel- und schwarzhaarig. Leicht Schwindelanfälle und dadurch Todesgefahr. – W: meistens irgendwie stark triebhaft, umsichtig, fleißig, intelligent bis schlau, ehrgeizig. Einige mit dichterischer Veranlagung. Im allgemeinen ruhig und gemütlich, aber, wenn angegriffen, auch rabiat und verbissen. – S: meistens in ärmeren oder mittleren Verhältnissen aufgewachsen, frühzeitig arbeitend, zum Berufswechsel neigend, und meistens Besserung der Verhältnisse durch Ortswechsel. Arbeitet sich hinauf, strebt nach Gipfelpositionen, kann auch einen jähen Sturz erleben. Heirat, mehrere Kinder, hohes Alter erreichbar. – Progr. E, G.

2. 11° ♉, 41° = K: klein bis mittelgroß zumeist, breitschultrig, blond oder schwarz. Leicht Schwindelanfälle und dadurch Todesgefahr. – W: unermüdlich tätig, umsichtig, vorsorgend, intelligent, ehrgeizig. – S: wie bei Sonne in 10° ♉. Eine mit voranstrebende Partnerin (ein ebensolcher Partner). – Progr. E, G!

3. 12° ♉, 42° = K: mittelgroß bis groß, meistens blondhaarig, zähe. – W: zurückhaltend, fleißig, auf sich selbst bedacht (andere wieder sehr opferwillig). Bei Angriffen durch andere: rabiat, listig, rauh, evtl. roh und schwer zu beruhigen. Braucht viel Liebe. – S: unter etwas bedrängten Verhältnissen zumeist aufgewachsen, frühzeitig beruflich tätig, meistens auch zeitige Heirat und eine mittlere Anzahl Kinder. Für einige harter Existenzkampf, aber Aufstieg. Ein hohes Alter ist zu erreichen. – Progr. E, G?

4. 13° ♉, 43° = K: meistens mittelgroß und dunkelhaarig. Einige sehr breitschultrig. Empfindliche Nerven. – W: sensibel, intelligent, vielseitig interessiert, gerne alles von der Verstandesseite her betrachtend, rührig, fleißig, spekulativ. – S: ähnlich wie bei Sonne in 12° ♉. – Progr. E, G.

5. 14° ♉, 44° = mittelgroß bis groß, einige haben ein imponierendes Äußeres. – W: gefühlvoll und auch intelligent, vielseitig, spekulativ, bemüht sich, gerecht zu urteilen, kann auch sehr förmlich werden. Pflichteifer, Fleiß. – S: irgendwie spielt Beamtentum oder Verwandtschaft mit beruflich selbständigen Personen, auch Pfarrer, in den Lebenskreis hinein. Aufwachsend in einer bodenständigen Umgebung, Heirat meistens im reiferen Alter (wenig Kinder) und irgendwie eine leitende Position oder Selbständigkeit. Einige auch Beamte oder Pfarrer oder in Kirchenbüros oder Wohltätigkeitseinrichtungen beruflich tätig. Meistens entsprechend hohe Einkünfte. Die unauffällig zur Schau getragene Würde ist meistens echt. Aussicht auf ein langes Leben. – Progr. E, G.

6. 15° ♉, 45° = K: mittelgroß bis groß, oft hellhaarig, hohe Stirne, gutes Aussehen, einige sind Schönheiten. – W: einige sind hochintelligent, ohne eine rein intellektuelle „Art“ zu haben. Viele sind ein Segen für die Umgebung, sie raten und helfen, wo sie können, und sind im Umgang meistens echt liebenswürdig. Sonst: lebhaft, aufgeschlossen, fleißig. – S: meistens in einer traditionsgebundenen Umgebung aufgewachsen. Das gute Verhältnis mit den Geschwistern kann später durch deren Neid getrübt werden. Finanzieller Aufstieg, auch Erwerbung von Haus- und Grundbestz ist wahrscheinlich. Eine gute Ehe ist auch durchaus möglich. Nicht viel Kinder. Ein hohes Alter ist zu erreichen. Täglich sollte man einige Äpfel essen. – Progr. E, G.

7. 16° ♉, 46° = K, W, S: wie bei Sonne in 15° ♉. Weniger lebende Kinder. – Progr. E, G.

8. 17° ♉, 47° = K: mittelgroß bis groß und schlank, oftmals ein sehr schmales Gesicht und eine kräftige, sehr schmale Nase mit stark er-

höhtem Nasenrücken. – W: etwas unruhig, einige fahrig. Intelligent, vielen Problemen zugeneigt, wechselnd in den Anschauungen, fleißig. – S: meistens in einer sehr bekannten und geachteten Familie aufgewachsen, Übergang in irgendeinen intellektuellen Beruf zumeist. Meistens vielfacher Wechsel. Heirat in mittleren Jahren, Aussicht auf mehrere Kinder, eine gute Ehe und ein langes Leben. – Progr. E, G.

9. 18° ♉, 48° = K: meistens schlank, blauäugig und blondhaarig, leicht Gehirnreizung. – W: lebhaft, leicht bissig und aufgeregt, sehr sich steigernd und dann unberechenbar. Intelligent, einige sehr geistig, fleißig, strebsam. – S: teils in sehr guter Umgebung aufgewachsen, in jungen Jahren gerne auf Reisen, Heirat um die Mitte der zwanziger Jahre. Mehrere Kinder. Erringung einer guten Position oder Selbständigkeit. Wahrscheinlich auch Haus- und Grundbesitz. Ehekrisen lassen sich beilegen. – Progr. E, G.

10. 19° ♉, 49° = K, W, S: wie bei Sonne in 18° ♉, eher verschärft. Evtl. adelige Vorfahren. – Progr. E, G.

11. 20° ♉, 50° = K: in der Jugend schlank, blond, blauäugig, später voller, breitschultrig und dunkler im Haar. Evtl. adlige Vorfahren. – W: sensibel, intelligent, intuitiv, ruhig, verhaltenes Feuer, freiheitlich gesinnt, opferwillig, fleißig. – S: teils in guter, sehr arbeitender Umgebung aufgewachsen und früh berufstätig. Frühzeitige Heirat, oft Mußehe, Ehekrisen, wenig Kinder. Der (die) Geborene kann einen großen Aufstieg erleben und zwar weniger an materiellen, als an geistigen Gütern. Viel Zustimmung, harte Anfeindungen, viel Arbeit, viel Kampf. Ein hohes Alter ist erreichbar. – Progr. E, G.

12. 21° ♉, 51° = K: meistens mittelgroß und mehr oder weniger breitschultrig, meistens blauäugig. – W: meistens ruhig, fleißig, intelligent, vorwärtsstrebend, sparsam. – S: in mittleren Verhältnissen aufgewachsen, frühzeitig im Beruf, kommt vorwärts, evtl. etwas spätere Heirat und im allgemeinen ruhige Lebensbahn. Wenig Kinder und meistens ein langes Leben. – Progr. E, G.

13. 22° ♉, 52° = K, W, S: etwa wie bei Sonne in 21° ♉. Oft Verzögerung der Heirat. – Progr. E, G.

14. 23° ♉, 53° = K: entweder klein und in reiferen Jahren sehr füllig, oder schlank und sehnig, vielleicht etwas schwache Nerven, meistens schwarzhaarig. – W: lebhaft, sehr intelligent, rührig und fleißig, nützliche Verbindungen suchend, anpassungsbereit, in der Öffentlichkeit korrekte Haltung. Geheimnisse, blufft unter Umständen gerne, sehr leidenschaftlich, kann um der Liebe willen sehr großzügig sein. – S: meistens aus etwas gemischtem Blut, mittlere Familienverhältnisse im Elternhaus, Heirat und in vielen Fällen Aufhören der Ehe. Eine zweite Heirat ist nicht sicher. Ein Kind oder zwei. Günstige, aber flutende finanzielle Verhältnisse. In der Öffentlichkeit viel Beachtung, größte Lebenskraft mit rund 58–60 Jahren und evtl. tragischer Tod. – Progr. E?, G.

15. 24° ♉, 54° = K, W, S: etwa wie bei Sonne in 23° ♉, eher schärfer ausgeprägt. – Progr. E?, G.

16. 25° ♉, 55° = K: mittelgroß bis groß oder sehr groß, blond oder dunkelhaarig, teils grobknochig. Schwäche der inneren Organe, Lunge und Leber. – W: meistens lebhaft, regen Geistes, geschäftlich tüchtig, intelligent, fleißig, kann sich aber auch schleppen lassen, gemütlich, sorglich, aufopferungsfähig, sensibel, einige sehr okkult interessiert. – S: meistens aus gutem Blut herkommend, beruflich sehr tüchtig, leicht eine Ehe mit Partnerin (einem Partner) aus blutlich übel gemischter Familie. Daraus können sich evtl. viele Schwierigkeiten mit den Kindern entwickeln und viel Leid durch diese. Evtl. 4–5 Kinder oder mehr. Für weibliche evtl. uneheliche Geburt. Im allgemeinen oft Mußehe, auch Ehekrisen und evtl. Scheidung. (Die vom 16.–18. Geborenen sollten die Augen offen halten und nicht zu gut sein, auch üble Lagen sofort beenden.) Mittlere bis sehr gute finanzielle Lage und immer wieder Hilfe und Auswege. In Liebesangelegenheiten sollte man sich nicht so schnell und nicht ganz festlegen. Enttäuschungen und Chaos auf diesem Gebiete möglich. Entzündliche und wuchernde Leiden in der Lunge oder der Leber können das Leben verkürzen. Vegetarische Lebensweise ist anzuraten. – Progr. E, G.

17. 26° ♉, 56° = K, W, S: wie bei Sonne in 25° ♉, eher schärfer zum Ausdruck kommend. – Progr. E, G.

18. 27° ♉, 57° = oft sehr starker Nachklang vom 16. und 17. Mai! – K: mittelgroß bis groß, meistens blondhaarig. – W: lebhaft, wendig, intelligent, sensibel, immer wieder einen Ausweg findend, schlau und listig, wenn es sein muß. – S: evtl. Mußheirat, viel Kampf in den ersten 10 Jahren der Ehe, langsame Besserung der finanziellen Verhältnisse, evtl. nach Berufsveränderungen. Auch ist Selbständigkeit möglich. Mehrere Kinder zumeist. Kein ganz ungetrübtes Familienleben. Mit den Jahren Beruhigung, aber leicht immer wieder Sorgen durch die Kinder und evtl. viele Ausgaben durch dieselben. – Progr. E, G.

19., 20. 28° ♉, 58° = K: meistens mittelgroß bis groß und oft blondhaarig. – W: lebhaft, temperamentvoll, intelligent, wendig, fleißig, braucht viel Anerkennung und Liebe. – S: meistens Berufsveränderungen, Aufstieg, evtl. Pannen in Liebesverbindungen, Heirat Mitte der 20er oder mit rund 30 Jahren zumeist. Aussicht auf eine gute Ehe mit wenig Kindern und Reichtum möglich. Langsamer finanzieller Aufstieg. Bei einigen durch den Beruf Verbindungen mit der Justiz, der Polizei oder mit Behörden. – Progr. E, G.

21. 29° ♉, 59° = K, W, S: im allgemeinen wie bei Sonne in 28° ♉. – Progr. E, G.

Damit sind nun auch die einzelnen Sonnengrade des Zeichens Stier in einer kurzen Übersicht behandelt. Zu sagen ist noch, daß die Abendgeburten vom 10. Mai ab schon einen Sonnengrad weiter rechnen können. Der Übertritt der Sonne in einen weiteren Grad vollzieht sich eben nicht immer genau auf Mitternacht.

Ab 10. Mai = 19° ♉ Übertritt der Sonne schon in den Abendstunden des Vortages.

Tbc (wie immer bei letzten Graden!) Zentralsitz der Schwerkraft; Augen, daher Weite, Sehnsucht, Seefahrt blendet, Tyrannei(?); Plejaden, Siebengestirn Ma (Mo), 29° 18.

Zum Wesen und Schicksal der Zwilling-Geborenen

Die Sonne ist im allgemeinen im Zeichen Zwillinge vom 22. Mai bis 21. Juni. Das Zeichen Zwillinge gehört mit den Zeichen Jungfrau, Schütze und Fische zu dem sogenannten „beweglichen" Kreuz, wie wir nachstehend sehen.

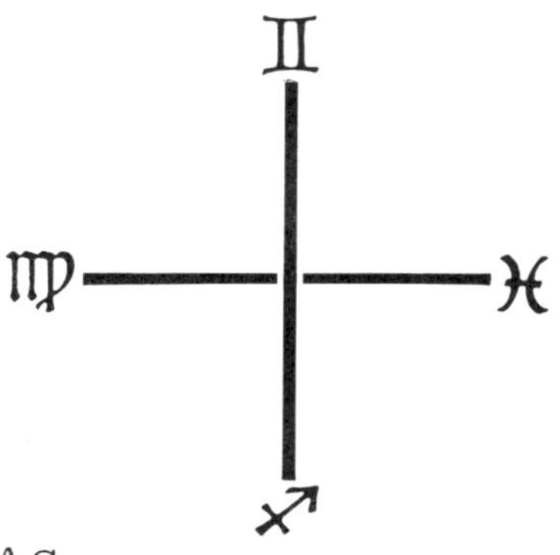

DAS BEWEGLICHE KREUZ

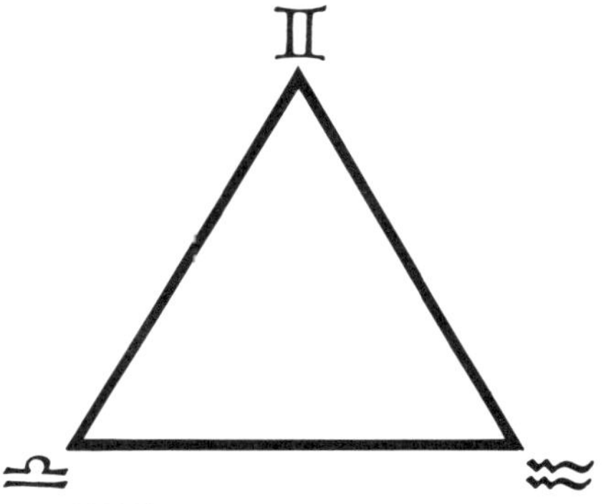

DIE LUFTIGEN ZEICHEN

Wollen wir den Sinn dieses Wortes „beweglich" recht erfassen, so müssen wir vorerst bedenken, daß die Astrologie eine Wissenschaft ist, die das Gebiet der alten Strahlungswissenschaft, oder wenigstens einen Teil davon, behandelt. Die Astrologie beobachtet die Herkunft der Strahlungen, ihr Entstehen, ihre Bewegungen, ihre Bindungen in dem, das wir als Stoff (Materie) bezeichnen, wie auch ihre Bindungen in den Ereignissen und Geschehnissen, ihre Entbindung vom Stoff (in der Entmaterialisation, auch im Atomzerfall), wodurch sie wieder Strahlung wird, usw. Entlang und innerhalb dieser verschiedenen Auswirkung und Verwirkung dieser Strahlungen entsteht nun dasjenige, zeigt sich uns wenigstens dasjenige, das wir „Leben" nennen. Die Astrologie ist aus diesem Grunde eine astrale Wissenschaft, sie beschäftigt sich mit allen Geschehnissen und Erscheinungen vom Gesichtspunkt des Astralen aus, und da wir in unserer Seele etwas Astrales vor uns haben, bedeutet das Wort „beweglich" im Sinne der Astrologie soviel wie: eine allen möglichen Impulsen und Regungen und Stimmungen und Möglichkeiten ausgesetzte Grundverfassung der Seele, soweit und in der Art, in der wir in einem Horoskop die „beweglichen" Zeichen durch Planeten und ihre Aspekte besetzt finden.

Daß die mannigfaltige seelische Erregbarkeit sich auch in körperlichen Bewegungen (die aber zumeist die inneren Spannungen und die innere Bewegung nach außen leiten sollen) zeigen, wissen wir und können wir oftmals und besonders beobachten bei den Vertretern des Zeichens Zwillinge und des Zeichens Schütze. – Bei Zwillingen sind es die Arme und die Hände (denn das Zeichen Zwillinge beherrscht diese Gliedmaßen), und bei dem Zeichen Schütze sind es die Beine (denn das Zeichen Schütze beherrscht die Oberschenkel, und darum ist das Zeichen Schütze auch ein Sportzeichen).

Wie kam denn nun eigentlich das Zeichen Zwillinge zu seinem Namen? Diese Frage habe ich mir oft gestellt. Nach meiner Ansicht rührt der schon aus sehr alter Zeit stammende Name daher, weil tatsächlich diejenigen Menschen, die im Zeichen Zwillinge geboren sind, im entsprechenden Alter oftmals Zwillinge z e u g e n . Ich habe das Wort „zeugen" hier gesperrt setzen lassen, weil es zuerst wichtig ist. Nebenher haben Eltern, die das Zeichen Zwillinge entsprechend besetzt haben, auch mit Zwillingen zu rechnen. Ich habe „entsprechend" geschrieben, denn es dreht sich tatsächlich hier um die Besetzung eines bestimmten Grades im Zeichen Zwillinge oder dessen starke Bestrahlung, denn um Strahlungen, die das Zeichen schon im Frühstadium zur entsprechenden Voneinanderteilung veranlassen, dreht es sich hier. Diese Teilung kommt zustande unter einem besonderen Zusammenwirken von Sonne und Jupiter. – Wirkt aber die Erdstrahlung sehr stark und ungünstig aus einem anderen Zeichen mit, so kann eine Veranlagung zur Homosexualität oder Haltlosigkeit in der Erotik, auch bei Frauen Fehlen der monatlichen Vorgänge die Folge sein. – Es liegt also in gewissen Graden des Zeichens Zwillinge eine Zwiespältigkeit innerhalb der Entwicklung des Körpers, innerhalb des Wunschlebens und der Triebe vor.

Dabei ist das Zeichen Zwillinge ein positiv-intellektuelles Zeichen, sehr stark in der Synthese und oft zu schnell damit fertig, während das Zeichen Jungfrau ein negativ-intellektuelles, mehr in der Analyse starkes Zeichen darstellt. Beide Zeichen, Zwillinge und Jungfrau, haben als Herrscher den Merkur und geben viel Neugierde und Wißbegier, auch viel Lust an der Festlegung des Erdachten oder intelektuell Errungenen, sei es durch Reden oder schriftliche Niederlegung. Der Merkur, der „Götterbote", ist der Überbringer der Gedanken und Nachrichten aus höheren oder mehr geistigen

Bereichen. Meist nur Überbringer, nicht immer Selbstdenker, wie ja überhaupt, was wir denken, doch nur auf induktivem Wege übernommen wurde. „Es“ denkt in uns.

Während aber die Jungfrau-Geborenen oft (leidend) grübeln, ist der Zwilling meistens sehr schnell, oft zu schnell, fertig mit seinem Urteil. Er möchte überhaupt alles, sogar das Fernstliegende in eine begriffliche Form bringen.

Diese Fähigkeit, blitzschnell Formulierungen zu finden und zu verbreiten, ist eine Stärke des Zwilling-Geborenen. Wir finden ihn deshalb viel in den Reihen der Nachrichtenformer und Überbringer, in den Reihen der Zeitungsberichterstatter, der Schriftsteller und Redner. Merkur, der „Götterbote“, wirkt sich hier aus, wobei natürlich sehr wichtig ist, welchen „Göttern“ er dient. – Zwilling-Geborene sind zumeist keine Finder, keine Quellen der Ideen, sondern oftmals nur Anpreiser, Verwerter und Ausnützer. – Da kommt es nun sehr darauf an, welche Planeten dieses Zeichen besetzen. Es ist hier nur möglich, den Einfluß der Sonne in diesem Zeichen kurz zu behandeln.

Wer in den Tagen vom 22. Mai bis 21. Juni geboren ist, hat in seinem Geburtshoroskop die Sonne im Zeichen Zwillinge. – In den meisten Fällen ist ein schlanker Körper (mindestens in der Jugend) vorhanden, etwas über Mittelgröße und darüber hinaus. Schmal ist meistens der Kopf, mindestens in den unteren Partien, schmal ist auch meistens das Kinn gestaltet, ziemlich lang die Nase, und die Wangen zeigen, besonders vom 3. Jahrzehnt des Lebens ab, selten eine zu starke Rundung. Schlank ist meistens der Hals, außer die Venus oder der Mond, oder beide, sind im Zeichen des Stier; gerne läßt der Zwilling-Geborene etwas die Schultern hängen. Die Arme sind meistens lang, die Finger ebenfalls und meistens schmal. Die Schultern sind mittelbreit. Der Gang ist meistens lebhaft, hier und da, besonders in Eile, sind die Bewegungen leicht fahrig. Was den Zwilling-Geborenen oftmals mit Sicherheit erkennen läßt, sind die Arme und die Hände, die fast immer irgendwie in Bewegung sind und gerne damit das Gesagte unterstreichen.

Die Zwilling-Geborenen sind nicht nur schnell fertig mit einem Urteil (das dann natürlich auch manchmal ziemlich oberflächlich sein kann), sondern haben meistens auch eine schnelle Sprechweise. Sie sind gute Redner oder Rednerinnen. Da die Sonne im Zeichen Zwillinge die Arme und die

Hände regiert, sind sie vielfach auch im Besitz einer großen Handfertigkeit. Sie beherrschen also ihre Hände meistens sehr gut, sind gute Zeichner und Maler, flotte Klavierspieler (wenn die anderen Vorbedingungen gegeben sind), und in allen darstellenden Künsten vielseitig begabt. Ich kann mir eigentlich keine Stickerin von Qualität ohne starken Zwillingseinfluß vorstellen. Die flottesten Schreibmaschinenkräfte hat man ebenfalls unter dem Zeichen Zwillinge zu erwarten, so wie wir sie auch oftmals als Vorzimmerdamen oder als Sekretärinnen des Chefs vorfinden. So wie die Zwilling-Geborene keine Schreibmaschine benötigt, die bei orthographischen Fehlern schon beim Anschlag bockt, hat sie auch alle möglichen Ausreden bei der Hand, um lästige Besucher abzuwimmeln und wie ein zweites Gehirn des Chefs wichtige Besucher zuzulassen. – Eine innere Nervosität wird da immer unter scheinbarer Ruhe verdeckt.

Die materiellen Verhältnisse der Zwilling-Geborenen sind meistens mindestens erträglich bis ziemlich gut. Oft entstammen sie der mittleren sozialen Schicht der Bevölkerung. Es wird vielfach ziemlich jung geheiratet und möglich sind im Laufe des Lebens zwei Ehen. Die Kinderzahl beschränkt sich in der heutigen Zeit oft auf zwei bis drei Kinder. Dem Kollegen- oder Kolleginnenkreis gegenüber zeigt der (die) Zwilling-Geborene gerne Überlegenheit, hier und da bei allem Entgegenkommen auch eine gewisse Spitzfindigkeit im Benehmen zwischendurch. Doch es ist nicht so böse gemeint. Das zeigt sich in der steten Hilfsbereitschaft. Soweit es nur möglich ist. Nachtragend ist der Zwilling-Geborene selten. Er sollte sich nicht so viel daraus machen, wenn etwas viel über ihn geredet wird, und soll nicht so schnell den Hasen machen oder unvorsichtig und im Übermaß mißtrauisch werden. Die Lunge ist etwas empfindlich. Sie ist sehr gut durchblutet, besonders im oberen Teil. Erkältungen können, wenn sie Lungenentzündungen auslösen, gefährlich werden. Zu leicht bekleidet sollten Zwilling-Geborene sich nicht halten. – Die im Anfang des Zeichens Zwilling Geborenen (22.–25. Mai) haben meistens eine sogenannte Mußheirat auf ihrem Lebenswege liegen. Aber, es ist eine Liebesheirat und die Kinder werden auch in Liebe gezeugt. In der Ehe herrscht neben der Liebe auch eine gewisse Klarheit. Ein geistig etwas höher stehender Partner oder eine entsprechende Partnerin wird verlangt. Ist der Unterschied zu groß, so kommt es evtl. zu einem klaren Bruch ohne viel Streiten. Die Ehe hat wohl immer eine gewisse übermittlere Ebene. Einige Grade des Zeichens Zwillinge tragen wohl viel Sinnlichkeit und Leidenschaft in sich, aber im allgemeinen geht das Haus nicht in Flammen auf. Starrheit sollte aber auch vermieden werden. So etwas ist dumm und paßt nicht zum Zwilling-Geborenen. – Auslandsreisen können sehr den Blick weiten. Auslandsaufenthalt ist meistens nicht von Dauer und auch nicht immer ohne Krisen. – Berufswechsel liegt dem Zwilling-Geborenen etwas nahe. Oder Wechsel in der Position oder in der Branche. – Die Freunde können durch unüberlegtes Verhalten Reizbarkeit, Nervosität, ja durch eine gewisse Katastrophenatmosphäre Unruhe schaffen. Sie haben meistens spärlichen Haarwuchs in diesem Falle oder einen angehenden oder vollendeten Fußballplatz, wo andere eine Mähne haben. Sie schwitzen auch gerne in der Kopfgegend, sind aber anhänglich. – Die Feinde sind gerne hinterhältig, aber die Intelligenz des (der) Zwilling-Geborenen sollte damit fertig werden. Nur darf keine Unruhe und keine Angst aufkommen. Da helfen meistens auch die bewußten zehn tiefen Atemzüge, Mut, Denken und Überlegung.

Die hier vorliegende kurze Skizze kann nicht für alle Zwilling-Geborenen in allen Zügen und allen Feinheiten zutreffen. Ganz abseits vom nützlichen Denken können einige Grade im Zeichen Zwillinge einen oft blinden Ehrgeiz entwickeln (so um den 12. Juni herum) oder auch opferwillige Selbstaufgabe (so um den 17.–20. Juni herum). Ein jedes Zeichen hat ja dreißig Grade. Und deswegen müssen auch gewisse Unterschiede auftreten. Und viel kommt bei der Beurteilung nach dem Sonnenstand darauf an, welche Aspekte die Sonne im Geburts-Horoskop hat.

Vom 2.–5. Grad Zwillinge (24.–28. Mai) liegen dann sehr starke Jupiter-Impulse vor. Am 24. erscheint im Kalender Urban – Ur-‚pan'(?), dem oftmals das Patronat über Hauptkirchen in Jupiter-Orden von der Kirche verliehen wurde (Stuttgarter Stiftskirche), und am 28. Mai der Jupitername: Wilhelm. – Die römische Kirche legt wichtige Schritte gerne auf diese Tage: 24–28. Mai.

Die Grade der Sonne im Zeichen Zwillinge

Geb.-Tage im Mai	Die Sonne im Zwillinge	Die Bedeutung der nachstehend verwendeten Abkürzungen:

K = Körperliche Grundlagen, Veranlagung, Lebenskraft
W = Wesensart, ihre Äußerung, Eigenheiten, Fähigkeiten
S = Schicksals-Möglichkeiten
Progr. = Progressiv (Wirkung der vorgeschrittenen Sonne)
E = Verbindungen, die zur Ehe führen können
G = Geschäftsgründung, evtl. größere Selbständigkeit

22. 0° ♊, 60° = K: eine kleine, untersetzte Figur mit breiten Schultern oder eine große, schlanke, oft etwas schlaksige Gestalt. Bleiche Haut. – W: meistens etwas unruhig innerlich, auch bei äußerer Ruhe, vielseitig veranlagt, intelligent, schlau, Pläne schmiedend, immer wieder Auswege findend, Formensinn, künstlerische Fähigkeiten, einige auch Hang zur Bequemlichkeit und mit fraglichem Rechtsgefühl, auch mit Neigung zu Handlungen und Vorhaben, die außerhalb des geltenden Rechts vor sich gehen. Einige haben großes Interesse an der Kenntnis privater Geheimnisse anderer Menschen. Auch bei einigen die Neigung, sich zurückzuziehen. Wieder andere, die den Mantel nach dem Winde drehen. – S: meistens in mittleren bis dürftigen Verhältnissen aufgewachsen. Schon als Kind scharfes Denkvermögen. Schwierigkeiten (oft selbstverschuldete) des Vaters, die den Kindern in der Berufswahl schaden. Meistens frühzeitige Ehe, oft Mußehe, schwächliches Kind, das man aber durchbringen kann. Einige bis zu fünf Kindern, Berufs- und Ehekrisen mit rund 30 und 37 Jahren möglich, vielleicht zweite Ehe. – Langlebig. – Progr. E, G.

23. 1° ♊, 61° = K: wie bei Sonne in 0° ♊. – W, S: ähnlich wie bei Sonne in 0° ♊. – Progr. E, G.

24. 2° ♊, 62° = K: mittelgroß, mehr zierlich, bis groß und schlank, meistens blond bis dunkelblond. – W: starkes Wunschleben, mehr triebhaft oft. Viele sind nervös und reizbar und schießen oft über das Ziel hinaus. Vor Haß sollte man sich hüten. Gewisse magische Möglichkeiten in der Veranlagung. Sonst wie bei Sonne in 0° ♊. – S: oft in einer Familie aufgewachsen, die mehrmals den Ort wechselt. Beruflich irgendwie in Verbindung mit Metallen stehend, oder durch die Heirat. Aggressives Auftreten kann große und dauernde Feindschaften auslösen. Blinde Leidenschaft kann ungute Ehe veranlassen. Eheschluß unter oft ungewöhnlichen Verhältnissen. Ziemlich gutes Vorwärtskommen. Meistens mehrere Kinder. Hohes Alter ist erreichbar. – Progr. E, G.

25. 3° ♊, 63° = K, W, S: ähnlich wie bei Sonne in 2° ♊. – Progr. E, G. – Hyaden - Ma (Ve) 5° 15.

26. 4° ♊, 64° = K: meistens mittlere Größe bei breiten Schultern, in reiferen Jahren breiteres Gesicht. Oft feingliedrig. – W: bewußtes Auftreten, zähe in der Verfolung der Ziele. Einige hochintelligent und begabt für geistige Durcharbeit hoher Ideen sowie deren Darstellung. Leider machen dabei einige mächtige Kreise Konzessionen. So ist in ihren Schöpfungen auch ein Tropfen Gift für Unentwickelte und nicht informierte Kreise vorhanden, eine richtige Zwillingsmischung. – S: Meistens zwei Ehen oder eheähnliche Freunddchsaften, die (letztere) sehr fördernd wirken können, aber viel Anstoß erregen. Harte Kämpfe um die Anerkennung und viele Rückschläge und wohl auch Schulden. Aber auch Gönner, die die Aufgaben fördern wollen. Viele Ortsveränderungen und Kämpfe. Plötzlicher Tod, evtl. im Auslande. Mit dem Geschaffenen haben spätere Generationen zu rechnen. Die eigenen Kinder und Enkel können die größten Feinde des Geschaffenen werden und Versuche machen, sich bei den Feinden und Gegnern des Geschaffenen anzubiedern. Der (die) Geborene hat oft eine gewissermaßen priesterliche Aufgabe (auch bei Sonne in 5° und 6° ♊!) und hat tiefe Einsicht in religiöse Werte. – Progr. E, G. – Oft die Geburt von Zwillingen.

27. 5° ♊, 65° = K: meistens wie bei Sonne in 4° ♊. – W: intelligent bis hochintelligent, aber nicht so am Quell des Geistigen, wie bei Sonne in 4° ♊. Mehr von Zweckdenken geleitet, mehr dem „praktischen" Leben Tribut zollend. Innere Angst vor geistigen Konsequenzen. Mehr Machtdenken und den Trieb, sich repräsentativ zu geben. Umgibt sich gerne mit Pracht, um (die Masse) zu verblüffen. Zeigt sich oft nach oben devot. Pocht auf alte Rechte und erstrebt weitere. Spricht gerne von religiösen, in Wahrheit kirchlichen Fragen. Das Empfinden wird meistens vom Intellekt vergewaltigt. – S: viele sind in einer ärmlichen Umgebung aufgewachsen, zeigen sich anpassungsfähig und werden oft schon in der Jugend gefördert, aber oft auch übermäßig gebunden. Viele erhalten ein einträgliches Amt in der Kirche oder Lebensstellung in einem Wohltätigkeitsbetrieb, oder auch Aufträge oder Gunst oder Pachtverträge von diesen Seiten meistens in der Stille. Meistens ein gesichertes und finanziell erfolgreiches Leben. Verheiratet, meistens zwei Kinder, die in der Öffentlichkeit auffallen können, besonders die weiblichen Geschlechts. Hier kann in Erscheinung treten, was die Eltern unterdrückt haben. Ein hohes Alter kann erreicht werden. – Progr. E, G.

28. 6° ♊, 66° = K, W, S: ähnlich wie bei Sonne in 5° ♊. – Progr. E, G. – Kirchenpunkt, Verbindung mit ihnen, Veränderungen.

29. 7° ♊, 67° = mittelgroß bis groß und schlank. Empfindliche untere Körperpartien und in der Familie evtl. Krebsfälle. – W: ruhiger, intelligent, ehrgeizig zumeist, praktisch eingestellt, vielseitig, meistens konservativ gesinnt, oftmals eigenbrötlerisch und sich für sich haltend. – S: meistens in einfachen Verhältnissen aufgewachsen und frühzeitig berufstätig. Bei vielen Verzögerung des Eheschlusses und Ehekrisen. Neigung zu einer älteren Partnerin (älterem Partner). Evtl. auch Berufswechsel, oftmals keine Kinder. – Progr. E, G.

30. 8° ♊, 68° = K: meistens mittelgroß und blond, sowie feinknochig. – W: vielseitig begabt, sensibel, intelligent, fleißig, etwas eigenbrötlerisch, in Abwehr sehr starr. Auch künstlerische Begabung. – S: meistens in sorgloser Jugend aufgewachsen und in einer gewissen Bildungs- und

Ausbildungsstufe. Behördenstellung oder sonst feste Stellung. – Auch wohl Selbständigkeit. Erfolge, auch wohl Heirat, aber wenig oder keine Kinder. – Progr. E, G.

31. 9° ♊, 69° = K: wie bei Sonne in 8° ♊, evtl. veranlagt zu Leberleiden. – W: vielseitig, auch künstlerisch begabt, sensibel, intelligent, vielleicht etwas leichter Sinn, mit Worten gerne spielend, dichterisch, muskalisch, von Stimmungen durchpflügt, eigenartig, muß sich fest in die Hand nehmen, kann dann ein Erfolgsmensch (wie die Welt es ansieht) werden. – S: meistens eine gute Ausbildung, die aber leicht unterbrochen wird. Wirkt vielleicht in einem Gebiete der Literatur oder der Kunst, auch in der Textil- oder Möbel-Branche. Viele sind auch in irgendeiner Werbung tätig. Sorgliche, gute Partnerin (oder ebensolchen Partner) zumeist. Wenig oder keine Kinder. – Progr. E, G.

Juni

1. 10° ♊, 70° = K, W, S: ähnlich wie bei Sonne 9° ♊. – Progr. E, G.

2. 11° ♊, 71° = K: starkknochiger, meistens über Mittelgröße, die Mehrzahl dunkelhaarig, mit mehr breitem Antlitz, auch etwas breiter Brust. – W: intelligent, das Schöne erkennend und liebend, etwas triebhaft, eigenbrötlerisch oft, hier und da rauh im Umgang. – S: in mittleren bis dürftigen Verhältnissen meistens aufgewachsen, oft auch früher Tod des Vaters. Mit der Zeit Besserung der Lage, berufliche Tätigkeit in größerem Unternehmen nach etwas beruflichem Pendeln. Frühzeitige Liebeserlebnisse, mindestens Plänkeln, oft frühe Ehe mit wenig oder keinem Nachwuchs. Ein hohes Alter kann erreicht werden. – Progr. E, G.

3. 12° ♊, 72° = K: meistens mittelgroß, starkknochig, dunkelhaarig und mit buschigen Augenbrauen. Einige auch blondhaarig und mit heller Haut. – W: sehr intelligent, das Schöne liebend, triebhaftig, leidenschaftlich, hier und da rauh im Umgang, sinnierend, technischen Fragen und Dingen zugeneigt, kann sich etwas gehen lassen, oft etwas exzentrisch. – S: oft wie bei Sonne in 11° ♊, aber in der Jugend etwas bessere Lagen und etwas mehr zurückhaltend. Heiratsmöglichkeiten,

aber auch Hindernisse. Einige bleiben ledig, wären aber besser verheiratet, da sich im letzteren Falle starke Stimmungskrisen zeigen können. Beschäftigung in technischen Bezirken oder in kaufmännischen Großunternehmen, auch Banken. Ein hohes Alter ist erreichbar. – Progr. E?, G.

4. 13° ♊, 73° = K: wie bei Sonne in 12° ♊. – W, S: ähnlich wie bei Sonne in 12° ♊, eher verschärft, im Lebenserfolg etwas besser. – Progr. E?, G.

5. 14° ♊, 74° = K: etwas größer als bei der Sonne in den vorherigen Graden, auch mehr blonde Haare zumeist. – Einige haben eine imponierende Figur und sind Schönheiten. – W: meistens zurückhaltend, abwartend im Verkehr mit anderen, aber tagwach. Intelligent, Könige in ihrem Beruf. Mindestens wird ihre Tüchtigkeit anerkannt. Weniger produktiv als reproduktiv dabei. Wahrt die große Form, achtet auf gute Verbindungen und Beziehungen, stellt sich in ein günstiges Licht oder wird darein gestellt. Günstige, meistens wohl berechnete Heirat. Oft keine Kinder, selten mehr als zwei. Ehren und ein hohes Alter sind erreichbar. Meistens immer gesicherte Existenz, selbst wenn unehelich geboren, was auch vorkommt. – Progr. E, große Ehren, G!

6. 15° ♊, 75° = K: meistens groß, aber selten übergroß, dunkelblond bis blond, und oft rotbackig. Oftmals Schönheiten. – W: ähnlich wie bei Sonne in 14° ♊, aber mehr von Stimmungen abhängig, da die Vorfahren väterlicherseits meistens einst adelig waren und da die jetzigen Verhältnisse mit dem, was im Blute und in den Säften lebt, nicht übereinstimmen. So kann man hier und da von einer Flucht in die Ehe sprechen. Sorgliche aber ehrgeizige und fleißige Partnerin (oder ebensolcher Partner). Eine korrekte ordentliche Ehe. Oftmals Grund- und Hausbesitz. Wenig Kinder, oft nur eines. – Progr. E, G.

7. 16° ♊, 76° = K, W, S: ähnlich wie bei Sonne in 14 und 15° ♊, beruflich auch Vorteile in Geschäften mit der großen Masse und mit dem weiblichen Teil der Bevölkerung, in Hinsicht auf Ernährung, Bekleidung, Herstellung von Bauten und auf dem Gebiete der Kunst. – Progr. E, G.

8. 17° ♊ 77° = K: einige sehr schlank und meistens dunkelblond bis dunkel, einige ganz hellblond. Gefahren für die Augen, besonders für das linke Auge. – W: vielseitig veranlagt, willensbewußt, für magisches Wirken im reiferen Alter befähigt, in der Jugend gerne umherschweifend, unruhig, und wissensbegierig bis ins hohe Alter. Im härtesten Lebenskampfe sich immer selbst helfend. Naturliebend, philosophierend, hoher Erkenntnisse fähig, den Duckmäusern oft ein Greuel. Bis ins hohe Alter geistig lebendig und klaren Denkens. Übersinnliche Erlebnisse. – S: die Vorfahren der Eltern befeindeten sich einstmals sehr oder stammen aus ganz verschiedenen Orten oder Gegenden. So ist es meistens. Der (die) Geborene ist wie ein gutes Reis von uralten, guten Stämmen. Die eine Linie gab das die Welt durchfühlende Empfinden, die andere die schlagkräftige Energie, die klarem Durchdenken und Abwägen der Lebensprobleme entsprang. Man dient einer Aufgabe (manche wissen es auch nicht, werden aber innerlich geführt). Meistens wird eine gute Position errungen. Dabei wirkt auch eine gute Partnerin (ein guter Partner) mit. Oft auch als gutwollende Bremse, kritisch und dabei sorglich liebend. Die Ehe ist oft nicht ohne Krisen, hält aber meistens. Zwei Kinder können frühzeitig sterben, aber die von ihnen zurückbleibenden Kinder können sehr berühmt werden, wenigstens eines davon. Ein langes Leben ist möglich. – Progr. E, G!

9. 18° ♊, 78° = K, W, S: ähnlich wie bei Sonne in 17° ♊, aber nicht so scharf ausgeprägt. Einige haben beruflich Beziehungen zu Behörden, sind vielleicht gar Beamter (Beamtin), sollten aber nicht servil werden. Sie schaden sich dadurch nur. Auf diese Weise geht es nicht. Dafür ist man innerlich zu kritisch eingestellt, und das spürt die Umgebung. Die Kräfte sollten der innerlichen Entwicklung dienen. Schweigen ist hier Gold, und Menschen, die höheren Geistes sind, sollten nicht beneidet oder gar bekämpft werden. Es sollte immer fair vorgegangen werden. Die Abstammung ist nicht so klar wie bei Sonne in 17° ♊. Wenn die Nerven geschont werden und Leberleiden vermieden werden, ist ein hohes Alter zu erreichen. Vielleicht späte Ehe und wenig oder keine Kinder. – Progr. E?, G.

10. 19° ♊, 79° = K: meistens in der Jugend sehr schlank und später sehr voll. Viele haben schwache Augen oder sind kurzsichtig. Helle Haut

und mindestens in der Jugend helle Haare. – W: sehr intelligent und in der Arbeit meistens sehr geschickt. Etwas listig und bei Enttäuschungen entweder gewalttätig oder hintenherum. Oft sehr, aber erst in späteren Jahren maßgebend, der Liebe ergeben und daraus eine etwas Verwunderung erregende Ehewahl. – S: oft in armer Familie aufgewachsen, aber durch Fleiß und Geschick hervorstechend. Berufswechsel, evtl. auch eine Zeitlang Behördentätigkeit. Selbständigkeit in einem intellektuellen Beruf kann durch falsches Handeln fehlschlagen. Am besten ist dann eine abhängige Stellung. Dazu kann auch der Umstand beitragen, daß bis zu fünf Kinder vorhanden sind. Im allgemeinen ein erfolgreiches, arbeitsreiches Leben, sei es nun in unselbständiger Art oder selbständig bei Verbleiben auf klaren Wegen. Die Idee sollte höher bewertet werden als der Besitz oder dessen Erringung. – Progr. E, G?

11. 20° ♊, 80° = K, W, S: ähnlich wie bei Sonne in 19° ♊. Aber mehr verbissener Ehrgeiz, der zu großen Fehlschlägen führen kann. – Progr. E, G?

12., 13. 21° ♊, 81° = K: oftmals schlank bis ins hohe Alter, selten mittelgroß und breitschultrig. Viele goldhaarig oder rothaarig. Viele haben etwas bleckende Eckzähne und etwas eigenartig geformte Ohrmuscheln. Auf hohen Orten, an Abgründen und beim Abstieg auf Treppen oftmals Schwindelanfälle, bei einigen dadurch Stürze auf den Kopf (oft schon als Kind) und dadurch Tod. Ursache ist mit die ungewöhnliche Lage der drei Bögen im Labyrinth des inneren Ohres. Diese Bogengänge stehen nicht im rechten Winkel zueinander, und die Blutäderchen im Labyrinth können die durch den Blutdurchfluß entstehenden elektrischen Ströme nicht ordnungsgemäß auf die Nerven induzieren. In einem solchen Falle wird momentan das Gleichgewichtsgefühl gestört. – W: sensibel, intelligent, oft sehr schlau und so andere Menschen (evtl.) gegeneinander ausspielend. Sehr geschickt und auch fleißig, vor allem aber oftmals von einem übergroßen Ehrgeiz und Streben nach Einfluß und Macht beseelt. – S: hier und da oftmals von stockkonservativen Vorfahren abstammend und als Kind und in der Jugend seelisch unterdrückt oder auch ungut behandelt. Daraus kann die Auflehnung der so Behandelten entstehen. In den meisten Fällen werden da alle Kräfte zusammengefaßt, und bei unreifen Naturen erscheint jedes Mittel anwendbar. Glück haben diese Geborenen mit dieser Einstellung, wenn sie eine gute, beratende und bremsende Partnerin (oder einen ebensolchen Partner) bekommen. Das sollten sie dann hoch werten. Im allgemeinen Aufstieg im Leben oder auf jeden Fall Sicherung der Verhältnisse. Aber auch jäher Sturz und Stehen vor dem Nichts. Immer wieder rappelt man sich hoch. Wenig Kinder. Ein hohes Alter ist erreichbar. – Progr. E, G.

14. 22° ♊, 82°: Mars mit Saturnwirkung – Lucifer-Tag; Teufelstag, Teufelspunkt. Kann sehr typische Menschen und Schicksale bringen, nicht nur auf körperliche Statur, sondern auch Aussehen: Oft rote Haare, betonte Eckzähne. Sehr stark wirkt Mars: Schädigung durch Stürze auf den Kopf, Kopfverletzungen eigentlich schon im Kindesalter, Schwindelanfälle, treten oft auf hohen Orten, Türmen, an Abgründen, auch Treppen auf. Wenn besetzt: maßloser Ehrgeiz, dessen Wirkung durch Planet und Hausspitze angezeigt ist. Es kann jäh zur Höhe führen, aber ebenso jäh, unerwartet zum Sturz oder einem vollkommenen Zerschlagen der Pläne. – ‚Teufelspunkt': Versuchung Jesu: der Teufel führte ihn auf einen hohen Berg und zeigte ihm alle Länder der Erde. Der 13. Juni bringt Menschen mit hohen Geistesgaben, die aber in übertriebenem Ehrgeiz meinen, die ganze Welt erobern zu können oder wenigstens in ihrem Bereich eine machtvolle führende Rolle zu spielen. An dem folgenden tiefen Sturz haben sie selber die Schuld – es sind letzten Endes die Saturn-Kräfte, die den Sturz herbeiführen, wie bei Saturn im 10. Haus. – Auch Lucifertag: Lucifer vollendete nach einem Mythos die Weltschöpfung, wurde hochmütig und daher von Gott gestürzt in den Abgrund, dort gefesselt. Der schöpferische Engel ist eine Wesensseite von Gott, er weist auf die schöpferischen Worte Gottes hin: Es werde Licht! Alle Erzengel sind Wesensseiten von Gott, dem Höchsten, in dem alles ist. Darum erscheint dieser Erzengel Gottes in seinen verschiedenen Verdichtungen als Logos bei den Friesen - Griechen, als Loge und Loki in germanischen Bereichen, als Lus(x) in mediterranen Bezirken.

14. 22° ♊, 82° = K, W, S: wie bei Sonne in 21° ♊, oft viel stärker ausgeprägt. – Progr. E, G.

15. 23° ♊, 83° = eher mehr breitschultrig. – W: intelligent bis sehr intelligent, aber auch sehr temperamentvoll und leicht triebhaft sowie hier und da etwas überheblich. Aber sehr fleißig und tüchtig. Gute Hausväter und Hausmütter. – S: in mittleren Verhältnissen meistens aufgewachsen und oft frühe Mußheirat. Mehrere Kinder und ansteigend gute finanzielle Lage. Langlebig. – Progr. E, G.

16. 24° ♊, 84° = K, W, S: wie bei Sonne in 23° ♊. – Progr. E, G.

17. 25° ♊, 85° = K: teils auch kleinere Figuren, oft rosigen Aussehens und mit meistens dunkelblonden Haaren. – W: fleißig, unermüdlich, sich aufopfernd, meistens heiter. – S: aus guter, bodenständiger Familie mit etwas Besitz stammend. Frühe Liebesheirat mit einem fleißigen, forschenden, oft etwas ungeduldigen Partner (oder ebensolcher Partnerin). Viel Arbeit, viel Sorgen, aber auch Aufstieg und im höheren Alter vielleicht eine glückende Spekulation. In vielen Fällen fünf und mehr Kinder, die gut erzogen sind und hinaufkommen. Selbst langlebig. – Progr. E, G.

18. 26° ♊, 86° = K, W, S: ähnlich wie bei Sonne in 25° ♊, aber mehr temperamentvoll und mehr bewußt. Einige bleiben ledig und wenden sich der Krankenpflege zu, erringen da auch eine oft sehr selbständige Position. – Progr. E?, G. – Oft ein opferreiches, langes Leben.

19. 27° ♊, 87° = K: meistens größere und imponierende Figuren. Oft dunkelhaarig. – W: ruhig, jovial, gerecht, fleißig, im Geheimen irgendwie romantisch oder schwärmerisch eingestellt, hier und da auch berufen, sich zu opfern. Im Berufsleben nicht ungeschickt, oft ein guter, gerechter Beamter. Durch Anlehnung an kirchliche Kreise besseres Vorwärtskommen. Aber die Methode liegt nicht jedem. – S: meistens aus religiös eingestellter Familie, die vielleicht einer Sekte angehört, stammend. Oft ein tragisch auslaufendes Liebesverhältnis in der Jugend. Eine gute Ehe möglich und günstige Verhältnisse in den meisten Fällen. Nicht viel Kinder. Aussicht auf ein langes Leben. – Progr. E, G.

20. 28° ♊, 88° = K, W, S: wie bei Sonne in 27° ♊, aber meistens schärfer ausgeprägt. Gefahr, durch eine andere politische Richtung die Stellung zu verlieren, aber die Beamtenkreise sorgen meistens immer wieder füreinander. – Oder man hat Verbindungen. – Progr. E, G.

21. 29° ♊, 89° = K: kleine dicke und außerdem auch aufgeschossene Figuren mit oft schlenkernden Armen. – W: etwas unruhig und dann auch wieder behäbig sich gebend, also ein wechselndes Bild. Wohl fleißig, aber auch spekulativ, vielleicht auch etwas unordentlich bis zur Boheme-Figur bei einigen. Mit dem Volke Verbindungen nicht verachtend, mitfühlend und auch zufassend aus dem Impuls heraus. Voller Stimmungen. – S: bei den Vorfahren und Eltern meistens Grundbesitz. Ein bewegtes Leben mindestens in der Jugend und durch Unruhe viele verpaßte gute Gelegenheiten. Wenn das reiche Empfindungsfeld sich beruhigt und geklärt hat, seelisch oft sehr hoch entwickelte Menschen, die helfend Standesunterschiede nicht achten. Meistens Zuwachs an materiellen Werten, besonders an Grundbesitz, aber nicht alle Pläne lassen sich durchsetzen. In der ersten Ehezeit vielleicht langes Leben. – Es wird an diesem Tag noch ein anderer Typ geboren, der knapp mittelgroß, sehr mongoloidisch aussieht, voller schwerer Stimmungen und dabei sehr schweigsam ist und ein wechselvolles Schicksal auf den untersten Stufen der sozialen Leiter durchmachen muß, sich nicht verheiratet, keinen Sinn für das andere Geschlecht hat und früh stirbt. Diese Menschen löschen aus wie ein Licht, das sich vom Monde aus zur Erde verirrte. – Für die anderen: Progr. E, G.

Jedes folgende Jahr = 1 Grad im Leben richtet sich nach den Prognosen des folgenden Tages. Daher reicht die Aufstellung für Widdergeborene für 90 Jahre, für Stiergeborene 60 Jahre, für Zwillinggeborene 30 Jahre usf.

Zum Wesen und Schicksal der Krebs-Geborenen

Vom 22. Juni bis 23. Juli ist die Sonne im allgemeinen alljährlich im Zeichen Krebs. Wer in diesen Tagen geboren ist, hat also in seinem Geburts-Horoskop die Sonne in diesem Zeichen.

Das Zeichen Krebs gehört mit den Zeichen Widder, Waage und Steinbock zu den sog. Kardinal-Zeichen, die sich an den Spitzen des kardinalen Kreuzes befinden.

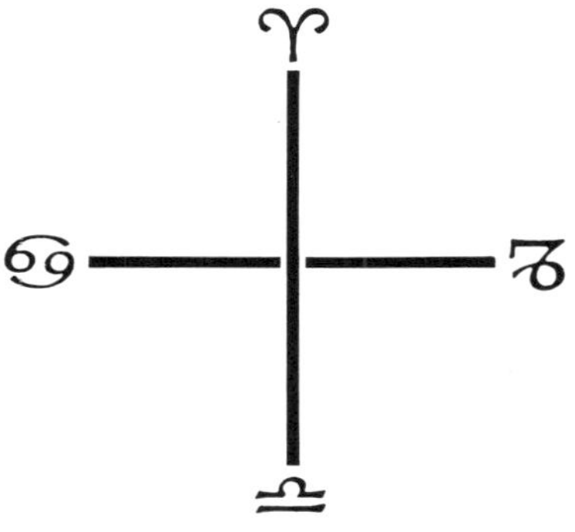

DAS
KARDINALE KREUZ

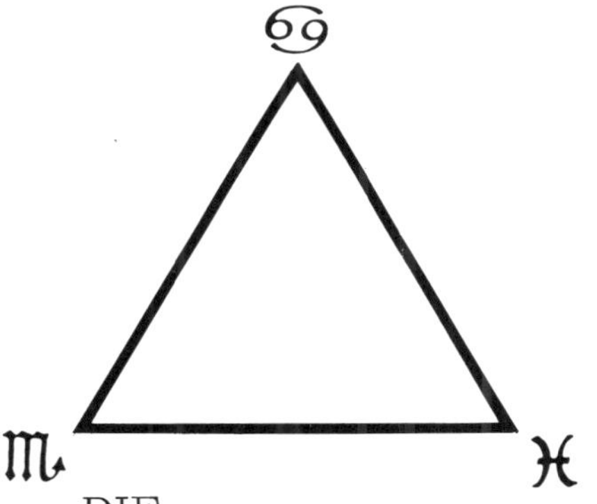

DIE
WASSER ZEICHEN

Der Sinn der Bezeichnung „kardinal" ist ziemlich weittragend, und ich möchte ihn folgendermaßen kurz umschreiben: das durch Kreuzung Entstehende, die Seele Einschließende, der Körper, das Körperliche, das „Fleisch", die Materie, das aus Erde Gebildete, auch der Stoff, der in sich die Seele einschließt, das Kleid, das Gefäß der Seele, das Gefängnis (Karzer) der Seele.

So wäre der Sinn des Wortes klar, groß erfaßt auch Kreuz (der Karfreitag wäre dann der Kreuzfreitag). In der Kreuzung kommt es zur Zeugung, und in der Zeugung kommt es zur Bindung einer Seele an die Stofflichkeit. Die „Erhöhung" am Kreuz wäre dann eine höhere Zeugung, oder die Zeugung zurück in die geistige Ebene. – Das Urwort, aus dem das Wort Kreuz entstand, ist „rod", rod = Recht. Nehmen wir Bezug auf die Schilderung der Kreuzigung Christi, so geschah diese auf Golgatha, einem Hügel, der als Stätte des Rechts, als Richtplatz, schon immer bekannt war.

Der Name ist ein Marsname, rod ist Mars, rot ist die Kardinalfarbe. Da rod = Kreuz ist, über dem rod das Kreuz war, an dem Jesus von Nazareth hing, und da die Sonne selbst auf dem Kreuz stand, das durch die Kreuzung von Äquator und Ekliptik gebildet wird, waren drei Kreuze übereinander. Am Kar-Freitag. – Soweit kurz.

Das kardinale Kreuz wird auch das „Hauptkreuz“ genannt, weil es auf der Linie des Äquators und auf der Erdachse liegt. Auf diesem Kreuz beginnen auch die Jahreszeiten. Dieses Kreuz ist also auch zeitlich sehr mit dem Stoff und dem irdischen Geschehen verknüpft. Wir haben also vor uns: die festen Zeichen als die geistigen Zeichen. Aus dem Geist entspringt alles. Er ist die Ur-Sache. – Dann folgen die beweglichen Zeichen. Sie sind die Zeichen der seelischen Impulse, die Zeichen der Empfindungen, der Bewegungen und Strömungen. Ihnen folgen die kardinalen Zeichen. Die Bewegungen und Strömungen verknoten sich, und es entsteht dasjenige, das wir als Stoff bezeichnen, die Materie, die die Form, den Körper darstellt. – Somit haben wir die kardinalen Zeichen als die stofflichen Zeichen begreifen gelernt.

Weil die kardinalen Zeichen die stofflichsten Zeichen sind, treiben sie die Widder-, Krebs-, Waage- und Steinbock-Geborenen auch dazu an, besonders in dieser Welt und auf der stofflichen Ebene Erfolge zu erringen. Und da ihre Art der stofflichen Seite der Welt verwandt ist, haben sie zumeist auch materielle Erfolge zu verzeichnen.

Bei den Krebs-Geborenen hat nun dieses Streben und haben diese Erfolge ein ganz besonderes Gesicht. Wenn das Zeichen Widder, oft unüberlegt vorstürmt und erobert, wenn das Zeichen Waage etwas schmeichelnd, tänzelnd, vorgeht und das Zeichen Steinbock sich zähe abmüht, verhält sich das Zeichen Krebs mehr erfühlend, abwartend und dann festhaltend. Somit hat das Zeichen Krebs gewisse mütterliche Züge. – Aus diesem Grunde ist mit auch der Mond Herrscher im Zeichen Krebs. Wie bekannt, vertritt ja auch der Mond im Horoskop die Mutter und die Frau in der Deutung mit. Und die seelischen Belange, wie die Seele selbst.

Wenn man forschend in die Astrologie eindringt, muß man sich immer wieder wundern und mit Staunen feststellen, wie einfach, sicher kennzeichnend und treffend die alte Welt und das alte Weltbild mit ihren Namen und Symbolen bis in die feinsten Feinheiten das Wesen der Welt und ihre Kräfte und Bewohner zu erfassen verstanden. – Diese Namen und Symbole sind so zutreffend, daß schon allein dadurch die ewige Gültigkeit der Astrologie gesichert ist.

Wie treffend ist da z. B. der Name und das Tier gewählt, das diesen Tierkreisabschnitt und diesen Teil der Ekliptik kennzeichnet. – Die feste Materie, die bei anderen Lebewesen die Knochen des Stützapparates bildet und innerhalb des Körpers gelagert ist, umgibt bei dem Krebs das zarte Innere und ist zugleich Stütze und Schutz. Hier haben wir das Bild der zarten Seele, die sich in ein festes, schützendes Gehäuse einschließt, aber – auch darin – gefangen ist. Damit ist aber der Sinn des Symboles noch nicht erschöpft. Der Krebs bedarf noch eines weiteren Schutzes für das unvollkommene hintere Teil seines Körpers, das keinen Panzer hat. Darum hält sich der Krebs am liebsten in einer kleinen Höhle am Rande der Gewässer auf, wartet hier auf Beute und packt sie mit seinen starken Scheren. Und diese Scheren halten sehr fest. – Hier haben wir das Bild der erst abwartenden, dann aber zupackenden und festhaltenden Art des Krebs-Geborenen. Und das gilt für ihn in allen Lebensgebieten. – Der Krebs hält sich fast dauernd in seiner Höhle auf. Nur in der Zeit der Liebesregungen verläßt er seine Behausung, zumeist im Dunkel der Nacht, um den Partner, die Partnerin zu finden. Im Monat Juli, dem Krebsmonat, ist darum auch seine Hauptfangzeit. Da treibt dann über dem Gewässer ein an der Spitze eines Bootes befestigtes Licht. Dieses Licht zieht, wie jedes Licht, die Krebse an. Leicht werden sie nun gefangen. – So können die Krebs-Geborenen auch einem „Licht“, einer Idee verfallen und davon sogar besessen sein, so daß ein Zerrbild entstehen kann. Es kann sich dabei um materielle Ziele drehen, oder um die Liebe, oder um eine sogenannte religiöse Idee oder um irgendeine andere Idee irgendwelcher Art. Meistens wird da übertrieben, sei es in der Sparsamkeit, oder in sexueller Sklaverei, oder in religiöser Schwärmerei, oder wie es die Besessenheit verlangt. Bleibt das alles noch in einem gewissen Rahmen oder ist eine Umkehr noch möglich, so mag das gut gehen, sonst aber können die Folgen recht tragisch werden. – Das hier Gesagte trifft natürlich nicht auf alle Krebs-Geborenen zu. Es kommt sehr darauf an, welcher Grad besetzt ist.

Sehr oft liegt bei den in den Tagen vom 22. bis 27. Juni Geborenen eine untermittelgroße Figur vor mit etwas breiten Schultern und gutgeformtem Körper, der etwas Neigung zur Fülle in späteren Jahren aufweisen kann. Die Stirne ist oftmals gerundet und das Haar dünn. Diese Menschen kommen meistens zu Besitz, sei es durch ihr Sparen oder durch Erbschaft. Der Erwerbssinn kann bei einigen in große Sparsamkeit, ja Geiz ausarten, und die Welt und die Menschen werden auch aus diesen Regungen heraus angesehen und behandelt. Es wirken hier starke, recht irdische Triebe. Natürlich ist das hier Gesagte nicht bei allen in diesen Tagen Geborenen zutreffend. Doch eines scheint ziemlich typisch zu sein. Ein Kind, meistens ein Sohn, muß in jungen Jahren sein Leben lassen, und zwar auf eine irgendwie gewaltsame Art. Oftmals sterben auch mehrere Kinder frühzeitig. – Hausbesitz ist meistens vorhanden. – Vorstehendes gilt besonders für Personen weiblichen Geschlechts.

Etwas anders ist das Bild bei den vom 28.–30. Juni Geborenen. Hier ist die körperliche Figur meistens größer und schlanker. Es liegt auch oft mehr Geistigkeit und Bestimmheit vor. Was vorstehend besonders für das weibliche Geschlecht gilt, trifft hier meistens für das männliche Geschlecht zu. – Die in diesen Tagen Geborenen sollten sich nicht in Dingen, die ihnen nicht so recht liegen, überreden oder verführen lassen. Kritische Veränderungen, auch gelegentlich gewollte Umzüge, auch Flucht und darauf vielleicht viel Elend, könnten die Folge sein.

Die vom 1.–4. Juli Geborenen können sich durch eine nicht ausreichende Ernährung, die längere Zeit dauert, Lungenschwäche, ja auch ernstere Lungenleiden zuziehen. Sehr entscheidend ist die Ehe, die meistens aus Liebe geschlossen wird. Der (die) in diesen Tagen Geborene ist nicht immer dem anderen Eheteil physisch gewachsen. Die heiligen Säfte sollten gespart werden. Es liegt eine gewisse Weichheit, oft auch viel Seele, in diesen Graden vor. Die Intelligenz ist meist überdurchschnittlich, größer aber ist wohl das Einfühlungsvermögen. Der Wille hat oft gute Ziele. Prozesse, besonders mit Behörden, sollten möglichst vermieden werden.

Die vom 5.–9. Juli Geborenen sind in Mittelgröße, meistens ziemlich ruhiger Art und stecken gerne den Rechtsstandpunkt heraus. In diesen Tagen findet man viele Richter und Rechtsanwälte und Menschen, die von anderer Leute Händel leben. Die in diesen Tagen Geborenen geben sich gerne etwas würdig. Manche sind es auch, seien es Priester oder Richter oder große Geldmänner und Kaufleute. Wenn auch die Mehrzahl nicht so ist, so sind es doch einige. Sie wissen auch ein gutes Leben zu schätzen, zeigen es aber nicht gerne in der Öffentlichkeit. Ihr Ideal ist eine sichere Existenz für sich. Das gilt auch für das weibliche Geschlecht. Eine Versorgung, natürlich standesgemäß, ist auch etwas wert. Das alles ist aber eigentlich nur die Folge der verdorbenen Verhältnisse und der lügenhaften Zeit, in der wir leben. Und natürlich auch nicht bei allen. Es werden in diesen Tagen auch viel Menschen geboren, die ihr Mäntelchen nicht nach dem Winde tragen und sich nicht verkaufen. Und das tun sie dann bewußt, denn diese Tage geben ein gutes Abwägungsvermögen und ein gutes Wissen darum, was Gut und Böse ist. – Im allgemeinen ist die Schaffung eines materiell gesicherten Lebens möglich und ebenso eine Bahn guter seelischer Entwicklung, wenn man den Konsequenzen gerecht wird, die da auftreten.

Nun kommen wir an die Geburtstage 10.–13. Juli. Die in diesen Tagen Geborenen haben allen Grund, eine ungewöhnliche Einstellung zu vermeiden und ungewöhnliche Schritte zu unterlassen. Tragische Ereignisse können auf dem Lebenswege liegen. Unüberlegte Freundschaften können Mißerfolge und Blamagen bringen. Man muß kurz treten. Selten wird eine große Rolle in der Öffentlichkeit oder im Wirtschaftsleben ohne heftige Anfeindungen oder Rückschläge gespielt werden können. Aber es läßt sich leben.

Eine sehr eigentümliche Welle wirkt sich in den Tagen 14.–18. Juli aus. Es ist, als wenn sich die Seele vorzeitig vom Körper befreien möchte, wenn eine unkluge, unnatürliche Lebens- und Ernährungsweise Platz gegriffen hat. Hier kommt es sehr auf die Stellung der Venus im Horoskop an. Eine Einstellung auf aufopfernde Liebe kann hier das Leben lebenswert machen und es verlängern. Die materiellen Verhältnisse sind meistens gut.

Vom 19.–23. Juli Geborene können durch ein seltsames Liebeserlebnis, das bis zur sexuellen Hörigkeit führen kann, aus ihrer Bahn geschleudert werden, natürlich dann am wenigsten, wenn es die Liebe zum Ehemann oder die Liebe zur Ehefrau ist. Im anderen Falle ist eine öffentliche Blamage kaum zu vermeiden. Zum Schluß aber kommt es zu einer öffentlichen Richtigstellung oder irgendeinem Ausgleich annehmbarer Art. Vor Schädigung der Gesundheit durch Verletzungen, Operationen, Feuer und übersteigertem Ehrgeiz mit ihren Folgen sollte man sich hüten.

Im allgemeine sind die Besitzverhältnisse der Krebs-Geborenen nicht ungünstig. Die Zahl der Geschwister ist entweder klein oder sehr groß. Geheimnisse werden gut bewahrt. Der Wohnort ist meistens in der Heimat oder deren Nähe. Die Eltern hatten oftmals ein gutes Einkommen. In der Liebe wird sich vielfach auf eine Person konzentriert. Meistens wird auch aus Liebe geheiratet, wenn auch noch andere Erwägungen mitklingen können. Von den Kindern kommt eines in ein militärisches Milieu hinein und kann dabei den Tod finden. Aber immer trifft das nicht zu, wenngleich die Erfahrung das oft bestätigt. Das Gedächtnis ist gut. In der Ehe kann man einen etwas nachlässigen oder vielgespaltenen Ehepartner (oder Ehepartnerin) haben, den (die) man etwas leiten muß. Kleine oder große Erbschaften liegen auf der Lebensbahn. Die bis zum 27. Juni Geborenen (weiblich) heiraten meistens einen Beamten, oder einen selbständigen Geschäftsmann, oder einen Mann, der irgendwie leitend tätig ist. Die bis zum 27. Juni Geborenen männlichen Geschlechts heiraten in eine Beamtenfamilie, oder in die Familie eines Geschäftsmannes, oder haben einen irgendwo leitend tätigen Herrn als Schwiegervater.

Nun kommen wir an eine besondere Eigenschaft der Krebs-Geborenen. Sie sind alle mehr oder weniger sensitiv. Viele Krebs-Geborene geben auch gute Medien. (Über die Gefahren der Mediumschaft sollte man sich klar sein.) Das in sich Gekehrte im Wesen der Krebs-Geborenen, das auch eine Anhänglichkeit an das Heim und die Heimat gibt (deshalb sind Krebs-Geborene durchweg sehr häuslich), macht sie auch empfindlich für feinere Strahlungen und Stimmungen. Das Aufgenommene wird aber mehr erfühlt, und da Neuprägungen nicht so sehr die starke Seite der Krebs-Geborenen sind, bleiben auch die Formungen meistens in alten Geleisen, werden aber verfeinert. Darum finden wir unter den Krebs-Geborenen viele Menschen, die sich für den Spiritismus interessieren. Aber auch auf anderen Gebieten tun sie sich um, so auf dem Gebiet der Lebensreform in Hinsicht auf Ernährung und Heilbehandlung besonders. Herrscht aber die dem Krebs-Geborenen etwas eigene konservative Grundstimmung vor, so hängt er alten Formen auf allen Gebieten an, ohne sich groß erwärmen zu können.

Beruflich und nebenberuflich in den Liebhabereien können die Krebs-Geborenen ziemlich aktiv sein. Der Wert materieller Güter wird geschätzt und deren Besitz erstrebt, denn man will gesichert sein. Nicht alles wird recht überlegt. Nebenher sucht man Rat bei anderen und handelt doch wie man will. Es wird auch dem Sparsinn gehuldigt. Oft zu sehr. In der Erhaltung des Erworbenen fehlt es aber oft an Weitsicht. Flüssiges Geld sollte in Grund und Boden angelegt werden. Sonst könnte es bei politischen Umlagerungen verloren gehen, wie ja überhaupt die politische Atmosphäre den Krebs-Geborenen meistens nur Schaden bringen kann, denn der Krebs ist kein Raubtier und kein Räuber an fremdem Eigentum. Er muß da scheitern, weil er gefühlsmäßig vorgeht und meistens keine Übersicht hat. – Lieblingsgebiete der Krebs-Geboren sind oftmals die Botanik, die Blumenzucht sowie die Imkerei und die Beschäftigung mit Kleinvieh. Nahe liegt für einige die Pferdezucht, oder doch die Freude an einem schönen Pferde. Auch Hunde werden geliebt.

Freundschaften werden gepflegt und erhalten. Es müssen Menschen sein, die bei allem Interesse für Geistiges sich eine natürliche Art erhalten haben. Freundschaften werden vor allen Dingen mit dem weiblichen Geschlecht, Personen weiblichen Geschlechts gepflegt. Krebs-Geborene brauchen Aussprache. – Feindschaften, mindestens Reibereien, ergeben sich leicht aus dem Kreis des Dienstpersonals, sei es im Geschäft oder daheim. Aber man kommt darüber hinweg. Krebs-Geborene sollten in Ruhe ihre stark magnetische Ausstrahlung, die sie auch zur Heilung von Kranken durch Auflegen der Hände benutzen können, in der Umgebung wirken lassen. Diese Ausstrahlung, durch Zieldenken geleitet, kann vieles regeln. Aber sie sollte vermittelnd, beruhigend gemeint sein.

Philosophisches zu 0° Krebs, einem wichtigen Mark- und Wendepunkt

0° Krebs 90° = An diesem Tage ist eine besonders starke Strahlung zwischen der Sonne und der Erde vorhanden. Die starke Strahlung besteht noch einige Tage nachher, wirkt also noch. Es sind daher auch gute Zeugungstage, um guten und starken Geistern die Bahn freizumachen, sich einen neuen Körper zu gestalten. Nach dem Übergang der Sonne über den Nordpol der Erde und gleichzeitigen Eintritt in das Zeichen Krebs wirkt der Mensch in geistigen Welten, um von dort aus nach dem Übertritt der Sonne wieder über den Äquator der Erde – dann im Zeichen Waage – die Wiedergeburt im Stoff vorzubereiten; Saturn in den 1. Graden von Krebs.

Die Erdachse ist ‚der Baum des Lebens'! im Paradies, es ist zugleich der Evapunkt, die Adam verführte. Daher Apfelpunkt, auch Feigenpunkt (ob's im Paradies Äpfel gab? oder Feigen?). Doch die Erde = Apfel, Reichsapfel. Eva – entkörpert, vergeistigt = Mond. Paulus, Radioquell, Opp. materiell. Adam und Eva. – Auch Punkt der Delila, die Simson verführte.

Polachse = Paulus-Achse. In der Polachse (Paolus) wurde Saulus polarisiert. Saulus = Säule, Baum des Lebens, Erdachse. Simson erfaßte eine Säule des Tempels, so daß dieser einstürzte. Tempel = Weltgebäude. Die Schlange am Lebensbaum weist auf die Spiralbewegung der Erde durchs Weltall. Renaissance hat spiralig gewundene Säulen deshalb.

Oberhalb der Ekliptik, des Ekliptikpols, Erd-Nord-Pols stehen die Sternbilder: Kepheus = Fels und der kleine und große Bär (Bärlin, Bärn = Bern, usw.). Der Bär heißt auch Meister Petz (= Petrus, Potsdam). Daher ist der Nordpol der Schlüssel der Ekliptik, und der Papst hat die Schlüssel. (Über den Nordpol kann man am besten ins Weltall vorstoßen.) Und Petrus trägt den ‚Bart' des Schlüssels.

Adam ißt den Apfel: Der Geistmensch sinkt nun, nachdem er seine Strahlungskraft verloren hat und Erdmaterie in seinem Körper aufgenommen hat (vom Erdapfel gegessen hat), immer tiefer in die Materie den Gesetzen und Kräften der groben Materie entsprechend und muß von da ab sterben.

‚Du sollst Kephas heißen!' Kephas = schwankend, unzuverlässig u. ä. Er hat Jesus dreimal verraten, verpetzt (Petz = Bär), bis der Hahn – der hohe Ahn – kräht (ihm ruft)!

Die Tage um 0° Krebs herum haben eine große Macht; sie spielen auch in der Politik eine große Rolle, denn hier dreht es sich um den Angelpunkt der Politik. Der Name Pol stammt aus der germanischen Namensgebung. Aus Lauf (Sonne, Planetenlaufen) wird lop = l–p; lip (Ek-lip-tik) und umgekehrt: p–l, pol.

Am Nordpol kommt der ‚Lauf' zum Stillstand; aus lop wird pol. Auch Napoleon I. wie Hitler kannten dies (Krieg mit Rußland am 22. 6.). Aber so wie ‚Eva' den ‚Adam' verführt hat mit Hinweisen auf die zu erringende Macht, wurden auch Napoleon und Hitler verführt – und waren später die Unterlegenen. In den meisten Fällen, wenn eine Eva ihren Adam verführt, stirbt Adam vor der Eva. Außerdem friert er leicht dauernd an den Beinen (wiel seine Frau die ‚Hosen' an hat). Doch nicht immer, gute Sterne können helfen. Das geht sogar so weit, daß Eva ihren Adam sogar unter einem Apfelbaum verführt. Die Zeit ergibt sich aus dem pr. Horoskop: also Sonne in 12° Zwillingen = mit 18 Jahren; so in 8° Zwillingen = 22 Jahre usw. Auch ein anderer Planet kann die Sonne ersetzen. Und wer ist schuld? Die Liebe oder der Apfelbaum? Dabei gibt es verschiedene Eva-Mythen – auch Eva wurde verführt: 7° Krebs.

Evanaturen (0° Krebs) meist mittelgroß, zu Fülligkeit neigend, meist weiße Haut; hie und da große Augen, kleine Ohren. Bewußtes, oft keckes Auftreten. Meist sehr sparsam, außer sie sind zu Gast; liebt auch kleine Vorteile. Kann die Wohnung mit Nichtigkeiten schmücken. Kinderzahl verschieden groß; meist früher Tod eines Knaben, außerdem Fehlgeburten, so daß nur 2–3 Kinder übrig bleiben. Haus-Besitz, auch Grund und Boden. Bei Sparsamkeit wenig Voraussicht und darum bei Geldentwertung große Verluste. Ehepartner(-in) sterben meist früher. Im allgemeinen eine von materiellen Zielen bestimmte Atmosphäre. Einfache, gesunde Lebensweise ist anzuraten. Äpfel sind Lebenskraft-Spender. Eier werden gerne gegessen, daher Liebe zu Hühnerzucht. Freude an Blumen und Garten. Im mittleren Alter Erlebnisse mit Krebstod-Fällen in der Verwandtschaft. Selbst langes Leben erreichbar.

Saulus: Punkt der Veränderung, Umformung, Wandlung: Paulus.

Saulus ist die unsichtbare Achse der Erde. Achsen sind immer unsichtbar: Türe dreht sich in den Angeln, aber die Drehachse sieht man nicht. Angel – Engel – Angelland (England) – Angelus ergibt sich aus der deutschen Wortformung: ang, eng, ung, ing, ong. Sie bezeichnen eine gewisse ringförmige, kugelförmige Zone, einen Raum, dessen Mittelpunkt auch Achse unsichtbar ist, aber beeinflussend wirkt. Achsen sind daher ungreifbar, also geistig. Durch Polarisierung wird so aus Saulus der Säule, Erdachse, der Paulus, der Pol. Paolus – auch im Kalender. Der Name ‚Simon', der später für Adam erscheint, stammt aus der Wortreihe: sim, sam, som, sum, sem. Sam spricht für die Saturnwerte, Saturnschicksal: er wurde blind. Sim hat Marswerte in sich, auch Werte der Einfachheit, des Simplen: Abschneiden der Haare machten Simson zum Sklaven. Die beiden Säulen sind die Erdachse und Ekliptik.

Die Grade der Sonne im Zeichen Krebs

Geb.-Tage im Juni	Die Sonne im Krebs	Die Bedeutung der nachstehend verwendeten Abkürzungen:

K = Körperliche Grundlagen, Veranlagung, Lebenskraft
W = Wesensart, ihre Äußerung, Eigenheiten, Fähigkeiten
S = Schicksals-Möglichkeiten
Progr. = Progressiv (Wirkung der vorgeschrittenen Sonne)
E = Verbindungen, die zur Ehe führen können
G = Geschäftsgründung, evtl. größere Selbständigkeit

21., 22. 0° ♋, 90° = K: gute Gesundheit. – W: schwankend, neugierig, verführend. Frauen etwas männlich, Männer etwas weiblich im Auftreten. – S: Aussicht auf Grund- und Hausbesitz (evtl. inmitten von Baumgärten), erreicht durch Heirat oder Arbeit und Sparen. Ausland eher ungünstig.

23. 1° ♋, 91° = K, W, S: etwa wie in 0° ♋.

24. 2° ♋, 92° = K, W, S: etwa wie in 0° ♋.

25. 3° ♋, 93° = K, W, S: wie in 0° ♋, eher verstärkt. Evtl. seelische Versteinerung und entsprechende Krankheiten durch Geiz oder Schüchternheit.

26. 4° ♋, 94° = K, W, S: etwa wie in 0 und 3° ♋. Dazu Verpassen von besten Gelegenheiten.

27. 5° ♋, 95° = K, W, S: etwa wie in 0 und 4° ♋. Ungünstig für Spargelder. Wettertag: Siebenschläfer = 7 Wochen!

28. 6° ♋, 96° = K, W, S: etwa wie in 0 und 5° ♋. Verluste durch politische Umstellung und Mitläufertum. Auswanderung ungünstig.

29. 7° ♋, 97° = K: wechselnde Lebenskraft und Gesundheit. – W: intelligent, evtl. scharf, und verhalten nervös. – S: Verluste durch Verführung, Umstellung, Ortsveränderung und Auswanderung. Letztere löst jahrelange Existenzkämpfe aus.

30. 8° ♋, 98° = K: wie in 7° ♋, sog. negative Krankheiten werden überwunden. – W: wie in 7° ♋, leicht bitter und rechthaberisch. – S: wie in 7° ♋, etwas gemildert durch Erkenntnis. Langsamer Aufbau der Existenz.

Juli

1. 9° ♋, 99° = K: schwächere Lebenskraft (Lunge, Magen). Evtl. Vorfahren der einen Seite entrechteter und verarmter Blutsadel. – W: philosophisch, intelligent, spontan intuitiv, auch kritisch bis rechthaberisch, meistens herzensgut, vielleicht etwas willensschwach. – S: meistens mangelnde Ernährung in der Jugend. Evtl. durch Heirat Grund- und Hausbesitz. Meistens selbständig oder Beamter.

2. 10° ♋, 100° = K: Lebenskraft etwas stärker. – W: wie in 9° ♋, aber nicht so gedrückt und mehr willensbewußt. – S: wie in 9° ♋. Weibliche entsprechend. Ehepunkt.

3. 11° ♋, 101° = K: mittlere Lebenskraft mit Steigerungsfähigkeit. – W: größere Energie, innerer Kampf zwischen Freiheitsgefühl und Nützlichkeitsdenken. Intelligent, oft sehr klar und aus inneren Spannungen scharf. – S: Heirat kann Grund- und Hausbesitz bringen. Selbständig. Leiter irgendwie und irgendwo oder Beamter. Weibliche entsprechend.

4., 5. 12° ♋, 102° = K, W, S: wie in 11° ♋ ungefähr. – (Für Geborene mit Sonne in 0° ♋ in diesem Jahr evtl. Beginn der Pubertät. Also im Alter von 12 Jahren).

5., 6. 13° ♋, 103° = K: größere Lebenskraft. Sonst wie in 11° ♋. – W: etwa wie in 11° ♋, aber mehr biegsamer Charakter. Anpassungsdrang. Intelligenz. – S: Bewußte Gestaltung einer (anlehnenden) Karriere. Entsprechende Heirat wird erstrebt und kann erreicht werden. Dasselbe gilt für weibliche.

7. 14° ♋, 104° = K: gute Gesundheit, vielleicht keine großen Reserven. – W: wie in 13° ♋ und Interesse für Rechtsfragen gesteigert. Evtl.

Autoritätsgefühl oder Beugen vor Autoritäten aus Nützlichkeits- oder Berufsgründen. – Langsamer Aufstieg, evtl. im Staatsdienst, bei einer Behörde oder in der Justiz. Gut vorbereitete Heirat. Weibliche entsprechendes Milieu, Ziel und Unterkommen. Männlich und weiblich evtl. selbständiger Beruf. (Geburtstage am 22. und 23. 6., also mit 0° oder 1° ♋ sind hier 14 oder 15 Jahre alt und machen ein gutes Examen oder bestehen eine Prüfung gut.)

8. 15° ♋, 105° = K, W, S: wie in 14° ♋, aber verstärkt und klarer. (Entsprechende Förderung oder Anstellung für die Geburts-Sonne in 17° ♊ – nebenbei bemerkt.)

9., 10. 16° ♋, 106° = K, W, S: wie in 14 und 15° ♋, etwas abgeschwächt wirksam für S.

11. 17° ♋, 107° = K: reichliche Lebenskraft, zähe. – W: lebhaft, etwas spritzig, Stimmungswechsel. – S: evtl. verzögerte Heirat. Gesicherte Verhältnisse zumeist.

11. 18° ♋, 108° = K: stark flutende Lebenskraft, wechselnd in ihrer Stärke. – W: noch spritziger als in 17° ♋. Will alles durchsetzen, vor allen Dingen Umwälzendes, Neues. Stark bestimmend. – S: Evtl. Tod eines Elternteils frühzeitig. Ergreifung eines eigenartigen Berufes, der sich trägt. Stürmisches Vorgehen kann Ehe verzögern oder zerschlagen. Partner (Partnerin) kann bedeutend älter sein.

12. 19° ♋, 109° = K, W, S: alles schärfer ausgeprägt. Eigenartiges Verhalten schafft eigenartige Verhältnisse. – W: auf Ideale eingestellt. Romantisch, oft keine Äußerlichkeiten und Formen achtend. Künstlerisch veranlagt. Einstellung auf Mystik. S: wird mit dem Leben schlecht fertig, kommt aber durch. Heiratet evtl. einen viel älteren Partner (eine viel ältere Partnerin). Ehe wie eine Kinderehe oder Geschwisterehe. Etwas Bohemeleben, evtl. auch tragische Ereignisse.

13. 20° ♋, 110° = K: weniger Lebenskraft. Daraus vielleicht Zirkulationsstörungen. – W: oft übervorsichtig, dann wieder vorschießend.

Leicht unsicher im Wesen. – S: Verpaßte Gelegenheiten. Kritik aus der Öffentlichkeit. Hindernisse durch Mächtige. Diplomatisches Verhalten und Zähigkeit setzt sich durch. Langsamer Aufstieg.

14. 21° ♋, 111° = K: mehr an Lebenskraft. – W: wie in 20° ♋, jedoch die Schwierigkeiten abgeschwächt. Dafür mehr Erfolg und Ansehen.

15. 22° ♋, 112° = K: mittlere Lebenskraft, meistens guter Ernährungsstand. Gefahren für die Funktion der Drüsen. – W: ruhig strebend, fleißig, umsichtig, etwas konservativ eingestellt zumeist. – S: Erringen einer guten materiellen Lage. Geheimnisvolle Krankheiten, die ich hier nicht bezeichnen will, und daraus folgende Todesfälle bei den Vorfahren.

16. 23° ♋, 113° = K, W, S: alles verstärkt und verschärft nach den Grundsätzen der 22° ♋.

17. 24° ♋, 114° = K: viel Lebenskraft. – W: mehr aktiv und mehr optimistisch, jedoch sehr wechselnde Stimmungen. – S: gelinde Strebsamkeit sichert Erfolge, auch entsprechende Heirat.

18. 25° ♋, 115° = K: sehr viel Lebenskraft. – W: mehr temperamentvoll. – S: Liebesleben bestimmt Schicksal und bei vernünftigem Verhalten sehr gute Heirat.

19. 26° ♋, 116° = K: sehr viel Lebenskraft. – W: temperamentvoll, der Partnerin (dem Partner) gegenüber in der Liebe sehr anhänglich. – S: wie in 25° ♋.

20., 21. 27° ♋, 117° = K: sehr viel Lebenskraft. – W: noch mehr temperamentvoll, anhänglich, schenkt sich evtl. mit Leib und Seele. – S: wie in 25° ♋, aber nur nach Krisen.

21., 22. 28° ♋, 118° = K: wechselnde Gesundheit, große Spannungen. – W: äußerst temperamentvoll (evtl. bis zur Besessenheit). Anerkennungsbedürftig, auf evtl. abwegigen Gebieten ehrgeizig. Auch wie in

27° ♋. – S: Liebesleben wird leicht öffentlich kritisiert. Evtl. öffentliche Blamagen. Aber auch Hilfe durch Freundschaften. Fester Wille und klares Denken sichern Erfolg.

23., 24. 29° ♋, 119° = K: bessere Gesundheit. – W: sehr anhänglich, weniger schweifend, intelligent, romantische Stimmungen, die sich klären. – S: Bändigung schweifender Phantasie durch Erlebnisse und Nachdenken. Dann bewußte Gestaltung des Lebens und darin Erfolge. Finanzielle Sicherheit.

Zum Wesen und Schicksal der Löwe-Geborenen

Im Zeichen Löwe ist die Sonne im allgemeinen vom 24. Juli bis 23. August. Alle Personen, die innerhalb dieser Tage geboren sind, haben damit ihre Geburts-Sonne im Zeichen Löwe.

Mit dem Zeichen Stier, Skorpion und Wassermann gehört das Zeichen Löwe zu den „festen“ Zeichen und damit zu dem „festen Kreuz“.

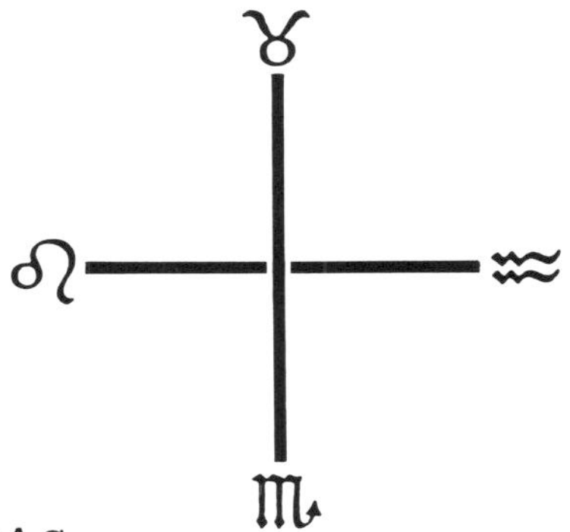

DAS
FESTE KREUZ

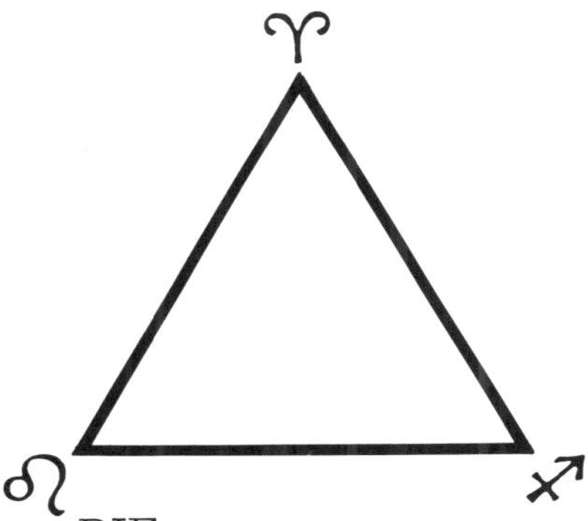

DIE
FEUER-ZEICHEN

Über das Wesentliche der festen Zeichen haben ich im Zeichen Stier schon einiges veröffentlicht. – Wie ich dort ausführte, wirken sich die Tierkreiszonen in den verschiedenen Zonen unseres Körpers aus. So untersteht die Kopfzone dem Zeichen Widder und der Magen dem Zeichen Krebs. – Immer sind bei der Besetzung dieser Tierkreiszeichen die betreffenden Körperzonen oder Organe gut durchblutet. –

Dem Zeichen Löwe ist nun bei dem Menschen das Herz und dessen Tätigkeit und Funktion unterstellt. – Das wirkt sich natürlich auch im Wesen der Löwe-Geborenen aus. Sie lassen sich viel von ihren Herzimpulsen leiten. Dahin wirkt auch noch der Umstand mit, daß das Zeichen Löwe zu den sogenannten feurigen oder Feuer-Zeichen gehört (neben den Zeichen Widder und Schütze).

Dem Verständnis des Löwe-Geborenen kommt man entlang der treffenden Symbolik der Alten dann noch näher, wenn man bedenkt, daß der herrschende Planet im Zeichen Löwe die Sonne ist. – Aus der heißen Glut der Sonne und ihrer beherrschenden Position und Aufgabe innerhalb unseres Sonnensystems ergibt sich die impulsive (meistens) königliche Haltung, die Großzügigkeit bei allem Bestreben in und um sich nach der Wertigkeit alles zu ordnen (das Ranggefühl), alles und alle an den richtigen Platz zu setzen, das Gefühl für Würde, ein würdiges königliches Benehmen und ein als selbstverständlich sich gebendes Herrschertum innerhalb der Umgebung. Dabei werden alle Ecken und Kanten und Schärfen möglichst vermieden. Löwe-Geborene legen Wert auf die Form, auf die vornehme, die gute, die schöne Formung der Dinge rundum und auf formvollendetes Verhalten der Menschen, mit denen sie zu tun haben.

Deswegen wird auch der Löwe-Geborene immer die aufrechte Körperhaltung zeigen und ein bei aller Herzlichkeit immer etwas imponierendes Wesen. Er unterstreicht von allen Tierkreiszeichen am meisten den Abstand vom Tier, indem er die typisch menschliche aufrechte Haltung des Körpers, die uns ja äußerlich alleine schon vom Tier unterscheidet, sichtbar einhält. An dieser Haltung kann man schon von weitem den Löwe-Geborenen erkennen. Kommt dann noch der offene Blick der großen Augen dazu (die Augen unterstehen der Sonne) und die gemessene Bewegung der Arme, wie eine alles Häßliche vermeidende Führung der Unterhaltung, so können wir gewiß sein, einen Löwe-Geborenen vor uns zu haben, oder mindestens einen Menschen, in dessen Geburts-Horoskop das Zeichen Löwe stark durch Planeten oder dem Aszendenten (dem Ostpunkt im Horoskop) besetzt ist.

Löwe-Geborene erreichen in der Regel gut die Mittelgröße oder übertreffen sie. Breit sind meistens die Schultern, die Arme etwas kurz. Eine gewisse Breite, ohne scharfe Ecken oben seitlich, zeigt die Stirne, die im höheren Alter breiter wird, die Augen wirken groß, die Nase kann leicht oder auch stark in ihrem oberen Teil gebogen sein, und der Mund ist meistens klein. Der Hals erscheint nicht sehr lang, der Brustkorb ist gut entwickelt in der Breite wie in der Höhe (also selten „Hühnerbrust"), und die Hüften haben in der Breite ein gutes Mittelmaß bis zu einer gewissen Schmalheit. Das gilt auch für weibliche Löwe-Geborene, die ja selten eine große Kinderzahl aufweisen. Etwas nach innen hervortretend erscheinen die Knie.

Wie erwähnt, beherrscht das Zeichen Löwe das Herz und seine Funktionen. Damit wird auch sehr der Blutkreislauf von dem Zeichen Löwe und seiner Besetzung bestimmt. Dasselbe gilt auch für die Festigkeit der Herzmuskeln, wie für die anatomische Größe und den Bau des Herzens überhaupt. So ist die Herzmuskulatur bei Mond im Zeichen Löwe etwas weichlich und wasserreicher sowie das Herz anatomisch etwas groß (das sogenannte „weiche“ und „große“ Herz). Ist aber im Geburts-Horoskop der Saturn im Zeichen Löwe, so ist die Herzmuskulatur fester und das Herz im Bau anatomisch etwas klein. – Das alles hat aber mit der Lebensdauer nichts zu tun. Das sei nebenbei gesagt. Erwähnt sei noch, daß der Mars im Zeichen Löwe dahin wirkt, daß die Blutzirkulation sehr lebhaft ist.

Im allgemeinen bietet der (oder die) Löwe-Geborene das Bild einer ruhigen natürlichen Schönheit. Die Besitzverhältnisse sind meistens gut und werden noch durch Geschenke verbessert. Das sich Geben in Bewegung und Sprache ist vornehm und stößt selten an. Der Briefstil ist ebenfalls bei aller Herzlichkeit vornehm. In der Form der Schrift werden immer luftige Bögen auftreten. Runde Formen im Bau der Möbel (Rokoko oder Barock) sind ebenfalls beliebt. Irgendwie wird das Heim schön gestaltet. Auf einem harten Stuhl sitzen die Löwe-Geborenen nicht gerne. Ein Kissen als Unterlage lieben sie sehr. –

Irgendwie spielt eine gewisse Vornehmheit im Elternhaus oder in der Abstammung mit. Diese Vornehmheit ist aber keine Vornehmheit, die sich auf Geld und Besitz gründet. Geld und Besitz kann niemals vornehm machen. Vornehmheit liegt auch nicht in äußerem Besitz, sondern im Wesen des Menschen. Sie äußert sich in einer feinen Art des Umgangs in der Familie wie mit anderen Menschen, die die Gefühle der anderen Menschen niemals verletzen will und in dem Menschen, und sei er der ärmste, immer noch den Menschen achtet. Das hält nicht immer davon ab, die Wahrheit zu sagen oder sie dem anderen beizubringen, aber das geschieht in einer anpassenden Form, die in dem anderen Menschen das eigene Denken anregen kann. – Eine große Rolle spielt im Leben der Löwe-Geborenen die Liebe. Selten gibt es auf diesem Gebiete Katastrophen. Die Lebensbahn der Kinder verläuft meistens auch günstig. Glück im Glücksspiel ist oftmals gegeben. – Im beruflichen Leben tritt der Löwe-Geborene irgendwie aus dem Kreis der anderen hervor. Oftmals ist er leitend tätig oder Vertrauensperson. Seine Art, sein Wesen, seine Ehrlichkeit, seine große Fähigkeit, mit Menschen umzugehen, nicht immer seine Arbeit, sichern ihm irgendwie, und sei es auch am Ende der Lebenslaufbahn, den Erfolg. – Man findet die Löwe-Geborenen an Spitzenposten überall. Sehr geeignet sind sie zur

Repräsentation. Nicht umsonst ist das Zeichen Löwe das Zeichen der Könige und der Herrscher. Auch als Reisevertreter vertritt ein Löwe-Geborener nach außen meist sehr günstig seine Firma. – Das Eheleben hat oftmals eine besondere Note. Die Eigenart der Ehe kann irgendwie in der Öffentlichkeit Aufsehen erregen. Aus Herzimpulsen heraus kann die Neigung des (der) Löwe-Geborenen auch einmal Zäune überspringen und Formen annehmen, die seinem (ihrem) Ansehen in der Öffentlichkeit schaden können. Aber meistens renkt sich alles wieder ein. – Mit den okkulten Gebieten und der Magie hat der (die) Löwe-Geborene gerne ein inneres (hier und da auch äußeres) Verhältnis. Das Verhältnis ist aber meistens mehr betrachtender Art. In Liebesangelegenheiten hält er meistens gegebene Versprechen. Auslandsangelegenheiten liegen nur teilweise günstig. – Die Berufsangelegenheiten zeigen sich in einer gewissen stabilen Linie. Mit Zähigkeit, aber auch mit einer gewissen Verbindlichkeit wird das Berufsziel verfolgt und dabei meistens mit Erfolg. – Löwe-Geborene haben in der Regel viel Freunde (Freundinnen) und Förderer. – Die Feinde der Löwe-Geborenen stammen meistens aus den Kreisen intellektuell eingestellter Menschen.

Alle vorstehend aufgezeichneten Angaben über Löwe-Geborene gelten für diejenigen Löwe-Geborenen, die schon eine gewisse höhere Entwicklungsstufe erreicht haben. Wenig entwickelte Löwe-Geborene können sich sehr stolz (dummstolz), anmaßend und frech benehmen und sich dazu selbst das Leben erschweren.

Die in den Tagen vom 24.–27. Juli Geborenen haben ein sehr starkes Wunschleben und schmieden lebenslang viele Pläne, von denen natürlich die meisten ins Wasser fallen müssen. Wo viel gehackt wird, fliegen viel Späne. Hier liegen starke Mondeinflüsse vor. –

Die in den Tagen vom 28.–31. Juli Geborenen sind im allgemeinen mehr ernster Art, arbeitsam, Pflichten auf sich nehmend und in Liebesdingen etwas wenig unter Selbstkontrolle, wodurch sie sich die Lebensbahn sehr verschlechtern können. Hier können Saturneinflüsse wirken.

Die in den Tagen vom 24.–31. Juli Geborenen wohnen meistens in einem Eckhaus oder dem Haus neben dem Eckhaus oder einem Hause, neben dem freies Gelände ist.

Aus Stimmungen heraus handeln am ehesten die vom 1.–5. August Geborenen. Hier kommt es sehr auf die seelische Reife an. Diese Geborenen müssen sich sehr fest in der Hand haben und sich vor Süchtigkeit bewahren und vor aller Art Übertreibung hüten. Sie schätzen sehr die schöne Natur und wandern gerne. – Die Wohnlage ist meistens mitten in der Häuserzeile, oft an Straßenbiegungen.

Die Geburtstage 7.–10. August bringen meistens einen guten Intellekt und Neigung zu den Künsten, den Wissenschaften und zur Mathematik. Oftmals Ehren und Titelverleihungen, die verdient sind, auf die man aber selbst nicht so sehr viel Wert legt. Aus Erkenntnistiefen heraus oft etwas Sonderlichkeit. In den Lebensjahren um 45 leicht Eheschwierigkeiten mit einschneidendem Ausklang, daraufhin gerne Umzüge und Ortsveränderungen. Wohnlage vorher meistens in der Straßenzeile und nachher in freistehendem Haus oder Eckhaus.

Die vom 11.–14. Geborenen weisen meistens ein stark ausgeprägtes Ichgefühl, Klugheit, ja Weisheit auf, können sehr großzügig sein, können aber auch tief hassen und vergessen Beleidigungen sehr schwer. Der Ehepartner ist oftmals sehr unternehmungsfähig und unternehmungslustig. Materielle Erfolge, Geschenke und Ehren. Starke Liebesströmungen. Meistens langes Leben. – Die Wohnlage vielmals dort, wo eine Straße in die andere im rechten Winkel hineinstößt und nicht durchgeht. Also keine Straßenkreuzung. –

Der Geburtstag in den Tagen 15.–19. August gibt meistens eine hohe Gestalt mit heller Haut, ein reserviertes, stolzes Benehmen bei einer ziemlichen Lebhaftigkeit des Geistes. In der Liebe kommen leicht Hindernisse und Enttäuschungen. Im allgemeinen liebe, angenehme Menschen. – Oftmals Eckhauswohnlage oder freistehendes Haus auf keilförmigem Grundstück. Rundum meistens Gärten.

Könige in ihrem Berufe und Erfolgsmenschen im Privatleben sind meistens die vom 20.–23. August Geborenen. Die oft hohe Figur und die vorhandene Energie, wie die Fähigkeit, sich ins rechte Licht zu setzen, gibt Erfolgsmenschen, die auch anerkannt werden. Das kann auf Kosten des Innenlebens gehen. Die Partnerin (der Partner) ist sehr anhänglich. Die Kinderzahl ist beschränkt. Nicht alle Blumen wachsen auf dem eigenen Acker. Schriftsteller, in diesen Tagen geboren, sind oft mehr Schriftstehler. Gerne wird da viel Tamtam gemacht und eine imponierende Fassade hingestellt. – Wohnlage wechselnd. Meistens in der Straßenzeile.

Soweit einige kurze Angaben über einige Tagestypen im Zeichen Löwe. Als Anzeiger diente vor allem die Sonne. Andere Planeten und starke Aspekte können ändern. – Dies ist auch bei allen anderen Tierkreiszeichen so.

Die Grade der Sonne im Zeichen Löwe

Geb.-Tage im Juli	Die Sonne im Löwen	Die Bedeutung der nachstehend verwendeten Abkürzungen:		
		K	=	Körperliche Grundlagen, Veranlagung, Lebenskraft
		W	=	Wesensart, ihre Äußerung, Eigenheiten, Fähigkeiten
		S	=	Schicksals-Möglichkeiten
		Progr.	=	Progressiv (Wirkung der vorgeschrittenen Sonne)
		E	=	Verbindungen, die zur Ehe führen können
		G	=	Geschäftsgründung, evtl. größere Selbständigkeit

24. 0° ♌, 120° = K: gute Gesundheit, bei dunkelhaarigen Typen weniger gut. – W: eine sehr rege Phantasie zumeist, viel Wünsche, romantische Einstellung. Listig. – K: Ungewöhnliche Partnerwahl (Partnerinnenwahl), Erfolge im materiellen Bereich, meistens wenig Kinder.

25. 1° ♌, 121° = K: Gute Gesundheit, evtl. Gallensteinleiden, im höheren Alter besonders. – W: wie in 0° ♌, teils Entfremdung mit der Verwandtschaft. Wechselnde materielle Verhältnisse.

26. 2° ♌, 122° = K: wie in 1° ♌ und Neigung zu Fieber und Entzündungen. – W: wie in 0° ♌, aber verstärkt. Ungestüm vorwärts strebend, oft aggressiv oder rauh und laut. – S: Erfolge durch dauernden Fleiß, Scheitern großer Pläne (plötzlich), evtl. Entfremdungen in Ehe und Partnerschaft, Sorgen mit den Kindern, Gefahren in Bädern, daheim oder im Freien.

27. 3° ♌, 123° = K: Gute Gesundheit, zähe, eher schlank und hager. – W: Verhalten, temperamentvoll, fleißig, nimmt Lasten auf sich, wird meistens alt. – S: Evtl. illegitime Verhältnisse, evtl. uneheliches Kind (evtl.!), im allgemeinen gesicherte materielle Verhältnisse. Oft ein etwas einsames Leben. Erringt eine gewisse Geistigkeit.

28. 4° ♌, 124° = K, W, S: ungefähr wie in 3° ♌.

29. 5° ♌, 125° = K, W, S: ungefähr wie in 3° ♌, aber alles verstärkt und wahrscheinlicher.

30. 6° ♌, 126° = K: wie in 3° ♌, meistens groß, gut gebaut, in der Jugend üppige Figur. – W: Sehr temperamentvoll, kann damit auffallen, sonst ernst, fleißig, hingebungsvoll, nimmt Lasten auf sich, vertritt feurig die eigenen Belange, sichert sich. – S: evtl. illegitime Verhältnisse in der Jugend. Gefahr einer unehelichen Geburt, Erfolg durch Arbeit, Verträge, und im Umgang mit Hohen, gesicherte Existenz.

31. 7° ♌, 127° = K: stattlich zumeist, schwache Nerven, Krankheiten in der Kindheit, Neigungen zu Entzündungen und Keuchhusten. – W: kann sehr phlegmatisch sein, ist nicht gerne gestört, kann sich maßlos aufregen, wenn er sich benachteiligt oder gefährdet fühlt. Intelligent nur bei unterstützenden Planeteneinflüssen. – S: verdirbt sich evtl. viele gute Möglichkeiten durch störrisches Verhalten. Schicksalsmäßiger Militärdienst kann das Leben gefährden. Streit mit Vorgesetzten und seine Folgen können die Erfolgsbahn zerschlagen, auch in einem zivilen Verhältnis.

August

1. 8° ♌, 128° = K, W und S: ähnlich wie in 7° ♌, aber nicht so scharf ausgeprägt.

2. 9° ♌, 129° = K: viel Lebenskraft, aber empfindliches Herz. – W: fleißig, liebt die Natur, etwas Einzelgänger, weil meistens die Partnerin (der Partner) da versagt. – S: ziemlich ruhige, erfolgreiche Lebensbahn. Evtl. Krisen in der Familie.

3. 10° ♌, 130° = K: viel Lebenskraft. Im allgemeinen gesund. – W: wie in 9° ♌. Stimmungen, Freude an der Natur, intelligent, konstruktive Fähigkeiten.

4. 11° ♌, 131° = K: wechselndes Fluten der Lebenskraft, aber Zähigkeit. – W: Eigenartige seelische Verfassung, ringen um ideale Ziele, gerne reformerisch auftretend, nicht immer leicht durchschaubar, mei-

stens ehrliches Wollen, meistens intelligent. – S: viele Verleumdungen durch andere, unbekannte Feinde, leicht Enttäuschungen durch das andere Geschlecht. Immer wieder Hilfe in der Not. In der zweiten Hälfte des Lebens gute materielle Verhältnisse.

5. 12° ♌, 132° = K: viel Lebenskraft, eine gewisse Nervosität. – W: wie in 11° ♌, etwas klarer und erdgebundener. – S: evtl. Erbschaften. Sonst wie in 11° ♌.

6. 13° ♌, 133° = K: viel Lebenskraft. – W: lebhafter, geistig rege, ideale Einstellung meistens. – S: gutes Vorwärtskommen, meistens ohne große Krisen.

7. 14° ♌, 134° = K: wechselnde Lebenskraft, Neigung zu Leberleiden. – W: strebsam, ehrgeizig, einige etwas titelsüchtig, meistens intelligent und mit künstlerischen Fähigkeiten, auch für Mathematik, eigene Naturen. – S: oftmals wird eine irgendwie öffentliche oder staatliche Position errungen, auch ein bestimmter Titel und Pensionsansprüche. In höherem oder mittlerem Alter Umstellung auf einen anderen Beruf. Fragliche eheliche Atmosphäre.

8. 15° ♌, 135° = K: wechselnde Lebenskraft, evtl. Neigung zu inneren Leiden (Leber, Blase, Prostata). Trotzdem kann ein langes Leben erreicht werden. – W: Verhalten lebhaft, intelligent, Kunstempfinden, Mathematikstudium, Lehrtätigkeit, meistens sehr rücksichtsvoll, friedlich. – S: wie in 14° ♌. Im Leben meistens Doppelgelegenheiten. Auch evtl. eine Position als Beamter.

9. 16° ♌, 136° = K: Gefährdung des Lebens nach der Geburt. Viel Lebenskraft. – W: meistens intelligent, stimmungsvoll, zurückhaltend, macht einen stolzen Eindruck, bei Angriffen anderer sehr heftig reagierend. Einige ziemlich profitlich. – S: in der Jugend wechselnde Verhältnisse. Früher Tod des Vaters oder Trennung von ihm möglich. Enttäuschungen durch andere und durch gehegte Ideale. Ehelosigkeit oder 3 bis 5 Kinder. Festigung der materiellen Verhältnisse durch Arbeit.

10. 17° ♌, 137° = K, W, S: wie in 16° ♌. Evtl. mehrere Ehen.

11. 18° ♌, 138° = K: gute Lebenskraft. In der Jugend hagere Figur, später oft massig. In den meisten Fällen blond. Ein ansprechendes Antlitz, oft Schönheiten. – W: intelligent, im höheren Alter weise, bewußt, gemessene Bewegungen, ruhige Schulterhaltung, wirkt etwas stolz, Gefährdung der Treue möglich. – S: entweder gute Verhältnisse bei der Geburt oder in der Jugend oder im mittleren Alter, evtl. auch durch Heirat. Begünstigungen in Fülle. Protektion. Herrschende Position, günstige materielle Verhältnisse, Ehren.

12. 19° ♌, 139° ≐ K, W, S: wie in 19° ♌, eher alles klarer und günstiger. Materiell und gesellschaftlich günstige Ehe. Verbindungen mit mächtigen Wirtschaftskreisen und politischen Persönlichkeiten.

13. 20° ♌, 140° = K: viel Lebenskraft und Zähigkeit, imponierende Figur evtl. – W: Eigenwilligkeit in der Jugend, Lebensfreude, Pflichtgefühl, übersinnliche Fähigkeiten als Kind. – S: Gefahren durch ein nicht ganz einwandfreies Liebesverhältnis in der Jugend (evtl.). Später eine materiell vielleicht günstige Ehe, aber evtl. sehr eigenartigen Ehepartner oder eine solche Partnerin. Im allgemeinen gute materielle Lage und Verbindungen mit einflußreichen Kreisen. Wenig oder keine Kinder zumeist.

14. 21° ♌, 141° = K: reichlich Lebenskraft. Partner (Partnerin(evtl. Darmleiden oder Darmschwäche. – W: Verhalten lebhaft, etwas vegetativ, evtl. leicht beeinflußbar, anständige Gesinnung durchweg. – S: materiell günstig, Partner (Partnerin) strebsam, aber Krankheitsfälle, die die Ehe verkürzen können. Gesichertes Alter.

15. 22° ♌, 142° = K, S und W wie in 21° ♌, mehr ausgeprägt.

16. 23° ♌, 143° = K: viel Lebenskraft, hohe schlanke Figur, hellhäutig, oft Schönheiten. – W: zurückhaltend, scheinbar stolz, gutherzig und anständig meistens, beeinflußbar. – S: wie in 21° ♌.

17. 24° ♌, 144° = wie in 23° ♌. – W: wie in 23° ♌. – S: evtl. früher Tod des einen Elternteils oder auch zweierlei Kinder in der Familie, alles andere wie in 21° ♌.

18., 19. 25° ♌, 145° = K: gesund, stattlich, ausdauernd. – W: zurückhaltend, verbindlich, ruhig, pflichtbewußt, großzügig, guter Gesellschafter, beliebt. – S: oft in materiell gutgestellter Familie geboren oder Aufstieg. Gute Heirat. Wenig Kinder, aber für diese ebenfalls Aufstieg. Hohes Alter alleine, in der Familie eines Kindes zumeist.

20. 26° ♌, 146° = K: wie in 25° ♌, stattlicher zumeist, eher etwas dunkle Haut. – S, W: wie in 25° ♌.

21. 27° ♌, 147° = K: wie in 26° ♌. – W: wie in 25 und 26° ♌, königliches Auftreten, etwas konservativ eingestellt und auf gute Formen sehend. – S: wie in 25° ♌, Anerkennung und Ehren, hohes Alter.

22. 28° ♌, 148° = K: wie in 27 und 25° ♌. – W: etwas mehr Temperament, sonst wie in 25° ♌. – S: nicht so glücklich in der Ehewahl, aber gute Ehe trotzdem. Wenig Kinder. Ehrgeiziger Partner (Partnerin). Viel Arbeit.

23. 29° ♌, 149° = K: meistens zierliche Figur, zumeist blonde Haare. – W: lebhaft, wissensbegierig, beweglich, meist romantisch bis zur Schwärmerei, aber pflichtbewußt, fleißig, schlau. – S: meistens in guten materiellen Verhältnissen geboren, oftmals Mußheirat mit gutem Ausgang, viel Arbeit, evtl. Operation in den niederen Regionen. Fleißige Partner (emsige Partnerin), wenig Kinder, Vorwärtskommen und hohes Alter.

Zum Wesen und Schicksal der Jungfrau-Geborenen

Zu den Jungfrau-Geborenen rechnet man nach dem Sonnenort die in den Tagen 24. August bis 23. September Geborenen.

Mit dem Zeichen Zwillinge, dem Schütze und dem Zeichen Fische gehört das Zeichen Jungfrau zu dem „beweglichen Kreuz".

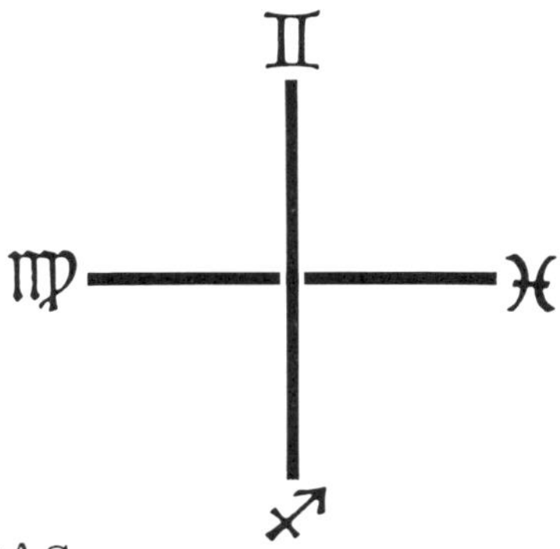

DAS BEWEGLICHE KREUZ

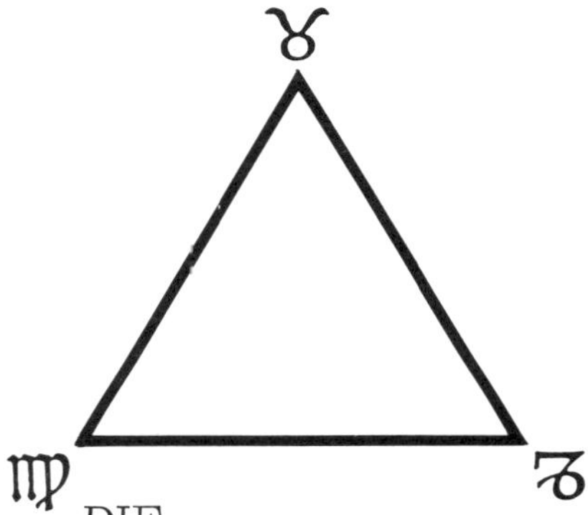

DIE ERD-ZEICHEN

Das Zeichen Jungfrau ist also ein „bewegliches" Zeichen. Diese Beweglichkeit äußert sich aber nicht so sehr körperlich (obgleich körperliche Beweglichkeit aus anderen Gründen vorliegen kann), als seelisch. Immerhin finden wir Jungfrau-Typen, die auch körperlich sehr beweglich sind. Im übrigen brachte ich im Zeichen Zwillinge einige Hinweise dahingehend, wie man die Bezeichnung „beweglich" bei den Zeichen Zwillinge, Jungfrau, Schütze und Fische aufzufassen hat.

Außer der Zugehörigkeit zu den beweglichen Zeichen wird aber das Zeichen Jungfrau auch noch als „Erd"-Zeichen erfaßt. Dieses Zeichen hat also in mancher Hinsicht Ähnlichkeiten und Verbindungen zu den anderen Erd-Zeichen Stier und Steinbock.

Wie nun die anderen Tierkreis-Zeichen, hat das Zeichen Jungfrau Verbindung zu einer bestimmten Körperzone und auf diese Körperzone einen gewissen Einfluß. Dem Zeichen Jungfrau untersteht äußerlich die Zone zwischen der unteren Rippe und bis etwa zwei Finger breit unterhalb des Nabels. Es gibt aber auch astrologische Forscher, die nur bis zum Nabel rechnen. Für diese letztere Ansicht habe ich eine Anzahl Belege. Sicher ist aber, daß dem Zeichen Jungfrau das Sonnengeflecht (Solar-Plexus), auch „Sympathikus“ genannt, untersteht.

Der Sympathikus, oder das sympathische Nervensystem ist der Teil des Nervensystems, der Atmung, Verdauung, Kreislauf, Herz- und Drüsentätigkeit und einiges andere mehr regelt, arbeitet unter Ausschluß des Bewußtseins und des Willens des Menschen. Mit ihm verbunden ist auch das Hinterhaupthirn. Dieses vegetative Nervensystem, so genannt, weil es, wie es bei der Pflanze und den Bäumen geschieht, die körperlichen Lebensvorgänge (auch das Wachstum) regelt, ohne daß Gehirnbewußtsein und eigener Wille mitwirken oder bestimmen, ist ein unserem Körper eingelagertes Antennen-System, das unter dem Einfluß der Strahlungen des Kosmos und der Gestirne steht, ja, wahrscheinlich wohl sogar von diesen gebildet und abgestimmt ist.

Gebildet und erbaut wird dieses Antennen-System entlang dem Empfinden, mit dem der aus den Räumen über der Sternenzone zur Wiedergeburt strebende oder gezwungene Geist auf die Strahlungen der Sternenzone reagiert. – Abgestimmt wird dieses Antennen-System in dem Augenblick, in dem die Nabelschnur durchschnitten wird und der wiedergeborene Mensch nun auf Erden als ein selbständiges Lebewesen auftritt.

Da der Mensch über den Sympathikus, der astrologisch dem Zeichen Jungfrau untersteht, die kosmischen Einflüsse übernimmt, ist die Abhängigkeit der Jungfrau-Geborenen vom Kosmos, dem Sternenhimmel mitsamt den Planeten und deren Sendungen sehr groß. – Es liegt hier die unmittelbarste Beeinflussung aus dem Sternenhimmel vor, und zwar viel stärker als in den anderen Zeichen. Der Geist des Sternenhimmels, der reine, „heilige Geist“, kann also unmittelbar die „Jungfrau“, den Erdenstoff, befruchten. – Aber nicht nur körperlich wird die (der) Jungfrau-Geborene vom Sternenall aus befruchtet, sondern auch seelisch und geistig. Es werden die inneren Gefühle und Stimmungen vom Kosmos aus, wie von der Umgebung bestimmt und auch die inneren Bilder und die Gedanken.

Diese Tatsache müssen wir uns vor Augen halten und gründlich durchdenken, um zu ahnen, wie viele verschiedenerlei Stimmungen und Gefühle und Gedanken in einem (einer) Jungfrau-Geborenen zeitweilig oder dauernd eine Stätte haben können und wie es eigentlich die Lebensaufgabe der (des) Jungfrau-Geborenen sein muß, hier zu unterscheiden und zu sondern und der rechten inneren Stimme und der wahren Vernunft zu folgen. – Jungfrau-Geborene ohne Selbstkontrolle können Opfer aller möglichen Ideen und Gedanken und Triebe werden, Jungfrau-Geborene, die alle ihre Stimmungen, Gedanken und Neigungen unter scharfer Selbstkontrolle haben, können höchste Geistigkeit erstreben und erlangen. Die ersteren werden oft hin und her gerissene Medien, die anderen bewußte Magier oder wenigstens Menschen, die ihr geistiges Ziel für dieses Erdenleben erreichen können.

Kennen wir diese Zusammenhänge, so können wir auch verstehen, daß Jungfrau-Geborene so überaus kritisch eingestellt sein können. Sie müssen so werden, weil sie gemerkt haben, daß sie ihren eigenen Stimmungen, Ahnungen, Empfindungen, Wünschen, Trieben und Gedanken oft in sich selbst nicht trauen können. Warum sollen sie dann ohne weiteres annehmen können, daß anderen Menschen zu trauen ist? –

Darum untersteht auch das Zeichen Jungfrau dem Planeten Merkur, dem „Götterboten" der Alten, dem Nachrichtenüberbringer, dem Planeten, der zum Denken fähig macht. – Jedoch: das Denken äußert sich in zwei Hauptrichtungen. Nehme ich mir ein Problem vor, so zerlege ich es, ich analysiere es, um nachher die Einzelteile des Problems gegeneinander abzuwägen und zu warten, und dann füge ich, weiter denkend in die Synthese, die Einzelteile des Problems zusammen um ein ganzes, ein zutreffendes Bild zu haben. So komme ich, so kommen wir alle, durch die Analyse und die Synthese zu einem treffenden Urteil über ein Problem, über eine Frage oder einen Gegenstand. – Ist nun, wie ich bei der Besprechung des Zeichens Zwillinge anführte, das Zeichen Zwillinge tüchtig und immer bemüht, in der (oft voreiligen, über den Daumen gepeilten) Synthese, so ist es der (die) Jungfrau-Geborene in höchstem Maße in der Analyse. – Dieses Bestreben, alles zu analysieren, ist ein beherrschender Zug im Wesen und Bemühen der (des) Jungfrau-Geborenen, und daran kann man bei einiger Beobachtung Jungfrau-Geborene oft sehr leicht erkennen. –

Wenn man nun immer alles zu zergliedern bestrebt ist und wenn ein jedes Teilchen gleich wichtig erscheinen will dem Ganzen, so nimmt man den Pfennig auch leicht für ebenso wichtig wie die Mark. So kommt man zur Sparsamkeit und, wenn ein genügender Erwerbstrieb nebenher vorhanden ist, auch zur Profitlerei. Überwiegt dann das letztere, kann auch die Sparsamkeit übertönt und der Kauf von Dingen getätigt werden, die man eigentlich gar nicht benötigt.

Die Neigung der Jungfrau-Geborenen, Kleinigkeiten zu groß zu sehen und zu wichtig zu nehmen, ist eine ihrer Schwächen, womit sie auf jedem Felde des Lebens sich nicht nur selbst vom Erfolg abhalten, sondern in der Umgebung unleidlich werden und ungenießbar erscheinen können. Aber auch an sich selbst rächt sich diese Übertreibung oder der Hang zur Kleinlichkeit und ständigen Kritik; der (die) Jungfrau-Geborene kritisiert an sich selbst auch zu viel herum und nimmt sich selbst den Mut und die Lebensfreude. – Dieses ständige „Verstimmtsein" (wenn es vorliegt oder gepflegt wird) führt natürlich zu einer entsprechenden und nach jeder Richtung verkehrten Atmungsweise und über diese zu allen möglichen Krankheiten (Nervenleiden, Magen-, Leber- und Gallenleiden) und auch zu seelischen Abwegigkeiten und Besonderheiten (auch Eifersuchtswahn, Weinerlichkeit, Hysterie usw.). Gewarnt muß auch werden vor allen Betätigungen, die Mediumismus, Hypnose und ähnliches betreffen, außer man hat neben sich einen wissenden, willensstarken, moralisch einwandfreien und erfahrenen Partner oder Führer.

Die meisten Jungfrau-Geborenen sind körperlich etwas stabil gebaut. Dieser Typ hat eine etwas gerade aufstrebende breite Stirne und meist blondes bis dunkelblondes feines Haar. Der (die) große schlanke Jungfrau-Geborene hat meistens bei schmaler Stirn dunkles bis schwarzes Haar, der kleinere Typ oft blondes bis dunkelblondes Haar. Bei der Besetzung des Zeichens Jungfrau durch irgendeinen Planeten liegt meistens ein großes Bedürfnis nach körperlicher Sauberkeit vor. Auch in der Kleidung halten die Jungfrau-Geborenen sich sauber und nett.

Es liegt vielmals ein starker Erwerbstrieb vor. Er sollte sich aber nicht zu sehr in Kleinigkeiten erschöpfen. Es sollte auch einmal etwas riskiert werden. Jungfrau-Geborene sind aber meistens gute Verkäufer und Verkäuferinnen. Man muß aber Laune dazu haben. Dann wird verkauft, was der Kunde eigentlich gar nicht haben will. Im allgemeinen haben die Jungfrau-Geborenen immer zum Leben, was sie brauchen.

In der Art und Weise, sich anderen Menschen mitzuteilen, sei es nun schriftlich oder mündlich, befleißigt der (die) Jungfrau-Geborene sich gerne einer gewissen Reserviertheit, was aber einen verborgenen Stachel nicht auszuschließen braucht, selbst wenn man noch so sehr herzlich sich gibt. Es ist so, als wenn man da immer sagen will, daß man „Bescheid weiß". Neuigkeiten werden den Jungfrau-Geborenen fast aufgedrängt, oft auch gerne von ihnen verbreitet.

Irgendwie spielt in das Elternhaus eine Tradition hinein, die mit dem Ausland oder Auslandsreisen zu tun hat oder hatte. Die Eltern sind in ihrer Art sehr verschieden und der eine Elternteil durch Bluteinschlag einer fremden Rasse in den Vorfahren etwas betroffen. Nicht immer, aber meistens. In vielen Fällen stirbt der Vater vor der Mutter.

Kinderlosigkeit ist bei Jungfrau-Geborenen selten vorliegend. Es können, bei unterstützenden Aspekten und Konstellationen, sogar sehr viele Kinder auf den Plan treten. Aber oft ist es mit einem Kind getan. In dem Falle treten aber meistens eine Anzahl von Fehlgeburten auf. Sie sollten möglichst vermieden werden. Weibliche Jungfrau-Geborene nehmen sehr leicht auf, und das Regelmäßige erscheint oft pünktlich auf den Tag, die Stunde und Minute. – In der Liebe wirkt oft auch sehr ein gewisser Ehrgeiz mit.

Die Lebenskraft der Jungfrau-Geborenen ist ausreichend, um ein recht hohes Alter erreichen zu können. Trotzdem können plötzlich Erschöpfungszustände und Nervenkrisen auftreten. Auch Herzkrankheiten können auftreten, jedoch sind es da meistens die Herznerven. Jungfrau-Geborene benötigen viel Schlaf. Auffällig ist das Auftreten von Rückgratverkrümmungen bei Jungfrau-Geborenen. Auch Rachitis (englische Krankheit) und Krankheiten der Füße findet man viel. Plötzliches Frösteln und Erkältungskrankheiten sowie Rheumaanfälle gehören mit zum Dasein der Jungfrau-Geborenen.

Tja, die Ehe. Heiraten möchten alle Jungfrau-Geborenen, aber sie tun meistens so, als wenn sie die Liebe und das Heiraten gar nicht nötig hätten. Sie möchten aber doch. Oftmals wird, wenn irgend möglich, schon mit 19 Jahren geheiratet. Hochzeit ist oft Hohezeit. Aber bei den allgemeinen 85 Prozent der sogenannten Mußehen fällt das gar nicht auf. Da dürfen Jungfrau-Geborene das auch. Immerhin ist besser, aus Liebe geheiratet, als aus anderen Gründen. Jung geheiratet bewahrt auch vor den Klippen, die da draußen lauern in des Lebens Brausejahren. – Jungfrau-Geborene sollten sich vor der Eifersucht hüten. Sie finden sonst leicht kein Ende. Ein Gegenmittel: Man soll auch nach der Hochzeit noch lieb sein und das auch zeigen. – Jungfrau-Geborene sind sehr sorglich gegenüber dem Partner (der Partnerin), hier und da etwas weniger gegenüber den Kindern. Ordnung soll in der Ehe und im Heim sein. Nach außen wird sowieso das Gesicht immer gewahrt. Meistens ist die Ehe dauernd.

Beschäftigen sich Jungfrau-Geborene mit Magie, Spiritismus, usw., so sollen sie die Vorsicht nicht außer acht lassen. Die Astrologie liegt den Jungfrau-Geborenen, weil das Rechnen keine Schwierigkeiten macht und die Beweise ihre überzeugende Sprache sprechen, an denen sich nicht deuteln läßt. Das Traumleben ist stark.

Im Ausland können Jungfrau-Geborene unter Umständen gute Verbindungen anknüpfen. Materiell geht es ihnen dort meistens gut. Ernährung, Bekleidung und Bauangelegenheiten liegen dort günstig. Dort, auch im eigenen Lande, läßt sich vielleicht der Traum aller Jungfrau-Geborenen verwirklichen: ein kleines Haus mit Terrasse (auf der man mit einem Blick auf den Garten eine gute Tasse Kaffee trinken kann) und in dem man auch sonst seine Ruhe hat und seinen Gedanken nachgehen kann.

Im Berufsleben geht es lebhaft zu, und viele Veränderungen sind da angezeigt. Der Beruf verlangt die Zusammenfassung aller Kräfte und trägt auch oft in die Öffentlichkeit. Er soll etwas interessant sein. Man kommt zu seinem Teil.

Die Freundschaften mit dem gleichen Geschlecht sind meistens nicht von langer Dauer. Mit dem anderen Geschlecht halten Freundschaften oft etwas länger. Sie können durch Wellen des Mißtrauens zu Enttäuschungen tragen, oder durch eine Ortsveränderung.

Die Feindschaften sind oft anhaltend. Man trennt sich gegenseitig und sieht sich eben nicht mehr. Aus.

Die vom 24.–27. August Geborenen kommen oft auf eigenartige Weise zur Ehe, sind immer betrieblich, holen das Einkommen in kleinen Posten herein, verkaufen am besten an das Volk, wissen geschäftlich sehr gut mit Frauen umzugehen, haben Vorteil dabei und haben immer zu leben. Meistens schmale Stirne und Schultern. Nicht sehr viel Kinder, oft nur eins oder zwei.

Diejenigen, die ihren Geburtstag in der Zeit vom 28. August bis 1. September ungefähr haben, finden gerne Beschäftigung (meistens untergeordneter Art) bei Behörden, sollten aber nicht so sehr hervortreten wollen, weil das leicht wie angebiedert aussieht, und sollten bei Äußerungen über andere Menschen sehr vorsichtig sein, weil das übel aufgenommen werden und Verruf bringen könnte. Die in diesen Tagen Geborenen sollten in

Liebes- und Eheangelegenheiten sehr vorsichtig sein und sehen, daß die Ehe auch hält. Die Kinderzahl ist selten hoch.

Die vom 2.–6. September Geborenen haben eine ganz besondere Art. Unbändiger Ehrgeiz kann sie beseelen und, wenn es darauf ankommt, sehr rücksichtslos werden lassen. In diesem Falle ist ihre Art oft sehr rauh. Sie können dann auch gewalttätig werden. Sehr gut verstehen sie oft, andere Menschen einzuspinnen. Die Augen haben eine große Macht. Die in diesen Graden (9–12 Grad Jungfrau) den Saturn haben, lassen sich aber meistens viel zu sehr beeinflussen und sich von Angehörigen dauernd in Angst halten. Ist aber die Sonne in diesen Graden, und das ist in den vorstehend angegebenen Tagen der Fall, so läuft das Leben meistens in folgender Form ab: Mit 17–19 Jahren die erste Liebe. Die erste oder zweite Liebe führt oft schon früh zur sogenannten Mußehe, weil ein Kleines (meistens ein Mädchen) kommen will. Um die 20er Jahre herum Ortsveränderungen oder Umzug. Gefahr für die Ehe oder die Existenz mit 32–38 Jahren. Es kann gut gehen. Es folgt ein weiterer Aufstieg. Er sollte gesichert werden. Meistens ein hohes Alter. Etwas Gefahr für die Augen.

Die Geburtstage 7.–10., 11. September sind ebenfalls etwas kritisch für die Augen. Auch hier oftmals sogenannte Mußehen und meistens eine große Kinderzahl. Die Geborenen sind oft sehr kritisch eingestellt, aber sehr intelligent und oft hellsehend oder hellhörend veranlagt. Ebenfalls viel Lebenskraft. Das Notwendige zum Leben ist meist gesichert.

Wer in den Tagen vom 10., 11.–15. September geboren ist, hat schon darauf zu achten, daß eine Ehe gestaltet wird. Leicht kann man so etwas verpassen. Erstens ist man oft zu „schleckig“, und später könnte man in ungeregelte Verhältnisse hineinkommen, aus denen man sich oft nicht freimachen kann und, weil man meint, sonst vor dem leeren Nichts zu stehen, auch nicht mehr will. In der „Torschluß-Panik“ greift man dann gar noch daneben. Dabei ließe sich bei den vorhandenen Charaktereigenschaften eine ganz gute Ehe gestalten. Die Männer sind alle natürlich keine Engel, aber – die anderen ja auch nicht. – Dabei weisen die in diesen Tagen Geborenen eine große Opferwilligkeit bei einer guten Intelligenz auf. Wenig Kinder zumeist. Viel Lebenskraft. Im allgemeinen gute wirtschaftliche Verhältnisse.

Geburtstage 16.–19. September. Diese Geburtstage haben mehr Glück in Partnersachen. Im Lebenskampfe liegt auch mehr Zähigkeit vor. Vielleicht ist es gut, vor Vollendung des 25. Lebensjahres nicht zu heiraten. Hier will gut' Ding Weile haben. Dasselbe gilt auch für berufliche Angelegenheiten. Sonst geht alles meistens seinen ruhigen Gang. Mittlere Kinderzahl. Viel Lebenskraft.

Die Geburtstage vom 20.–23. September haben es etwas schwer, zu dem erwünschten Liebes- und Eheziel zu kommen. In ihrem Ziel soll auch alles, aber auch alles zusammen sein. Nachher beklagen sie sich über „Pech in der Liebe". Die in diesen Tagen Geborenen haben oft ein etwas berückendes Wesen und einen starken Überzeugungswillen, haben aber oft eine etwas unsichere Hand in der Wahl der Gesellschaft. Ohne Frage streben sie, was allen Jungfrau-Geborenen liegt, nach hohen Zielen. Aber sie können im richtigen Augenblick plötzlich versagen. Sie neigen auch etwas zu melancholischen Stimmungen und Eigenbrötelei. In der frühesten Jugend kann die zarte Seele schon eine Liebesenttäuschung haben, die lange den Mut nehmen kann. Neuigkeiten werden dauernd herangetragen und verbreitet. Die geistige Regsamkeit ist größer denn das Gestaltungstalent. Oftmals schon im Kindesalter viel Veränderungen. Starkes Erinnerungsvermögen, das sowieso allen Jungfrau-Geborenen eigen ist. Viel Wechsel im Leben. Gute Veranlagung für Kranken- und Kinderpflege sowie soziale Aufgaben. Meistens sehr sensitiv. Nicht viele Kinder, aber viel Lebenskraft.

Jungfrau-Geborene sollten sich von üblen Erinnerungsbildern und Kleinlichkeit freimachen, sich in eine gewisse Wurstigkeitsstimmung versetzen und mehr Gott, sich selbst und den Möglichkeiten (nur den guten Möglichkeiten der Zukunft) vertrauen. So machen sie sich das Leben leichter und bestimmt auch erfolgreicher. Dazu sind alle Wege offen.

Einige Andeutungen zur möglichen Wohnlage: 24.–27. August: Ecklage in der Jugend, im höheren Alter in der Zeile meistens in der Nähe eines Wasserlaufes. – 28. August – 1. September: Ecklage, oft in der Nähe eines öffentlichen Gebäudes, eines Gerichtsgebäudes oder einer Kirche. – 2.–6. September: oft Eckhaus oder freistehendes Haus. – 7.–10., 11. September: in der Jugend meist Eckhaus, später langgestreckt in der Reihe, später Eckhaus oder daneben. – 10., 11.–15. September: in der Jugend meist Eckhaus, später in der Reihe. – 16.–19. September: meistens mitten in der Zeile, zwischendurch Eckhaus oder freistehend. 16.–23. September: meistens Eckhaus oder Haus daneben, zwischendurch in der Reihe oder Haus neben Eckhaus, später freistehend. –

Alle Angaben, die hier bei der Besprechung der Jungfrau-Geborenen gemacht wurden, mußten kurz gehalten werden, konnten nicht alle Züge behandeln und können nicht immer zutreffend sein, weil sie nur unter Berücksichtigung des Sonnenstandes gegeben wurden.

Die Grade der Sonne im Zeichen Jungfrau

Geb.-Tage im August	Die Sonne in Jungfrau	Die Bedeutung der nachstehend verwendeten Abkürzungen:		
		K	=	Körperliche Grundlagen, Veranlagung, Lebenskraft
		W	=	Wesensart, ihre Äußerung, Eigenheiten, Fähigkeiten
		S	=	Schicksals-Möglichkeiten
		Progr.	=	Progressiv (Wirkung der vorgeschrittenen Sonne)
		E	=	Verbindungen, die zur Ehe führen können
		G	=	Geschäftsgründung, evtl. größere Selbständigkeit

24. 0° ♍, 150° = K: meistens zierliche Figur, etwa Mittelgröße, zumeist blondes Haar, bei weiblichen schwierige Geburten, da entsprechend gebaut, im Grunde etwas schwache Nerven. – W: lebhaft, sehr beweglich, sehr wissensbegierig, schlau, pflichtbewußt, fleißig, dazu etwas Hang zur Schwärmerei, mindestens zur Romantik, dabei etwas spekulativ veranlagt. – S: meistens in guten oder stabilen Verhältnissen großwerdend. In vielen Fällen stirbt der Vater vor der Mutter. Ebenfalls die Möglichkeit einer sog. Mußheirat mit gutem Ausgang, Partner (Partnerin) sehr strebsam, oft zu sehr. Evtl. Operation in den niederen Regionen. Wenig Kinder, etwas Sorge mit einer Tochter. Hohes Alter wahrscheinlich. – Progr. E, G.

25. 1° ♍, 151° = K, W, S: etwa so wie in 0° ♍. – Progr. E, G.

26. 2° ♍, 152° = K: Figur meistens mehr gesetzt und breitschultriger. Meist Blondhaarige. Viel Lebenskraft, fast unverwüstlich. – W: mehr ruhig wirkend, auf langsames Vorwärtskommen eingestellt, sorglich, fleißig, oft ziemlich verschlossen, nichts Überschwengliches im Wesen zumeist. – S: Langsamer Aufstieg. Auch der kleine Gewinn wird geschätzt. – Evtl. Lebensmittel-Geschäft. Einkommen durch Verkauf an den weiblichen Teil der Bevölkerung ohne ihn zu übernehmen. Auch

Mineralwasser-Geschäfte. Gutbürgerliche, mit Strebsamkeit erfüllte Ehe. Wenig Kinder zumeist. Neigung zur Korpulenz und zu Herzgeschichten. Hohes Alter möglich. – Progr. E, G.

27. 3° ♍, 153° = K: Figur wie in 2° ♍, vielleicht etwas schlanker. Blond- oder dunkelhaarig. – W: wie in 2° ♍, aber mehr spekulativ, mehr zu schnellem Verdienen geneigt. – S: wie in 2° ♍, aber mehr Unruhe im Leben. – Progr. E, G.

28. 4° ♍, 154° = K: mehr schlank und meistens dunkelhaarig, dabei wohl auch schmales Antlitz und bleiche Haut. Oft etwas mangelhafte Funktion der Leber. – W: Innere Unruhe hinter verhaltenem Auftreten. Selten schöpferisch, meistens nachahmend, nachschaffend und fremde Ideen beschlagnahmend oder ein wenig umformend, um sie als eigene Ideen auf den Markt zu werfen. So wenigstens oftmals. Verbindungen erstrebend um vorwärts zu kommen. Oft Täuscher. Schlau und doch nicht schlau genug. Ehrgeiz und oft das Bestreben eine Konjunktur auszunutzen. Immerhin Kombinationslust. Mehr Beobachter anderer, als Sichselbstbeobachter. Neuigkeiten zu seinen Gunsten umformend. – S: hängt sehr viel von der seelischen Reife ab. Meistens Ehekrisen oder eigentümliche Ehe. Äußerliche Korrektheit wird durchschaut, kleinliche Kritik schaft ungute Atmosphäre. Daher fragliche Ehe oftmals und selten dauernd. Oft nur ein Kind. – Am besten ist eine etwas abhängige Stellung beruflich. – Progr. E?, G.

29. 5° ♍, 155° = K, W, S: wie in 4° ♍, oft noch mehr betont. Mängel in der Funktion der Leber und Galle. – Progr. E?, G.

30. 6° ♍, 156° = K: wie in 4° ♍, aber meistens noch schärfer ausgeprägt. – W: wie in 4° ♍, aber ebenfalls schärfer betont. Oftmals Überbringer von Neuigkeiten, das als Denunziation angesehen wird. Schaden dadurch. Viele schaffen sich so Mißachtung und Feindschaften. Oft gallig, zu Hause kleinlich, unzufrieden. Umstellung innerlich und äußerlich ist da oft gut. Bei guten Aspekten zur Sonne ist das Bild viel günstiger. – S: alles ähnlich wie in 4° ♍, aber meistens schärfer vorliegend. Ringen um die Anerkennung durch maßgebliche Kreise ist von fraglichem Erfolg. – Progr. E?, G.

31. 7° ♍, 157° = K: meistens mehr schlanke Figur und blonde Haare, auch vielleicht irgendeine Verletzung. – W: unruhig, teils fahrig, hier und da weichlich und zu sehr anpassungswillig in äußeren Formen. Spekulierend, intelligent, tüftelich, hier und da Fallen stellend und – selbst sich fangend. Streben nach guten Verbindungen. Gewagtes unternehmend. Härte, wenn im Besitz der Macht. Oft sich „ideal" gebend. Oft „Opfersinn" in Worten. Leicht guten Ruf verscherzend. Nicht immer ist das Bild so. Vieles ist von der Reife der Seele abhängig und von den anderen Konstellationen im Horoskop. – S: in der Jugend meistens eine gute Ausbildung. Da man sich aber zu weit vorwagt, Rückschläge. Vorher kann aber eine einträgliche Ehe erreicht werden. Doch der Besitz kann durch Spekulationen verloren gehen. Am besten ist eine untergeordnete Stellung, vielleicht in irgendeiner Verwaltung. Sorgen mit einem Kinde. In der Ehe leicht Krisen, aber sie kann halten. Das Herz darf nicht überbürdet werden. – Progr. E, G?

September

1. 8° ♍, 158° = K: meistens Mittelgröße und etwas breitschultrig. Lebenskraft. – W: ruhiger in den Bewegungen, viel Stimmungen, intelligent, fleißig, genau, doch meistens verträglich, bei allem etwas romantisch eingestellt. – S: geht im allgemeinen in ruhigen Bahnen. Nach Enttäuschungen in der Liebe (die aber viele Menschen haben) gute Ehe, nach Stürmen, Friede durch gegenseitige Anpassung. Hohes Alter ist möglich. – Günstig besonders für abhängige Tätigkeit. – Progr. E?

2. 9° ♍, 159° = K: meistens Mittelgröße, breitschultrig, auch wohl starkknochig. Etwas Neigung zu Rachitis bei zu wenig Sonne in der Jugend. Eigenartige Herzfunktion und bei weiblichen diffuse Menstruation. – W: ziemlich das Ich betonend, mehr oder weniger ehrgeizig, schlau, Durchsetzungsdrang, schlagfertig in des Wortes doppelter Hinsicht. – S: Viel Kleinkinderkrankheiten, verwöhnt. Ist Mittelpunkt und möchte es das Leben hindurch bleiben. In Kinderspielen „Häuptling". Romantik in der Liebe. Oftmals sogenannte Mußheirat. Öfterer Ortswechsel zumeist. Hohes Alter kann erreicht werden. – Progr. E.

3. 10° ♍, 160° = K: Mittelgröße oder unter Mittelgröße, meistens starkknochig. Neigung zu Verkrümmungen der Knochen. – W, S: ähnlich

wie in 9° ♍, aber verstärkt in allen Zügen und Möglichkeiten. – Progr. E. – Uneheliche Kinder.

4. 11° ♍, 161° = K: wie in 9° ♍, aber mehr Neigung zur Fülle vom mittleren Alter ab. Meistens Rückgratverkrümmung etwa in Herzhöhe (6.–10. Brustwirbel) und Rückenschmerzen (1.–4. Lendenwirbel) besonders bei weiblichen (hier schätzungsweise in 80 von 100 Fällen) und astrologisch klar begründbar. Auch pünktliche und diffuse Menstruation. Auch diffuses Herz als Jugenderbschaft, evtl. Herzstillstand und Herzgalopp wechselnd in vielen Fällen. Hohes Alter kann erreicht werden. Meistens Herztod. – W: Oft maßloser Ehrgeiz und nie erlahmender Durchsetzungsdrang hinter wechselndem äußerem Verhalten, einmal naiv-kindlich, das andere Mal robust. Will herrschen auf jeden Fall und wendet dabei alle Mittel an. Schlauheit, List, Pfiffigkeit, Kühnheit, Zähigkeit in der Verfolgung der Ziele. Anpassung an die Atmosphäre der (erstrebten) Umgebung. Stolz, Erhabenheit wo es angebracht scheint. Scheinbar schüchtern. Je wie es die Lage erfordert und das erstrebte Ziel. Dabei sensibel zeitweise und auch übersinnliche Erlebnisse und Fähigkeiten. Aber selten schöpferisch. Mehr nachahmend und mit eigenem Stempel versehend. Selten Genies, außer in der Heilkunde. Konservative Neigungen. Zwischendurch auch Neigung zum wohlleblichen Gebaren, also starke Esser dann. Hinter den „Idealen“ steht oft nur krasse Ichsucht. (Nicht immer!) Macht ist die Losung. – S: ein bewegtes Leben, eine tragische Ehe, oft Mußehe, ähnlich wie in 9° ♍, aber alles verstärkt und gewisser. Dazu Aufstieg in maßgebliche Kreise und oft dann später Abstieg, oftmals auch, weil man dort lästig wird. Meistens Tod vor Erreichung eines großen Zieles. In der Einsamkeit zumeist. Herztod möglicherweise. – Das hier gegebene Bild trifft natürlich nicht in allen Fällen zu. Hier können Aspekte und Konstellationen im Horoskop einiges, wenn nicht vieles, ändern. Bei dieser Betrachtung hier dreht es sich lediglich um die Auswirkungen dieses sehr interessanten Sonnenortes und dem Fortschreiten der Sonne von dem Ort bei der Geburt ab. Und da kommt vor allen Dingen noch der Ort des Saturn und die Aspekte, die er empfängt, in Frage. – Progr. E, G.

5. 12° ♍, 162° = K, W, S: ähnlich wie in 11° ♍, aber abgeschwächt oder nur teilweise. Mußehe seltener. – Progr. E, G.

6. 13° ♍, 163° = K: in der Jugend schlank und oft blond, später breitschultrig, nicht so sehr starkknochig, meist dunkelhaarig. Viel Lebenskraft. Die Gesundheit ist von dem Zustand der Nerven abhängig. – W: intelligent, schlau, innerlich bewegt, aber äußerlich ruhig erscheinend, diplomatisch. Sensibel, oftmals hellseherische Fähigkeiten vererbt, auch die des Hellhörens. Sehr auf Geld und Besitz versessen, zeitweise Anwandlungen von Geiz. Will in seiner Umgebung dominieren. Oft kleinlich und kritisch anderen gegenüber. Aber auch sehr großzügig, wo er meint, großzügig sein zu müssen um sein geschäftliches Ansehen zu vergrößern. Meint oftmals, alle Menschen kaufen zu können. Meistens ein sehr guter Redner. Auch Schriftsteller. Angeborenes Formungsvermögen. Liebt Musik, alles Neue, flotte Entwürfe und ist ein guter Propagandist für sich oder andere. – S: Da sich bei den Eltern sehr verschiedene Blutströme kreuzten, sind nicht alle Geschwister Förderer. Sonst Erfolge im Leben und Aufstieg. Eine Jugendliebe und deren Scheitern kann durch das ganze Leben fortwirken. Ehekrise im Alter von 35–36 Jahren wahrscheinlich. Hohes Alter erreichbar. – Progr. E??, G!!

7. 14° ♍, 164° = K: ähnlich wie in 13° ♍, und evtl. schwaches Herz. – W: ähnlich wie in 13° ♍ und beliebt bei älteren, denkenden Menschen, die ihm (ihr) auf anständige Weise helfen. – S: wie in 13° ♍, aber irgendeine Blamage in der Familie, evtl. ungünstige Ehewahl, Heirat unter dem Zwang der Verhältnisse und kurze Ehe, jedoch mit 4–5 Kindern vielleicht. – Progr. E??, G!!

8. 15° ♍, 165° = K: in der Jugend meist schlank, später breitschultrig und dabei oft sehr volle Figur mit aufrechtem Gang. Gefahr für die Augen, bei vielen. Viel Lebenskraft. – W: bewußt, mehr oder weniger intelligent, lebhaft, denkend, vorausschauend, gutes Gedächtnis, sensibel, veranlagt zu Hellhören und Hellsehen, Interesse für alles Okkulte, kritisch, auch evtl. rechthaberisch, arbeitsam, gesprächig, die religiösen Formen achtend und doch kritisch in religiösen Fragen geworden durch Enttäuschungen mit Scheinfrommen und kirchlichen Personen. Viel Erkenntnisse sammelnd, durch bittere Erfahrungen reifend, materielle Güter schätzend und gerne vorsorgend, Handelstalent, rech-

nend, Musik und Gesang liebend, viel Familiensinn. – S: sehr bewegt und wechselnd, keine ruhige Linie. Beide Ahnenfamilien waren einstmals adelig. Frühzeitiges Liebeserlebnis, evtl. drängende Heirat mit Partner (Partnerin) aus einem anderen Ort. Umzüge, vielleicht auch Ortsveränderungen während der Ehe, Aussicht auf viele Kinder. Gefahr für beide Augen. Harte Beurteilung durch die Öffentlichkeit. Oftmals kurze Ehe. Hohes Alter. – Progr. E?, G!!
15–17° = Saturn-Tage.

9. 16° ♍, 166° = K, W, S: im ganzen wie in 15° ♍, aber größere Gefahr für die Augen und in vielen Fällen uneheliche Geburt vor oder nach der Ehe. Sehr sensibel, unktrollierbaren geistigen Einflüssen offen, hellhörend und hellsehend, hellhörend vor allen Dingen nach evtl. eintretender Blindheit. – Todesfälle unter den Kindern. Unter den Kindern ebenfalls welche mit Eil-Ehen. – Progr. E, G.

10. 17° ♍, 167° = K, W, S: ähnlich wie in 15 und 16° ♍, eher schärfer betont. – Progr. E, G!

11. 18° ♍, 168° = K: über mittelgroß zumeist, helle Haut, mehr breithüftig und breitschultrig, gute Lebenskraft, Lebensbasis: die Leberfunktion. – W: kritisch, sensibel, auf Sicherung der Existenz eingestellt. Optimismus, alles riskierend bei guten Aussichten, daher Enttäuschungen. Krassester Pessimismus auf lange Dauer nach Rückschlägen. Pendeln zwischen Stimmungen. Alle möglichen Versuche, festen Boden zu gewinnen. Interesse für Okkultes aus praktischen Erwägungen. Gewinnendes Wesen anfänglich, doch bald den Eindruck der Unzulänglichkeit erweckend. Berechnung auf sonderbaren Wegen. Zeitweise vollkommene Einsamkeit bevorzugend. – S: Äußere Schönheit und zur Schau getragene Zurückhaltung beschert viele Bewerber (Bewerberinnen). Jubelnde Liebeszeit, Heirat, Kindergeburt und Entfremdung. Evtl. zwei Ehen. Einmal Heirat mit einem Beamten (Beamtentochter) oder Geschäftsmann oder leitend tätigem Herrn (oder Tochter aus ähnlichen Verhältnissen oder entsprechendem Milieu). Zwischen den beiden Ehen meistens längerer Zeitraum. In den meisten Fällen gesicherte materielle Verhältnisse im Alter. – Progr. E.

12. 19° ♍, 169° = K: hier auch Mittelgröße, aber auch etwas unter Mittelgröße und mehr hager. Viel Lebenskraft. Zähe. – W: fleißig, aufopfernd für die Familie oder die Umgebung. Intelligent, schlagfertig, gefühlsmäßig oft gebunden, oft auch in Hoffnungen lebend, deren Erfüllung lange fraglich ist. Fleiß und praktischer Sinn können auf die Dauer zu guten Lösungen führen. – S: günstige, geschützte Jugend in einer Beamtenfamilie oder bei selbständigen, gutsituierten Eltern. Familienverluste, wenn die fortschreitende Sonne in rund 9–10° ♍ ist. Oder eher. Durch eigene, oft harte Arbeit einigermaßen selbständig. Lange Verlobungszeit. Wenig oder keine Kinder aus realen Überlegungen heraus. Allmähliches Vorwärtskommen. Hohes Alter möglich trotz hier und da auftretender Krankheiten (evtl. Drüsenstörungen). – Progr. E, G.

13. 20° ♍, 170° = K, W, S: ähnlich wie in 19° ♍, aber breiteres Becken, größere Figur und voller, zwischendurch melancholische Stimmungen, etwas scharfe Einstellung. Ehrgeiz, Opferwilligkeit, Fleiß, zähes Festhalten an gefaßten Plänen. Tragische Verhältnisse im Elternhause und in der frühen Jugend. Teils unüberwindliche Ehehindernisse. Ein Leben voller Pflichten. Darum eine etwas harte Einstellung oder Resignation und doch innerlich Ideale, die durch alle Schwierigkeiten leiten. Langes Leben. – Progr. E?

14., 15. 21° ♍, 171° = K: gute, meist volle, etwas größere Figur, oftmals Schönheiten mit heller bis rosiger Haut und meistens dunkelblondem bis rötlichem Haar. – W: mehr temperamentvoll, bewußt und willensstark. Aber das Ziel ist entweder nicht klar oder falsch aufgefaßt. Deswegen Schlappen. In höherem Alter mehr Zielklarheit und dann auch entsprechende Erfolge. Im übrigen intelligent, fleißig, mit der Zeit sehr kritisch und mehr abwartend in der Haltung. Hier und da auch eifersüchtig. – S: In der Jugend Pannen vielleicht. Heiraten im Alter von noch nicht 25 Jahren können in eine wackelige Ehe hineinführen. Daher möglicherweise mehrere Ehen, denn meistens wird eher geheiratet. Die materiellen Erfolge kommen erst im mittleren Alter, wenn man sich selbst und die Welt mehr kennt und merkt, daß unüberlegtes Handeln zu Fehlschlägen führen muß. Des Lebens Enderfolg ist sicher, aber es bedarf vieler Anstrengungen und Umstellungen innerlich und äußerlich. Man findet auch Bundesgenossen. Ein hohes Alter ist erreichbar. – Progr. E? G?

16. 22° ♍, 172° = K, W, S: im allgemeinen wie bei 21° ♍, oftmals noch schärfer ausgeprägt. Heirat evtl. in eine Beamtenfamilie oder Familie mit selbständiger oder leitender Position. – Progr. E, G.

17. 23° ♍, 173° = K: gute Figur, helle Haut, im höheren Alter vielleicht noch rotbackig, empfindliches Gehirn, damit evtl. Schwierigkeiten nach den Wechseljahren. Meistens einstmals adelige Vorfahren. Als Kind evtl. Ohrenleiden. Hohes Alter ist erreichbar. – W: lebhaftes, angenehmes Wesen, temperamentvoll, neckisch, intelligent, ordentlich, vielseitig interessiert, freies Denken, gebildet, volksnahe Einstellung, menschlich. – S: gut erzogen, d. h. ohne Dünkel, nach heimlichem, unschuldigem Liebesverhältnis in der Jugend evtl. eine Ehe mit einem Partner (einer Partnerin) anderer Konfession (und dessen oder deren Übertritt). Meistens sehr gute Ehe. Finanziell gesichert. Zwei oder sehr viel Kinder. Im höheren Alter, besonders wenn verwitwet, sind gewisse Denkeinseitigkeiten möglich. – Progr. E.

18. 24° ♍, 174° = K, W, S: ähnlich wie in 23° ♍, aber mehr von Stimmungen beeinflußt und mehr gefühlsmäßig handelnd. Im allgemeinen gutes Vorwärtskommen. Überragender Wille des Partners (der Partnerin) und zumeist selbst wellenförmige Handschrift. Wenig oder gar keine Kinder. Evtl. entsprechend Operationen. – Progr. E, G.

19. 25° ♍, 175° = K: gut mittelgroß zumeist, harmonisch gebauter Körper, helle Haut, blonde bis dunkle Haare, oft Schönheiten. Krankheiten können ihre Ursachen in mangelnder Tätigkeit der Drüsen haben. Die Grundursache liegt aber meistens in seelischer Verstimmung. – W: gefühlvoll, oft in chaotischen Stimmungen gefangen, in der Liebe oft unüberlegtes Verhalten, wodurch manche gute Aussicht in die Brüche gehen kann. Sensibel und interessiert an Neuigkeiten, die man gerne weiterreicht, teils um von der darin aufgenommenen Spannung freizuwerden, teils um interessant zu erscheinen. Entsprechend ist auch die

Aufmachung und die Gestaltung der Wohnräume. Starker Nachahmungstrieb, auch entsprechende Fähigkeiten. Nicht Anstoß erregend in Gesellschaften, da sehr anpassungsfähig, und immer irgendwie reizend. Liebesbedürftig je nach dem seelischen Entwicklungsgrad. Das Leben wünscht man sich „schön“ im Ablauf wie in der Umgebung, und hat mindestens einen Sinn für äußere Schönheit. Einmal himmelhoch jauchzend, das andere Mal zu Tode betrübt, aber nicht lange. – S: viele seelische Feinheiten bei den Vorfahren wirken hier nach, aber das Elternhaus ist in dieser Hinsicht zum Teil weniger betont. Der eine Elternteil gibt sich rauh, unüberlegt, aber Fremden gegenüber wohl zu freigebig und im Geschäftsleben korrekt, und der andere Teil ist auf starren bis aufgeregten Widerspruch eingestellt und will sich die romantische Einstellung bewahren. So ist im Elternhaus oft Verstimmung, manchmal sehr laut sogar, aber die Eltern sind sich treu und halten die Ehe durch. Auch der Alkohol könnte da eine Rolle gespielt haben (aber nicht immer). Das Insichwiderstrebende wirkt sich im Wesen, in den Wünschen und im Leben der (des) Geborenen aus und kann zu Fehlschlägen in Verbindungen, in Liebe und Ehe führen. Man will aus dem Chaos hinaus und – hat es doch etwas in sich auch. Die erste Ehe ist schicksalsmäßig selten von Bestand, die zweite Heirat kann sich sehr hinausschieben, wenn sie überhaupt noch stattfindet. Ein hohes Alter ist erreichbar. – Progr. E, G.

20. 26° ♍, 176° = K, W, S: wie in 25° ♍, aber schärfer ausgeprägt. Aufstieg in maßgebende Kreise möglich.

21. 27° ♍, 177° = K, W, S: wie in 25 und 26° ♍, aber noch schärfer betont und ebenfalls Aufstieg in maßgebliche oder „bessere“ Kreise, aber auch evtl. Kreise der Boheme. Auslandsbeziehungen. Hier und da auch Ausnutzung. – Progr. E, G.

22. 28° ♍, 178° = K, W, S: wie in 25 und 26° ♍, aber bei einigen wird die Ehe verpaßt. Als Kind auch hellsehend, starkes Traumleben, alles etwas starrer im Wesen, dessen Art oftmals sehr durch die Mutter bestimmt wird, die immer „warnt“. Mit der Zeit etwas weniger unbeholfen. Im allgemeinen gute oder zum anständigen Leben ausreichende

finanzielle Verhältnisse durch Tätigkeit. Bei einigen auch Scheidung der Eltern. – Progr. E?

22. 28° ♍, 178° = K, W, S: in manchen Zügen ähnlich wie in 25 und 26° ♍, aber K: groß und in der Jugend etwas steif in der Haltung und knochig. Viele Kinderkrankheiten. – Und W: aber etwas starrer und weniger auf Schönheit bedacht. Starke Einflüsse von einem Elternteil her, die auf die Gestaltung der Meinungen und des Lebens sehr großen Einfluß erlangen können. Sonst fleißig, anhänglich, verschlossen gegen andere. Sensibel, als Kind hellsehend und hellhörend, im Leben sehr vorsichtig. – S: aber verpaßte Heirat in der Jugend und später leicht davon zurückzuhalten. Daher einige ehelos. Im allgemeinen gute materielle Verhältnisse, in der Jugendzeit wohl sehr gute. Trennung der Eltern durch Scheidung möglich. – Progr. E selten, G möglich.

23. 29° ♍, 179° = K: mehr hochgewachsen zumeist, schlank auch oft noch in höherem Alter. Empfindliche Knie, das Haar meistens blond bis dunkelblond. – W: kurz entschlossen zumeist, sportlich eingestellt, evtl. etwas Effekthascher in Liebhabereien, Jagdfreund, tut hier und da gerne schneidig, ist aber gutmütig in den meisten Fällen, außer es geht um Vorteile. Geschäftlich mit der Zeit sehr knapp entschlossen. Stolz auf Erfolge im materiellen Leben. – S: gewöhnlich in einem gut gestellten Elternhause aufgewachsen, intelligent, aber nicht im Übermaß zumeist, selten eine philosophische Ader, und daraus heraus Einstellung nur auf materielle oder geschäftliche Erfolge. Entsprechende Heirat oder Einheirat, bis zu 5 Kinder sind möglich. Ein Leben in gesicherten Verhältnissen und entsprechend der Moral, die in solchen Kreisen leicht aufkommt. Nur bei mildernden Einflüssen durch andere Planeten wird Wert auf seelische Belange gelegt. Geschäftliche, finanzielle oder gesellschaftliche Erfolge. Der andere Eheteil muß im Heim regieren oder mindestens leiten, um die Familienbelange ins richtige Fahrwasser zu bringen und darin zu halten. In der Ehezeit günstige Umzüge. Ein ansehnliches Alter kann erreicht werden. – Progr. E, G.

Zum Wesen und Schicksal ***der Waage-Geborenen***

Mit dem 24. September tritt die Sonne in das Zeichen Waage und durchwandert dieses Zeichen bis zum 23. Oktober. Die in dieser Zeit Geborenen haben also ihre Geburtssonne im Zeichen Waage.

Das Zeichen Waage gehört zu den sogenannten Kardinal-Zeichen nach astrologischer Auffassung, und mit dem Zeichen Waage gehören auch die Zeichen Widder, Krebs und Steinbock dazu. So ergibt sich innerhalb des Kreises der Ekliptik am Himmel das kardinale Kreuz.

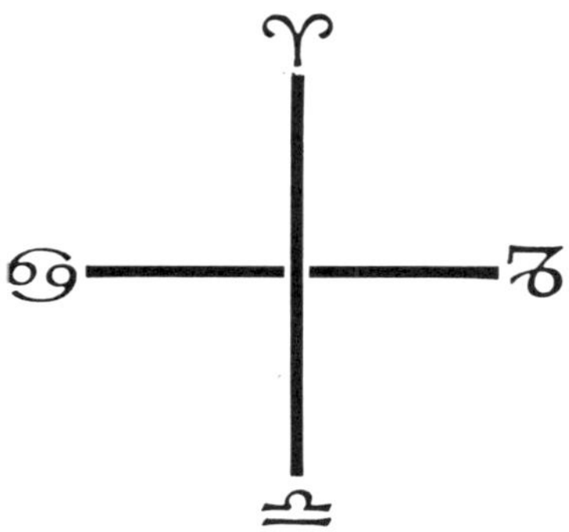

DAS
KARDINALE KREUZ

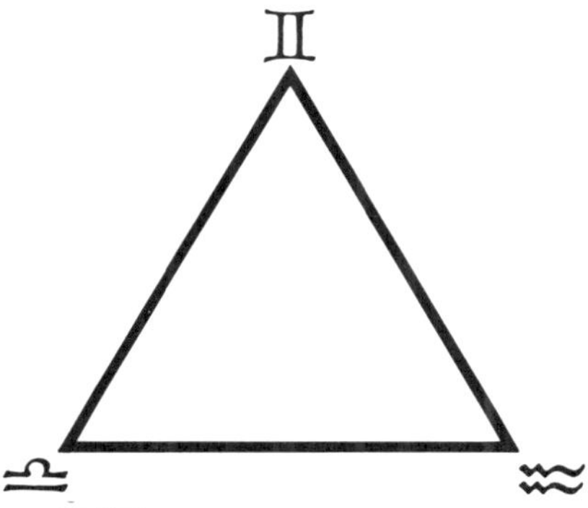

DIE
LUFTIGEN ZEICHEN

Über den Sinn der Bezeichnung „Kardinal" habe ich bei den Krebs-Geborenen schon ausführlich berichtet. Auf das dort Gesagte weise ich hier nochmals hin.

Von den vier Kardinal-Zeichen hat ein jedes Zeichen natürlich seine besondere Art und Auswirkung. So gehören die Kardinal-Zeichen Widder und Krebs zu den nördlichen Zeichen, sie liegen also nördlich vom Äquator der Erde – während die Zeichen Waage und Steinbock zu den südlichen Zeichen zu zählen sind, weil sie südlich des Äquators der Erde ihren Platz haben.

Setzt man den Jahreslauf der Sonne ihrem Tageslauf gleich, und man kann das, und kommt dabei zu interessanten Vergleichs- und Denk-Ergebnissen, so vergleichen wir den Übertritt der Sonne in das Zeichen Steinbock mit der Mitternacht des Tages, den Übergang der Sonne in das Zeichen

Widder mit dem Morgen des Tages, den Eintritt der Sonne in das Zeichen Krebs mit dem Mittag und den Eintritt der Sonne in das Zeichen Waage mit dem Abend des Tages.

Am Abend des Tages ziehen sich nun die schöpferischen Kräfte der Natur zurück. Bezogen auf den Welten-Tag, den Zeitraum, den das Bestehen einer Welt ausfüllt, wäre hier der Welt-„Untergang“, der Übergang des Stoffes in ein Nichtsein anzusetzen. Es beginnt die Nacht, die den neuen Tag, das neue Werden des Stoffes, die Geburt des Stoffes einleitet. Und diese Geburt des Stoffes würde also um die Wintersonnenwende, mit dem Eintritt der Sonne in das Zeichen Steinbock, stattfinden. Darum auch legte man den Tag der Geburt Christi in die Tage des Überganges der Sonne in das Zeichen Steinbock. – Alles in der Welt ist Gleichnis.

Im Grunde genommen beginnt das Leben des werdenden Wesens mit der Zeugung. Eine Zeit lang schwenken noch die Arme der Waage auf und ab und das anzeigende Zünglein an der Waage hin und her. Unsicher ist noch, ob der Aufbau des neuen Körpers gelingt und nicht gestört wird, unsicher ist noch, welchen Geschlechts das Kind sein wird. Unsicher ist auch noch das Band, das die Zeugenden miteinander verbindet, obgleich der gemeinsame Impuls bei der Zeugung stark war. Sie müssen noch seelisch zueinander finden, sich angleichen und auf seelischer Ebene sich miteinander verbinden. Das braucht seine Zeit. – Mit diesem Gleichnis versuchen wir nun das Wesen der Waage-Geborenen nachstehend zu erfassen.

Vorerst aber sei noch einiges zu dem Zeichen Waage als Kardinal-Zeichen gesagt. Symbol der anderen Kardinal-Zeichen sind Tiere, wie der Widder, der Krebs und der Steinbock. Das Sinnbild des Zeichens Waage aber ist die Waage selbst, als Ding, als ein Werkzeug, das dem Abwägen dient. Mittels einer Waage sucht man etwas festzustellen. Man wägt das Gewicht der Dinge und Begriffe gegeneinander ab. – Aus diesem Grunde rechnet man das Zeichen Waage auch zu den intellektuellen Zeichen.

Wie dem Zeichen Stier, wird auch dem Zeichen Waage astrologisch die Venus als Herrscherin zugesprochen. Aber die Venus des Zeichens Stier ist eine andere Venus als die Venus des Zeichens Waage. – Die Venus des Zeichens Stier ist weiblich, aus einem Urtrieb hingebend und kommt auch so zum Ziel, die Venus des Zeichens Waage dagegen ist mehr sachlich-männlich spekulativ und berechnender vorausschauend, nicht immer auf Anhieb, aber auf die Dauer. Trifft die Venus in dem Erd-Zeichen Stier die richtige

Wahl aus dem Gefühl heraus, so findet die Venus im Zeichen Waage nach dem ersten Rausch bald in dem Verhältnis oder in irgendeiner Angelegenheit ein Haar. Und oft war auch der Rausch das Ergebnis einer Kombination, oder sie wirkte wenigstens mit. – Und weiter: liebt die Venus im Stier das Füllige in den Formen, so die Venus in Waage die schöne, elegante Form; und liebt die Venus im Stier das natürliche Benehmen, so liebt die Venus in Waage die repräsentative Haltung und dabei den sondierenden Blitz aus den Augenwinkeln, während die Venus im Stier auch merken läßt, wohin sie schaut. – Vieles könnte hier noch angeführt werden, um die weibliche und die männliche Venus zu kennzeichnen.

Doch die Waage-Auswirkung ist nicht in allen Graden gleich. In den ersten Graden des Zeichens Waage zeigen sich oftmals stark materielle Triebe und ein rücksichtsloses Streben nach Besitz. Alles wird dem untergeordnet. Die Menschen der Umwelt werden nach ihrem Besitz beurteilt und nicht nach anderen Werten. Die ersten Grade des Zeichens Waage wissen, was sie wollen. Die letzten Grade dieses Zeichens aber schwanken oftmals in der Willensrichtung, weil sie vielen inneren Hemmungen unterworfen sind, und kommen deswegen nicht zu einem klaren Entschluß. In der Mitte des Zeichens Waage aber wird immer der „Rechts-Standpunkt“ hervorgekehrt, bis zur Sucht egoistischer Rechthaberei, eine Folge scharf, zu scharf egozentrischer Einstellung.

Im allgemeinen gibt das Zeichen Waage schöne Menschen. Außer den Menschen in der Mitte des Zeichens Waage wirken sie auch angenehm im Umgang, trotzdem gerne eine gewisse Überlegenheit gezeigt werden kann. Hinter der Fassade, das heißt in stillen Augenblicken der Einsamkeit, sieht es in der Seele oft anders aus. Aber, es wird sich wieder aufgerafft, die Welt liebt den Schein und will ein Schauspiel. Warum soll man dann nicht schauspielern? Die Menschen wollen es ja so! – Und was einen so innerlich bewegt, braucht man ja nicht zu zeigen. Darum: den Kopf in den Nacken geworfen und die Lippen zusammengepreßt und den Pflichten nachgekommen! – Das muß sein! Das versteht man. Das sichert auch eine gewisse Lebensform. Und die verlangt der (die) Waagegeborene. – Darum wird meistens die Arbeit auch planvoll angefaßt und schnell geht sie von der Hand. Man hat auch noch andere Bedürfnisse. Ein gutes Buch, das keine großen Probleme wälzt aber auch nicht zu seicht ist, eine kleine Gesellschaft, in der man dominieren kann, ein Theaterbesuch, nach dem man nachher sich kritisch beurteilend als Kunstkenner herausstellen kann usw. – Und in der Familie das Streben für die Kinder, die „etwas werden sollen“, die mindestens nicht unter den Stand der Eltern hinabsinken, eher etwas „Großes“ werden sollen, um jeden Preis. Dazu sind dann auch „gute Verbindungen“ gut und nützlich. Mit dem Volk denkt man und die Demokratie bejaht man, wenn man an die Führung will. Im Innern imponiert die Aristokratie. Wenn es gut geht, und es kann gut gehen, kommt man über die Formen, die schönen vornehmen Formen, auch zu einer inneren Kultur, zu einer Kultur der Seele. Und das wird in einigen Graden des Zeichens Waage begünstigt (so in 20° und auch hier und da in 28° Waage) aus verschiedenen Vorbedingungen heraus. Immerhin können auch Waage-Geborene volle Reife der Seele entwickeln. Aber das ist nur durch Opfer möglich, durch opfernde, bewußte Selbstaufgabe.

Oftmals bietet die Persönlichkeit des (der) Waage-Geborenen ein etwas schwankendes Bild. Wo Gleichmut gezeigt wird, ist er oft erkünstelt. Gerne will man zuverlässig, etwas vornehm und würdig wirken. Das kann auch gelingen. Man legt Wert auf Verbindungen und Beziehungen, man ist gerne im Umkreis betitelter Menschen. – Da Waage-Geborene meistens schöne Menschen sind, kann man es ihnen nicht verdenken, wenn sie dem Bild, das sie zeigen, auch einen schönen Rahmen sich zu geben bemühen. Andere dürfen dieses Bemühen nur nicht zu sehr merken.

Die materiellen Verhältnisse liegen im allgemeinen günstig und werden meistens auch noch durch Erbschaften gestützt. In dem Streben nach materiellem Besitz kann zeitweilig eine gewisse Schärfe sich äußern, oft auch Nervosität auftreten. Zumeist besteht das Ererbte in Grund und Boden und Häusern. Verminderung kann aber schon vor der Übertragung des Erbes eintreten. Wenn es sich bei dem Erbe um Grundstücke oder Häuser dreht, so liegen diese meistens an einer Straßenkreuzung. Oder die Häuser sind freistehend in ihrer Lage. Irgendwie kann das Einkommen der Waage-Geborenen aus Berufen fließen, die in irgendeiner Art Verbindungen mit dem Metall Eisen haben oder mit Textilwaren oder mit Kunstgegenständen zu tun haben. Auch die Juristerei oder militärischer oder polizeiliche Belange können eine Rolle spielen.

In den Briefen und Schriftstücken können Waage-Geborene sehr ausführlich werden, oft so ausführlich, daß sie den Empfänger vor den Kopf stoßen oder dem zu einem Vertrag Bereiten die ganze Angelegenheit vergraulen. Kleine Reisen werden gerne unternommen. Auf großen Reisen wird oft zu viel Geld ausgegeben.

Das Elternhaus steht unter starken Saturneinflüssen. Die Eltern streben vorwärts und kennen nur Arbeit, Arbeit und ein etwas ehrgeiziges Streben. Im Elternhaus dominiert meistens die Mutter. Ein Elternteil kann durch Krebs hinweggerafft werden. Der Keller des Elternhauses ist zumeist feucht, das Haus selbst schwer zu erwärmen. Alles im Elternhaus trägt den Stempel des Praktischen oder ist irgendwie mit dem Erwerbszweig der Eltern verknüpft.

Das Liebesleben der Waage-Geborenen wickelt sich nicht ohne Enttäuschungen ab. Prozentual, im Hinblick auf die Zahl der Ehescheidungen in anderen Tierkreiszeichen, ist die Zahl der geschiedenen Waage-Geborenen wohl am größten. Sehr oft fühlt sich der (die) Waage-Geborene bei einer (einem) zu impulsiven Partnerin (Partner) auf die Dauer nicht wohl. Oder die Leidenschaft verpuffte zu schnell, weil zu hitzig, und brachte die Ehe zum Schlafen. Irgendein Unvermögen, irgendeine lang andauernde Krankheit, irgendeine Besonderheit der Ehepartnerin (des Ehepartners) läßt den (die) Waage-Geborenen zu sehr leiden. Dabei ist die gegenseitige Rechthaberei oft sehr groß, bis der Partner (die Partnerin) in irgendeiner Form oder auf irgendeinem Wege, der von der Ehe hinweg führen kann, resigniert. Ehrlichkeit muß der (die) Waage-Geborene dem anderen Teil meistens zugestehen. Oft ist der Rest Schweigen. – Die Kinderzahl beschränkt sich in den meisten Fällen auf die Zahl 2. Meistens beide entweder Töchter oder Söhne.

Von eigenen Krankheiten wird der (die) Waage-Geborene meistens nicht im Übermaß getroffen, aber Krankheiten in der Familie machen ihm (ihr) oft viel zu schaffen. Aber der (die) Waage-Geborene hat viel Geschick in der Behandlung von Krankheiten, lehnt aber den Gebrauch von Giften gewöhnlich ab und heilt nach der Naturheilmethode.

Die Eheverhältnisse des (der) Waage-Geborenen sind in der Hauptsache schon besprochen. In der Öffentlichkeit kann der (die) Waage-Geborene zeitweise eine große Rolle spielen, aber nicht auf die Dauer. Irgendein Mißgeschick oder ein schicksalshafter Einfluß kann viel zertrümmern und einen Absturz bringen oder doch ein Zurücktreten erzwingen. – Es sind oftmals zwei Ehen zu erwarten, oder gar drei.

Wie weit Waage-Geborene in das Gebiet des Okkulten oder der Magie eindringen können, ist von der eigenen Einstellung abhängig. Wer mit dem Empfinden arbeitet, wird gute Fortschritte machen können, wer aber mit dem Intellekt vorgeht, gerät in Gefahr, zum wahren Wissen nicht zu gelangen sondern der Art, interessant über diese Dinge zu reden, zu verfallen. – Die Möglichkeit, Erbschaften zu machen, habe ich schon beschrieben.

Die Neigung, evtl. über okkulte oder magische Gebiete sich interessant zu äußern, habe ich ebenfalls schon erwähnt. Ebenso ist die Fähigkeit vorhanden, philosophische Themen populär zu behandeln oder auch zu – zerpflücken. Meistens ist eine innige Gottverbundenheit vorhanden, aber es wird nicht groß darüber gesprochen. Geschäfte in Religion oder über eine zur Schau getragene Kirchenfrömmigkeit werden meistens abgelehnt. Eben wegen der inneren Gottverbundenheit auf natürliche Art.

Auch die Berufsgebiete, die hauptsächlich in Frage kommen, sind schon erwähnt. Waage-Geborene fand ich auch oft in Berufen, die irgendwie mit Flüssigkeiten zu tun haben, wie Mineralwasserhandlungen usw. Zu Venusbelangen gehört auch das Bauwesen. Im allgemeinen haben Waage-Geborene viel Freude an ihrem Beruf und auch Erfolge.

Freunden gegenüber sind Waage-Geborene meistens großzügig. Freunde werden auch gerne unterstützt in ihrem Bestreben und mindestens verstanden. Doch die Freunde und Freundinnen haben meistens so ihren eigenen Standpunkt, den Waage-Geborene nicht so ohne weiteres annehmen können. Trotzdem sind Freundschaften oft von langer Dauer und können auch beiderseitig ersprießlich sein.

Kleinlich eingestellte Feinde und Feindinnen können den Waage-Geborenen viel zu schaffen machen, oft aus der Atmopshäre des eigenen Hauses heraus. Es kann aber auch der Gewinntrieb des (der) Waage-Geborenen sein, der diese Feindschaften hervorruft.

Die vom 24.–29. September Geborenen sind meistens schlanker Figur, kurz entschlossen und betriebsam. Bei der Wahl der Partnerin (des Partner) spricht oft eine gewisse Vorsicht mit. Diese Grade können eine größere Kinderzahl haben. Jagdleidenschaft ist oft vorhanden oder ein lebhafter Sporttrieb. Neigung zu Erkrankungen der Knie oder angeborene Deformation. Meistens Eckhaus-Wohnlage oder Einsicht in eine Allee, die vor der Front des Hauses beginnt.

Der 30. September bis 2. Oktober bringt eine mehr gesetzte Figur in den meisten Fällen, eine gut entwickelte, breite Stirn, breite Schultern, ruhige Bewegungen und Veranlagung zu Ohrenleiden, mindestens eine Empfindlichkeit der Ohren. Auf Angriffe reagieren diese Geborenen sehr strittig. Sonst aber sind sie geduldig und großmütig und fleißige Arbeiter. Ebenfalls in den meisten Fällen Eckhaus-Wohnlage. Nicht viel Kinder.

Etwas veranlagt zu melancholischen Stimmungen sind die vom 3.–12. Geborenen. Hier kann Musik helfen. Die musikalische Technik wird auch leicht erlernt. Sinn für Heimausschmückung ist oft vorhanden und guter künstlerischer Geschmack. Erzielung guter materieller Verhältnisse, weniger Kinder. Auch oft Eckhaus-Wohnlage. Bei längerem Bestand der Ehe evtl. Ehekrisen.

Die vom 6.–11. Oktober Geborenen sind in der Figur entweder ziemlich unter oder reichlich über Mittelgröße. Neigung zur Fülle liegt auch meistens vor. Die in diesen Tagen Geborenen sind geistig sehr rege, halten aber selten in der eigenen Bewertung und in der Bewertung anderer die Mitte ein. Das kann zu tragischen Krisen im Leben führen. Enttäuschungen werden so gezeugt. Rechthaberei kann sie unleidlich machen. Die Zahl der Ehescheidungen ist groß. Nicht viel Kinder, meistens nur zwei. Erbschaften, die schon vor dem Erben geringer werden. Ebenfalls Eckhaus-Wohnlage meistens. Bei unreifen Menschen Prozeßreiterei. Ziemlicher Einfluß bei Behörden. Großer Stolz auf die Kinder, viel Ehrgeiz, ein etwas unruhiges Wesen und Leben.

Der 12.–16. Oktober beeinflußt mittels des Sonnenstandes wieder nach ganz anderer Richtung. Hier ist die Seele und das ganze Wesen mehr auf bewußtes und stilles Dulden eingestellt. Pflichtbewußtsein und Opferwilligkeit zeichnen diesen Geborenen aus. Mit unendlicher Liebe und klaren Sinnes sorgen sie für ihre oft sehr eigenwilligen Familienmitglieder oder die Mitarbeiter und Mitarbeiterinnen am gleichen Arbeitsplatz. Sehr zurückhaltend sind besonders die am 12., 13. Oktober Geborenen. Die Opposition zu der Erhöhung der Sonne wirkt sich hier aus. Anfeindungen aus der Öffentlichkeit können das Leben schwer machen. Das, und die oft vorhandene körperliche Schwäche, wird in ruhiger Zähigkeit überwunden. Oft ausgenutzt, geben sie immer wieder. Selten begehren sie auf. Dann ist aber ihrer Logik nichts entgegenzusetzen. – Wieder anders beeinflußt die Sonne die vom 14.–18. Geborenen. Hier ist nebenher ein starker Ehrgeiz vorhanden und der Wille oder die Sehnsucht, recht viele Kinder zu haben. Aber die sind oft versagt oder sterben früh, oder Mißgeschick verringert ihre Zahl, bei starker Saturnwirkung im Horoskop des einen Elternteils, durch Sturz oder Fall. Stößt man auf solche Zusammenhänge, so darf man, mindestens bei dem einen Elternteil, wohl auf große seelische Unreife und auf maßlosen, fast lächerlich wirkenden Geiz und uferlosen Ehrgeiz, der den eigenen Wert und den Wert anderer Menschen nur im materiellen Besitz sieht, schließen. Mindestens bei dem einen Elternteil. Bei den Vorfahren lag auch hier und da Krebs vor. Wenn ein solches Ehepaar sich nicht seelisch umstellt, kann die Vorsehung ihnen vielleicht keine menschlichen Seelen als Kinder anvertrauen, denn der Sinn und der Zweck und das Ziel jedes Wiedererscheinens auf dieser Erde ist die seelische Entwicklung. Zu solchen Eltern drängt sich auch keine Seele oder – nimmt bald wieder Abschied. – Immer fühlen sich die stark ehrgeizigen Menschen, wenn andere Menschen sie bewundern. Warum? Weil ihr eigenes Wertbewußtsein schwankend oder schwach ist. Oftmals hängt das auch mit einer schweren Jugend unter ärmlichen, sorgenerfüllten Verhältnissen zusammen. Weil nun alles sich dem Geld beugt, wollen sie recht viel haben, um geeehrt zu werden, und wenn das geschieht, so fühlen sie sich. – Aber alles ist von der erreichten Entwicklungsstufe abhängig. Wir finden in diesen Tagen auch große Geister, die der Menschheit ein Segen waren. Sie opfern sich, weil sie zu der wahren Wertung aller Werte gelangen. – Wohnlage der am 12., 13. Oktober Geborenen meistens Ecklage in baum- und wasserreicher Umgebung – und die Wohnlage der vom 14.–18. Geborenen in vielen Fällen mitten in der Straßenzeile, oft etwas erhöht über der Straße und auf der Südseite der Straße, die wohl von Osten nach Westen verläuft und dabei hier und da eine Sackstraße ist.

Nun kommen wir an die vom 19.–23. Oktober Geborenen. Auch hier kann ich vielleicht einige Besonderheiten neben einigen bezeichnenden Zügen anführen. – Es liegt meistens ein gewisser Ernst über den Menschen dieser Tage. In ihnen arbeitet irgend etwas Besonderes, der Sinn für die Sehnsucht und die mehr oder weniger große Fähigkeit zu irgendeiner künstlerisch-darstellenden Betätigung. Es sind meistens Innenmenschen, mancher sagt: Eigenbrötler. Sie erscheinen oft als etwas willensschwache oder im Ziel unsichere Menschen. So ist viel von der Partnerin (dem Partner) abhängig. Sie können auch maßgebend mit der öffentlichen Gewalt unverschuldet in einen tragisch ausgehenden Konflikt geraten. Des Kampfes ungewohnt, können sie im Übereifer und aus Mangel an Erfahrung gegenüber den Raubtieren unter den Menschen zu Grunde gehen. – Ihnen ist eine klare, willensbewußte Einstellung und ein taktisches Vorgehen anzuraten. Das gilt auch für die unverheirateten jungen Mädchen, denn schließlich sollte doch der Topf einen Deckel haben. – Die Wohnlage: unfern den Gebäuden, die militärischen oder polizeilichen Zwecken dienen, oder Schlossereien, Metallwarengeschäften oder entsprechenden Werken. Das Nebenhaus steht meistens etwas in der Straßenreihe zurück.

Alle hier gegebenen Hinweise beziehen sich auf die Wirkung der Sonne in den angegebenen Geburtstagen und können nicht immer erschöpfend sein und auch nicht in allen Fällen zutreffend, denn die Planeten wirken ja auch, und auf jeden Menschen wirkt das Erleben, und der Ablauf der Jahre kann die Auswirkung, auch die Wohnlage, etwas verändern.

Philosophisches zu 0° Waage, einem wichtigen Merk- und Wendepunkt

0° Waage, 180°:

Wie schon bei 0° Widder erwähnt: Auf 2 Punkten wirkt die Sonne vorzugsweise auf den Äquator der Erde: wenn die Sonne auf 0° Widder und 0° Waage ist. An diesen Tagen ist also eine besonders starke Strahlung zwischen der Sonne und der Erde vorhanden. Diese Strahlung ist zwar nicht immer gleich in ihrer Art und Wirkung, aber sehr stark. Sie besteht noch einige Tage, wirkt also noch etwas nach. In diesen starken Strahlungen wirken die Runen-Übungen besonders; durch sie kann der Mensch sich direkt und ohne Mittelsmann mit dem Urquell allen Seins, mit dem wahren Gott verbinden, kann sich Klarheit und Kraft holen in Fülle, von dem größten und stärksten Kraftfeld, dem Himmel, dem Sternenhimmel, und der Erde. So entstanden besondere Tage der All- und Gottverbundenheit und Tage des Dienstes am Guten. So entstanden die Festtage – jeder Festtag in seinem besonderen Sinn und seiner besonderen Wirksamkeit. So ergaben sich auch, entsprechend den guten und starken Strahlungen des Himmels und der Erde Gelegenheiten, guten und starken Geistern aus der himmlischen Gemeinschaft die Bahn frei zu machen zu einem neuen Leben auf dieser Erde, ihnen in einem neuen Körper wieder ein Werkzeug zu geben zum Segen der Familie, des Volkes, der Menschheit. Denn nur starke, klare Geister entsprechen starken, klaren Strahlungen des Himmels und der Erde. Johannes der Täufer Empfängnis.

Es entsteht der Stoff und die Form (der Körper), und es vergeht dieser Stoff und diese Form, um erneut wieder erstehen zu können. So wirkt der ewige Menschengeist, der aus Gott kam und gereift wieder zu Gott zurückkehrt. Klären und reinigen kannst du nur Dich selber, aber der Himmel hilft, wenn Du die Harmonie mit ihm erstrebst. Mit dem Übergang der Erde über die Ekliptik, dann, wenn die Sonne in 0° Waage nach Süden absteigt, sinkt auch das Leben, der Lebensimpuls in die mütterliche Nacht: Das astrobiologische Jahr beginnt. Darum begannen die Atlantier in alten Zeiten und auch unsere Vorfahren ihr Jahr mit dem Eintritt der Sonne in das Zeichen Waage.

Die Bahn der Sonne und der Planeten über dem Äquator (über dem Eg oder Eeg = Ei), auf dem Sonne und Mond laufen, wurde mit Eglop (der Lauf über dem Eg) bezeichnet. Aus dem Lop über dem Egwater (Äquator) haben wir heute das Wort Ekliptik. Lop = l–p. Die Umdrehung ist p–l = pol. Stillstand, das Gegenteil von Lauf (lop). Daher auch Politik. Neujahrsfeier einst – Gericht über Seelen: Waage = Gerechtigkeit. Engel Michael, Förderer der Rassenaufzucht.

Wie beim Übergang über den Äquator aufsteigend, kommt die Sonne an drei Kreuzen vorbei, allerdings jetzt in Opposition, absteigend. Daher materialisierend, in den Stoff gehend: Niedergang zur Hölle, in die Winternacht, in den Schlaf.

Die Grade der Sonne im Zeichen Waage

Geb.-Tage im September	Die Sonne in Waage	Die Bedeutung der nachstehend verwendeten Abkürzungen:		
		K	=	Körperliche Grundlagen, Veranlagung, Lebenskraft
		W	=	Wesensart, ihre Äußerung, Eigenheiten, Fähigkeiten
		S	=	Schicksals-Möglichkeiten
		Progr.	=	Progressiv (Wirkung der vorgeschrittenen Sonne)
		E	=	Verbindungen, die zur Ehe führen können
		G	=	Geschäftsgründung, evtl. größere Selbständigkeit

24. 0° ♎, 180° = K: meistens schlank und manchmal sehr groß, blond bis dunkelblond, sporttüchtig, bei schlechten Aspekten zur Sonne Schaden an den Knien. – W: lebhaft, schnell entschlossen, vorwärtsdrängend in materiellen Interessen, dabei oft schüchtern erscheinend, zugängliches Wesen, rechtschaffen im Rahmen ihrer Verhältnisse, an gefaßten Ansichten und Entschlüssen nicht immer festhaltend, neue Wege suchend, den Erfolg meistens langsam erstrebend, wenn übergroße Widerstände. – S: meistens geboren in ordentlicher Familie, die selten arm ist. Gute Schulbildung. Mit rund 15 Jahren eine Krisis in der Familie. Mit rund 19 Jahren Liebe, die mit rund 20 Jahren in Gefahr kommt. Finanziell gute Heirat ist möglich, aber nicht immer ist eine solche Ehe gesichert. Sonst ähnlich wie in 29° ♍. – Progr. E, G.

25. 1° ♎, 181° = K: meistens groß, oft stattlich bis voll, blauäugig, blond bis dunkelblond, hübsch. Bei einigen Asthma oder Leiden der Lunge oder der Bronchien. – W: reserviert, aber liebevoll, menschlich, alles Häßliche und Gemeine verachtend und umgehend, gute innere Richtschnur, verläßlich und mit viel Familiensinn. Temperamentvoll, für Ideale sich einsetzend, ohne hervortreten zu wollen. Echte Art liebend, Schönheitsgefühl. – S: verhältnismäßig früher Tod des einen Eltern-

teils möglich. Dann Wiederheirat des anderen Teiles. Geachtete Eltern, die großes Vertrauen genießen. Ehrenvolle Posten mit nicht übermäßigem Einkommen, Grundbesitz fraglich. Tätigkeit bei einer Behörde oder in behördenähnlichen Unternehmungen möglich. Niederdrückende Enttäuschungen etwa mit 20 Jahren, ebenfalls in Verbindungen mit etwa 26 Jahren. Daraus oft übervorsichtige Einstellung nachher. Evtl. keine Heirat, wenn auch Verlobung. Eine reifende Seele, ohne Schuld und Fehle und dabei bewußt aller hohen Werte, kann hier vorliegen. Enttäuschungen können zu vorerwähnten Krankheiten führen. Eine seelische Verbindung kann Sonnenschein ins Leben tragen. Oft nur mittleres Alter. Vieles ist hier von den Aspekten abhängig. – Progr. E(?), G.

26. 2° ♎, 182° = K, W, S ähnlich wie in 1° ♎. Evtl. Krisis mit etwa 19 und 25 Jahren. – Progr. E, G.

27. 3° ♎, 183° = K: ähnlich wie in 1° ♎, oft kleiner und breitschultrig, oft vollere Figur, meistens dieselbe Veranlagung zu den gleichen Krankheiten. Gefährlich sind Lungenentzündungen. – W: ähnlich wie in 1° ♎, ideale Interessen, etwas mehr materielle Einstellung aus dem Zwang des Schicksals und der Verhältnisse. Beweglich, sich für eine Idee einsetzend und oft daran oder darin scheiternd. – S: ähnlich wie in 1° ♎, aber evtl. Krisis in Verbindungen mit 18, 24 und 30 Jahren. Trennungen. Auch Kritik aus der Öffentlichkeit. Vorsicht im Umgang mit dem anderen Geschlecht ist geboten. Kinder, die irgendwie berühmt werden als Pioniere auf irgendeinem Gebiet. Auffällige Ereignisse in der Familie. Hohes Alter ist möglich. – Progr. E, G.

28. 4° ♎, 184° = K: Figur oftmals größer, sonst K, W, S wie in 1 und 3° ♎. Behördliche Position irgendwie möglich. – Progr. E, G.

29. 5° ♎, 185° = K: leicht Erkältungen des Kopfes, auch evtl. Ohren- und Augenleiden in der Jugend. Oft auch größere Gestalt. Sonst K, W, S wie in 1 und 3° ♎. – S: fraglich für die Dauer der ersten Ehe. – Progr. E, G(?).

30. 6° ♎, 186° = K, W, S: wie in 1 und 3° ♎; zu S: evtl. behördliche Stellung (auch bei der Polizei, oder beim Militär vielleicht). Fraglich für die Ehe. – Progr. E?, G.

Oktober:

1. 7° ♎, 187° = K, W, S: wie in 1, 3 und 6° ♎. Dazu bei S: evtl. beruflich Arzt (Operateur), speziell auch für Ohrenleiden. – Progr. E?, G.

2. 8° ♎, 188° = K: breitschultrig, oft groß dabei, helle Haut, blondes bis dunkelblondes Haar, oftmals Schönheiten. Gesund. Viel Lebenskraft. – W: beweglich, schnell entschlossen, intelligent, Handlungsgeschäften nicht abgeneigt, je nach der Umgebung steif oder salopp, gutmütig, aber Vorteile nicht gerne aus der Hand gebend, sportlich interessiert, guter Familienvater, schönheitsliebend, bei aller Begeisterung praktisch denkend und spekulativ, Sinn für Wohnkultur. – S: Meistens intensiv arbeitende und gutsituierte Eltern. Wenig Geschwister. Günstiger Bildungsweg. Gutes Auskommen. Geschäfte nebenbei. Evtl. Heirat in eine Familie, die im Blute ungünstig gemischt ist. Ehekrisen möglich. Hohes Alter möglich. – Progr. E, G.

3. 9° ♎, 189° = K: wie in 8° ♎. Dazu evtl. Neigung zu Leberkrankheiten. – W: dazu oft melancholisch zwischendurch. Musik hilft dagegen. Sehr entwickeltes Schönheitsgefühl. – S: dazu sehr umschwärmt und verehrt. Evtl. mischrassigen Partner (oder solche Partnerin). Schwierigkeiten in der Ehe. Möglich sind nennenswerte Erbschaften. – Progr. E, G.

4. 10° ♎, 190° = K, W, S: wie in 8 und 9° ♎, Schönheit, Weisheit, triebhaftig, aber alles schärfer und klarer betont. – Progr. E, G.

5. 11° ♎, 191° = K: etwa wie in 10° ♎, aber meistens etwas kleiner, mehr schlank und meistens dunklere Haut und dunkleres Haar. Evtl. Hemmungen in der Arbeit der Leber und der Galle sind zeitweilig möglich. – W: wie in 8 und 9° ♎ etwa, aber im Wesen schärfer und mehr im Streben vom Kopfdenken geleitet. Kaufmännische Ader. Intelligent und immer sich fortbildend und Pläne schmiedend. Ge-

schäftlich spekulativ und bei manchen auch gewagt. Vielerlei Stimmungen. – S: Meistens in mittleren und kleinen Verhältnissen aufgewachsen, vielleicht auch mehrmals Berufswechsel. Ein Auf und Ab im Leben ist möglich. Evtl. sog. Mußehe. Tüchtiger Partner (oder Partnerin). Wenig oder 2 Kinder. Der Bestand der Ehe kann unsicher sein. – Progr. E, G.

6. 12° ♎, 192° = K: Wahrschenilich mittlere bis kleinere Figur, weiße bis dunkle Haut und mehr dunkles Haar. Im allgemeinen gesund, selten krank. Viele sind Brillenträger. Veranlagt zu Kopfschmerzen hier und da. Aussicht auf ein hohes Alter. – W: intelligent, schlagfertig, beweglich, schnell arbeitend, oft scharf in der Ausdrucksweise, oft unnötig aufgeregt und berechnend, auf Rechte pochend, gerne vorbauend, in der Öffentlichkeit eine gute Figur hinstellend, daheim gerne regierend, was aber nicht immer gut ist, sich bildend, auf Formen achtend, geschmackvoll gekleidet, meistens aktiv und Pläne verfolgend. Gerne mißtrauisch, aber nicht immer am rechten Platz. Zeitweise „romantisch". Hier und da Neigung zu Abenteuern. – S: in den meisten Fällen fleißige Eltern und bei ihnen ein gewisser Wohlstand. Die Abstammung des einen Elternteils kann etwas international gefärbt sein, und da weiß man nicht immer, was im Erbgut steckt. Darum Überraschungen im Schicksalsablauf. Wenig Geschwister zumeist, nicht viel Verbindungen mit ihnen. Gute Schulzeugnisse, evtl. erfolgreiches Studium, aber alles kann durch das Liebesleben umgeworfen werden. Mehrere Ehen wahrscheinlich. Die erste Ehe (meistens nur kurz) wird vielleicht durch Tod oder Scheidung beendet, außer die Sonne hat sehr gute Aspekte oder andere Konstellationen verneinen das. Auch die zweite Ehe kann noch gefährdet sein, oder es dreht sich um ein eheähnliches Verhältnis. Erst die dritte Ehe (wenn noch eine geschlossen wird) hält besser. Diese Änderungen liegen nicht immer (ganz) im Verhalten der (des) hier Geborenen, sondern sind meistens schicksalsbedingt. Ist der ins Auge gefaßte Partner (Partnerin) in den Tagen 6.–9. Oktober geboren, so läßt man am besten durch einen tüchtigen Astrologen die beiden Horoskope vergleichen. Hundertprozentig treffen die vorstehenden Angaben nicht zu, aber aufgrund meiner etwa 50jährigen Erfahrung doch wohl zu 85 Prozent. Im übrigen: Heirat in

eine Beamtenfamilie ist möglich, oder in Familien selbständiger Geschäftsleute oder Juristen oder Journalisten. Keine oder wenig Kinder. Oftmals auch Krebstod bei Eltern und Vorfahren (ohne Gewähr). Damit habe ich aber nicht behauptet, daß bei den in diesen Tagen Geborenen der Tod durch eine Krebskrankheit erfolgt. – Progr. E, G.

7. 13° ♎, 193° = K, W, S: wie in 12° ♎, aber alles schärfer und eindeutiger. – Progr. E, G. (Diätismus)

8. 14° ♎, 194° = K, W, S: wie in 12° ♎, aber alles viel schärfer und eindeutiger zutreffend. Auch uneheliche Geburt möglich. – Progr. E, G.

9. 15° ♎, 195° = K, W, S: die Einflüsse, wie sie in 12 bis 14° ♎ vorliegen, liegen hier noch etwas vor, klingen aber nun etwas ab. Immerhin wirken sie meistens noch. Es ist also Vorsicht geboten. – Progr. E, G. Ehe von kurzer Dauer.

10. 16° ♎, 196° = K: meistens mehr vollere und größere Figur, blonde bis dunkle Haare. Etwas Gefahr für die Augen, sonst Gesundheit und die Erreichung eines hohen Alters wahrscheinlich. – W: intelligent, umsichtig, mutig, einige sehr schweigsam, beharrlich, ernst, behilflich, treu den Freunden oder durch gleiche Gesinnung Verbundenen, diplomatisches Vorgehen. – S: oftmals Aufstieg aus etwas „kleinen" Verhältnissen durch Entfaltung des ursprünglichen Wesens, Hilfe durch hochstehende Personen und Förderung, wirtschaftlicher Aufstieg bis zu sehr großen Erfolgen. Aber Gefahr für alles Errungene durch Menschen aus der nahen Umgebung, evtl. durch Verwandte. Hier ist Vorsicht geboten. Im Alter von 4 Jahren vielleicht ein bedeutsamer Todesfall in der Familie oder der Umgebung und eigene Anfälligkeit für Krankheiten. In der Liebe geht man in der Jugend leicht am Glück vorbei und erbt dadurch Gegnerschaft. – Progr. E, G.

11. 17° ♎, 197° = K, W, S: Ähnlich wie in 16° ♎, aber die Figur etwas voller und mehr blonde Haare. – S: der wichtige Todesfall etwa im Alter von 3 Jahren und eigene Anfälligkeit für Krankheiten. Sonst das gleiche wie in 16° ♎. – Progr. E, G.

12. 18° ♎, 198° = K: hier ist die Größe unterschiedlich. Es überwiegt die große schlanke Figur. Meistens blonde, blauäugige Menschen, oftmals Schönheiten. – W: Intelligent, und klug, sensibel, verschwiegen, kunstliebend, selten etwas übertreibend, fleißig und geschickt. Familiensinn und Elternliebe. – S: meistens in guten Verhältnissen aufgewachsen, wenn auch hier und da erstes Kind in einer sog. Mußehe. Etwas schüchtern in Anbahnungen, leicht so etwas wie eine Blamage in Liebesangelegenheiten, aber ohne eigene Schuld. Wenn Heirat, dann oft eine Ehe mit einem Partner (einer Partnerin), der (die) sich in Widerspruch zu allgemein öffentlich anerkannten Ansichten stellt. Sonst steht die eigene Persönlichkeit in allgemeiner Achtung und erfährt auch Förderung von maßgeblicher Seite. Eine finanziell gesicherte Lage läßt sich erreichen und ebenso ein hohes Alter. Nicht viel Kinder. – Progr. E, G.

13. 19° ♎, 199° = K, W, S: wie in 18° ♎ im allgemeinen. Das Herz und die Augen sollten nicht überanstrengt werden. – Progr. E, G.

14. 20° ♎, 200° = K: entweder große schlanke Figur mit schwarzem bis dunklem Haar, oder mehr kleinere, manchmal breitschultrige oder auch graziöse Gestalt mit dunklem Haar, zeitweise etwas vollere Figur. Im allgemeinen gesund und sehr zähe. Ein hohes Alter kann erreicht werden. – W: Ruhig bis sehr ruhig im Auftreten, intelligent, klug, abwartend, fleißig und oft sehr aufopfernd. Hält sehr auf Formen und guten Ruf. Oftmals eine gewisse konservative Einstellung. Unentwickelte neigen etwas zur Prahlerei und überspitztem Ehrgefühl. Einige entwickeln unbändiges Streben nach Macht, scheitern aber meistens darin oder binden sich selber zu sehr. Alles Militärische kann einige begeistern, ohne Selbstkontrolle können sie hier und da auch toben. Vieles ist von der seelischen Reife abhängig. – S: die mit schlanker, großer Figur beschenkten schwarzhaarigen Menschen mit diesem Sonnenstande werden meistens in einer begüterten Familie mit materiellen, oft scheinfrommen und konservativen Einstellungen geboren. Entsprechend wird auch geheiratet und gelebt. Ihr Besitz hat sie. Arbeit, Sparsamkeit, frommes Getue und Bremsung aller vorwärtsstrebenden Kräfte (außer man kann sie selbst ausnützen) hintenherum sind ihre Methoden und Kennzeichen. Wenig Kinder meistens, die es nicht leicht

haben. – Der kleinere, hier und da breitschultrige Typ ist mehr der Stürmer, der sich eine größere Jugendlichkeit und Beweglichkeit bewahrt. Er hat materielle Erfolge, wenn er Maß hält. Sonst macht er sich zu viel Feinde. Bis drei bis fünf Kinder, selten mehr. – Der mehr graziöse Typ ist bereit, Lasten und Opfer auf sich zu nehmen und ist, ohne selbst hervortreten zu wollen, doch der Mittelpunkt der Familie und der Umgebung. Zähe, sorglich, aber auch offen bei kritischen Aussprachen. Gesicherte, wenn auch nicht gerade üppige Existenz. Ein hohes Alter ist zu erreichen. Meistens wenig Kinder. – Progr. E, G.

15. 21° ♎, 201° = K, W, S: ähnlich wie in 20° ♎, aber nicht mehr so scharf ausgeprägt. – Progr. E, G.

16. 22° ♎, 202° = K: meistens schlank oder gute Mittelfigur und meistens blondes Haar. Gute Lebenskraft, aber auch Erbkrankheiten in der Familie. Bei vernünftiger Lebensweise ist ein hohes Lebensalter erreichbar. – W: ruhig, überlegend, arbeitsam, zurückhaltend, sorglich, liebenswürdig, einteilend, will anerkannt sein. – S: das Schicksal verläuft zumeist in den ruhigen Linien der Mittelschicht der Bevölkerung. Fleiß und Geschicklichkeit geben die Aussicht auf ein gutes Einkommen. Heirat mit 23 oder 27 Jahren ist am besten. Wenig Kinder zumeist. – Progr. E, G?

17. 23° ♎, 203° = K: oftmals breitschultrig und starkknochig, meistens blondes Haar. Viel Lebenskraft, aber vielleicht Zirkulationshemmungen. Evtl. Erbkrankheiten. – W: meistens gesetzt, ruhig, abwägend, ordentlich, verschwiegen, klug, strebend, vielseitig interessiert, kunstliebend, forschend. – S: meistens in ziemlich guten Verhältnissen aufgewachsen, oft Umzüge in der Jugend, Heiratsmöglichkeit u. a. mit 22 und 26 Jahren, geordnete Verhältnisse, selten viel Kinder. Vorsichtige Diät ist anzuraten, da ungünstige Erbveranlagung sich ungut auswirken kann. – Progr. E, G.

18. 24° ♎, 204° = K, W, S: wie in 23° ♎ im allgemeinen. Mehr Temperament. Weniger bedachtsam. – Progr. E, G.

19. 25° ♎, 205° = K: oftmals etwas größer, ausgereift breitschultriger, viel Lebenskraft, Aussicht auf ein hohes Alter. – W: philosophisch, suchend, forschend, intuitiv, vielseitig interessiert, geschickt, beredt, temperamentvoll, evtl. leidenschaftlich veranlagt, freiheitlich gesinnt, kühn, will sich durchsetzen, sehr entwicklungsfähig. Sollte wissen, was er will. – S: meistens aus einer früher adeligen, aber verarmten Familie stammend, ungenügende Schulbildung wird überwunden. Aufstieg durch Fleiß und Wechsel, auch Berufswechsel evtl., sollte mehr schweigen. Gefahr durch Vergiftung und politische Verfolgung, in der Jugend meist in der Liebe betrogen, Heirat in eigenartigen Verhältnissen meistens mit 24 Jahren, Krise mit 29 Jahren. Aufstieg wohl nach den 36er Jahren, evtl. 2 Ehen oder mehr, nicht viel Kinder. – Progr. E, G!

20. 26° ♎, 206° = K: meistens sehr schlanke Figur und oft über mittelgroß. Viel Lebenskraft. Aussicht auf ein hohes Alter. Auf die Leberfunktion ist zu achten. – W: ernst, ruhig und zurückhaltend. Ziemlich intelligent, strebend, ordentlich, genau, fleißig. Geeignet für Büro- oder Beamtenposten, auch für freie Berufe. Etwas spekulativ. – S: Abstammend aus blutlich guter Familie zumeist. Nach den Kinderkrankheiten gesund. In der Jugend wahrscheinlich Enttäuschungen in der Liebe, weil da wenig zielbewußt aus zu großen anerzogenen Hemmungen. Ordnet sich in der Ehe gerne unter. Partner (Partnerin) meistens dunkelhaarig und lange rotbackig. Ruhige Ehe zumeist und wenig oder keine Kinder. Meistens sichere und dauernde einträgliche Existenz. – Progr. E, G.

21. 27° ♎, 207° = K: wie in 26° ♎. Künstlerische Neigungen und Fähigkeiten. Abneigungen gegen militärische Strömungen. Fein herausgearbeitete Individualität oftmals. Feinsinnig, rechtlich, Unmoralisches meistens verabscheuend. – S: Ähnlich wie in 26° ♎. Evtl. Gelegenheit zu einer finanziell sehr günstigen Heirat, mit besonderer Note. Partner (Partnerin) meistens dunkelhaarig und kleiner in der Figur, dabei vielleicht etwas überspitzt religiösen oder moralischen Ideen nachhängend. Wenig oder keine Kinder. – Progr. E, G.

22. 28° ♎, 208° = K: meistens schlanker als in 27° ♎. – W: Wie in 27° ♎, aber alles viel schärfer ausgeprägt. – S: wie in 27° ♎, aber alles schärfer betont. Evtl. reformatorisch oder aufrüttelnd tätig auf irgendeinem Gebiete, auch in der Politik vielleicht. Hohes Alter läßt sich erreichen. – Progr. E, G.

23. 29° ♎, 209° = K: meistens über mittelgroß, in der Jugend schlank, später meistens breitschultrig, auch voller. Viel Lebenskraft. Einige haben eine empfindliche Lunge und sollten Erkältungen vermeiden. – W: Ruhig, ernst, zurückhaltend, intelligent bis schlau, zielbewußt, strebend, muß evtl. etwas aufgemuntert werden, fleißig, ordentlich, gegen Formen selten verstoßend, oftmals interessiert für Okkultes, läßt sich in der Ehe oft viel sagen. – S: meistens aus blutlich guter Familie, Vater meistens selbständig und lange lebend. Selbst oftmals in einen Nebenberuf übergehend. – S: Braucht zumeist viel Liebe. Heiratet hier und da vielleicht in eine Familie, die rassisch ungünstig gemischt ist und daher oftmals später Schwierigkeiten mit den Kindern. In der Ehe vielleicht verschiedene Konfessionen, was sich aber wohl wenig bemerkbar macht. Beruflich erträgliche Lage. Familiär erhält der Idealismus der (des) Geborenen immer wieder Ruhe und Harmonie. Evtl. mittleres bis hohes Alter. – Progr. E, G.

Der Stand der Sonne am Geburtstag gilt für das 1. Lebensjahr (und für das ganze Leben); der Stand der Sonne an jedem weiteren Tage gilt für ein weiteres Jahr; jedes weitere Jahr = ein Tag.

Zum Wesen und Schicksal der Skorpion-Geborenen

Mit dem 24. Oktober tritt die Sonne in das Zeichen Skorpion und durchläuft dieses Zeichen bis zum 22. November, um dann am 23. November in das Zeichen Schütze zu wandern. Die in den Tagen vom 24. Oktober bis zum 22. November Geborenen haben aus diesem Grunde in ihrem Geburts-Horoskop die Sonne im Zeichen Skorpion, und man nennt sie daher „Skorpion-Geborene".

Das Zeichen Skorpion gehört nach der alten Regel zu den „festen" Zeichen, zu denen man auch noch das Zeichen Stier, Löwe und Wassermann rechnet. Diese Zeichen bilden, vereint mit dem Zeichen Skorpion, das feste Kreuz.

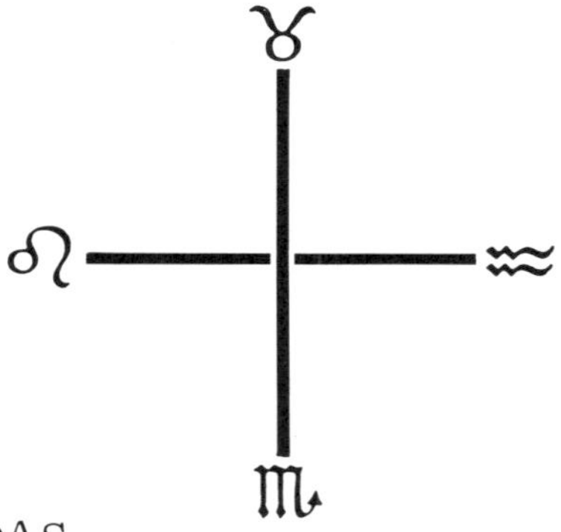

DAS
FESTE KREUZ

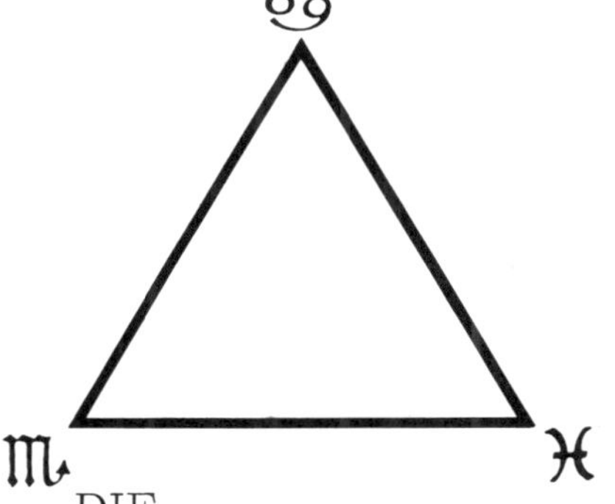

DIE
WASSER-ZEICHEN

Über die Eigenart der sogenannten festen Zeichen habe ich bei der Besprechung der anderen Tierkreis-Zeichen schon einiges gesagt und muß hier auf die dort gegebenen Ausführungen hinweisen.

Aber auch in anderer Weise wird das Zeichen Skorpion noch eingeordnet. Entsprechend der Unterscheidung der „Elemente" der Alten galt das Zeichen Skorpion von jeher als „Wasser-Zeichen". – Die anderen Wasser-Zeichen sind bekanntlich die Zeichen Krebs und Fische. Zusammen mit dem Zeichen Skorpion bilden diese beiden Zeichen das „wässrige" Dreieck oder Trigon im Tierkreisgürtel. – Wenn nun die Alten bei ihren Bezeichnungen vom Astralen ausgingen, bleibt doch eigentümlich, daß man Krebs-, Skorpion- und Fische-Geborene zumeist leichthin als in einem „Wasser-Zeichen" geboren daran erkennt, daß sie mehr oder weniger feuchte Hände haben, die Krebs-Geborenen meistens nur dann, wenn sie erregt sind.

Wie bekannt, stehen die Tierkreis-Zeichen in Beziehungen zu den einzelnen Zonen und Organen des menschlichen Körpers. Wie der Kopf dem Zeichen Widder untersteht und der Hals dem Zeichen Stier, wie die Arme und die obere Lunge dem Zeichen Zwillinge usw., so unterstehen die Sexual-Organe, die Blase, das Gesäß und der Unterleib dem Zeichen Skorpion. – Da das korrespondierende Zeichen bei Sonnenbesetzung eine Überfüllung der entsprechenden Körperzone und ihrer Organe mit dem Lebenssaft, dem Blute, hervorruft, ist das in Hinsicht auf den Unterleib und seine Organe bei den Skorpion-Geborenen der Fall. Wenn man sich die Funktion der hier vorliegenden Organe vergegenwärtigt, so ist das auch klar.

Als Herrscher des Zeichens Skorpion wird im allgemeinen der „heiße" Planet Mars angesehen. Ich fand, daß aber auch der Saturn eine sehr große Rolle in diesem Zeichen spielt. – Ohne Frage ist das Zeichen Skorpion das feurigste der Wasserzeichen. Aber die Häufung von rothaarigen Menschen im Zeichen Skorpion schreibe ich mehr dem Einfluß des Saturn zu. Schwarzes Haar kommt auch unter dem Einfluß des Planeten Mars zustande. – Wie wir wissen, untersteht auch das Zeichen Widder dem Einfluß des Planeten Mars, nach der Ansicht der Alten. Aber der Mars wirkt im Zeichen Widder anders als im Zeichen Skorpion, mehr impulsiv, in seiner Energie schneller zerflatternd und mehr unüberlegt, während der Mars im Zeichen Skorpion mehr überlegend, nachhaltiger und rücksichtsloser sich auszudrücken pflegt. – Wie bekannt, suchte der Feldherr Tilly im Dreißigjährigen Krieg vor der Erstürmung Magdeburgs die Skorpion-Geborenen dazu aus, Diesen gelang dann die Einnahme der Stadt, die lange Zeit vorher der Eroberung widerstanden hatte.

Wenn wir uns den kosmischen Menschen ausgestreckt vorstellen vom Zeichen Widder aus bis zum Zeichen Fische, so ist Widder der Kopf mit dem Denkapparat, Stier der Hals mit dem Sprechapparat, Zwillinge die obere Lunge und die Arme mit dem Atmungsapparat und den Armen, Händen und Fingern, Krebs der Magen als Verdauungsapparat, und so die anderen Zeichen, die jeweils besondere Organe und Tätigkeiten bilden und veranlassen. – Das Zeichen Skorpion beeinflußt nun den Unterleib, und ihm unterstehen die grobe Ausscheidung wie auch die Zeugung und die Fortpflanzung. Also ist das Zeichen Skorpion ein schöpferisches Zeichen. Ein schöpferisches Zeichen ist aber auch das gegenüberlegende Zeichen Stier. – Wirkt das Zeichen Skorpion schöpferisch durch die Zeugung, so wirkt das Zeichen Stier durch das Wort, das schöpferische Wort. Formt sich in der Gebärmutter das werdende Lebewesen, so formt sich im Kehlkopf durch die Einstellung der Stimmbänder im Verein mit der besonderen Stellung der Sprachorgane die magische Sprache, die alles rundum zu gestalten imstande ist. Skorpion und Stier sind also magische Zeichen. Eine Achse magischer Werte und Fähigkeiten erstreckt sich vom Zeichen Stier hinüber zum Zeichen Skorpion. Der eine Pol ist im Kehlkopf, der andere in den Sexualorganen. Zwischen beiden, dem „Adams"-Apfel und dem Steißbein, ist die „Schlange", das Rückgrat, mitsamt seiner Durchflechtung mit Nerven und Besetzung mit Nervenknoten oder „Siegeln", ein einziges Antennen-System. Beide Pole sind Lebenszentren. Der eine Pol wirkt auf den anderen. Beide sind voneinander abhängig. Störungen in den Sexualorganen wirken darum auch auf den Kehlkopf und die Sprache oder deren Klang. Man hört es deswegen oftmals sofort, wenn bei Sprechenden der Unterleib nicht in Ordnung ist, und in der Pubertätszeit tritt der „Stimmbruch" auf. Einmal piepsen da die Jünglinge wie kleine Mädchen, das andere Mal klingt die Stimme wie aus einem tiefen Keller im männlichen Baß.

Wie nun das Zeichen Skorpion das Zeichen der Zeugung und der Fortpflanzung und der Geburt ist, so ist dieses Zeichen selbstverständlich dann auch das Zeichen der Lebenserhaltung. Wer nicht nur in der Jugend, sondern auch später seine heiligen Säfte vergeudet, kann sich zum Vollmenschen nicht entwickeln, entmannt sich selbst, ist allen möglichen gesundheitlichen Krisen ausgesetzt und verkürzt sich sein Leben. Gewiß gibt es Ausnahmen. Es kommt vor, daß einer von den Eltern her viel Geld auf der Bank hat, aber auch dann kann nur Sparsamkeit das Kapital erhalten und rechtes Vorgehen das Kapital vermehren. Für den Durchschnitt gilt jedenfalls das vorstehend Gesagte, und Ausnahmen sind sehr selten. Sparen mit den heiligen Säften ist überhaupt der erste Schritt auf dem Weg zur Höherentwicklung.

Bedenken wir: Der Körper des eigentlichen Menschen ist fluidaler, elektrischer Art. Dieser Körper strahlt eigenes Licht ab, ist fast durchsichtig und hat ein geringes Gewicht. Seine Wohnung ist der weite All-Raum. Er lebt ewig. – Für die Zeit, in der der Mensch hier auf der Erde oder auf einem anderen Planeten weilt, beschwert sich der Mensch mit denjenigen Stoffen, die er dem entsprechenden Planeten entnimmt. Will er wieder frei sein, hat er keine Ausicht mehr, sich auf der Erde oder auf einem anderen Planeten, auf dem er dieses Mal ist, seelisch und geistig höher zu entwickeln, so macht er sich von dem schweren, festen, physischen Körper frei und strebt wieder in den Himmel, in den Allraum zurück, in diejenige Schwingungszone, der er nach seiner Eigenart und seinem Entwicklungsstande entspricht. – Dort ist, wenn auch in anderer Art, der elektrische Leib des eigentlichen Menschen von elektrischen Strahlen und Wellen und Werten umgeben, die auch in ihn hineindringen. Diesen Einwirkungen elektrischer Art ist auch der physische Körper, der Erdenleib ausgesetzt. Zum Teil gehen die elektrischen Strahlen und Wellen durch den Körper hindurch, zum Teil finden sie aber auch in diesem irdischen Körper Anklang und Umformung. Sie fließen entlang den inneren und äußeren Häuten, werden auch von den Nerven aufgenommen und weitergeleitet und werden in den Drüsen umgeformt zu Drüsensekreten (Drüsenabsonderungen, Drüsensäften) und steuern die Tätigkeit aller Organe und Funktionen des Körpers. Das Einstrahlen und die fördernde Verteilung dieser Ströme kann durch Runenübungen verstärkt werden. – Die Zusammenfassung aller Drüsenwirkungen haben wir nun in unseren Sexualsäften. Diese dienen nicht nur der Fortpflanzung auf irdischem, sondern auch der „Fortpflanzung", der Weiterentwicklung auf himmlischem Plane! – Diese „lebendigen Wässer des Lebens" müssen gespart werden durch entsprechendes Denken ätherisiert und umgeformt werden, damit sie wieder werden, was sie vorher waren: Strahlung, die den ganzen Körper durchzieht, gesund erhält und umwandelt in seiner Eigenart, bis der Zustand der „Wiedergeburt" erreicht ist, den die Wissenden aller Zeiten, auch der heutigen Zeit, erstrebten und erstreben. –

Ich glaube, daß ich so vorstehend in kürzester Form und allgemeinverständlich den Höhenweg des Menschen und die Wichtigkeit der heiligen Säfte und alles andere erklärt und bewiesen habe. – Alle echten Religions-Lehren aller Zeiten weisen auf diese Zusammenhänge hin und zeigen auf ihre Art auch die Wege zum endlichen Ziel, das ein jeder Mensch doch einmal in irgendeiner Wiederverkörperung erreichen muß, auf. – Leider haben aber zu allen Zeiten irdisch-materielle Interessen in kirchlichen und anderen Organisationen dafür gesorgt, daß diese einfache Wahrheit der großen Masse des Volkes nur verhüllt und in für die Machttriebe der Kirchen ungefährlichem Maße gegeben wird. So war zu allen Zeiten der Strebende gezwungen, offen oder getarnt seine eigenen Wege zu Gott einzuschlagen und trotz aller Nachteile und Verfolgungen durchzusetzen. („Sei getreu bis in den Tod, so will ich dir die Krone des Lebens geben!“) –

Das Zeichen Skorpion ist also ein heiliges Zeichen! – Der Mensch ist ein geistiges und ewiges Wesen. – Wie könnte unheilig sein diejenige Stätte des Körpers, in der der aus Gott stammende Geist sich das Werkzeug für ein neues Erdenleben, seinen fleischlichen Körper nach seinen eigenen Ideen und Maßstäben in größter Feinheit und Zweckmäßigkeit und Zielgerichtetheit selbst erbaut? – Ja, als sich wieder neu verkörperndes Wesen bestimmt dieser Geist, der sich diese Mutter auswählte, sogar die Nahrungswahl der Mutter. – Und wie uns unsere Mutter heilig ist, so ist uns auch jede Mutter heilig. Ob arm oder reich, ob „ungebildet“ oder „gebildet“, jede Mutter, der wir begegnen, immer ist sie uns heilig, und heilig ist der Leib, den göttlicher Geist in weiser Voraussicht erbaute, um sich auf Erden einkörpern zu können. Diese Einstellung, diese Ehrfurcht vor dem Mysterium der Mannschaft, gibt uns auch die richtige Stellungnahme, die den Problemen des Zeichens Skorpion in natürlicher und deshalb wirklich klärender und fördernder Weise gerecht wird.

Deshalb wenden wir uns gegen Prüderie und Muckertum ebenso gut wie gegen alle Bestrebungen, die aus rassenpolitischen Gründen und aus dem Bestreben, Geld zusammenzuscharren, bei der Jugend und im Volke ebenso sehr wie an den Kreisen der Kunst das Erotische in einer Art überbetonen und behandeln, die die Jugend und das Volk und die sogenannten gebildeten Kreise zur Vergeudung der heiligen Säfte über alle Maßen anreizt! – Die Kreise der Mucker, wie die Kreise, die die Zügellosigkeit begünstigen und absichtlich vorantreiben, sind die Vergifter der Zukunft der arischen Völker, die sie in ihrer Wertigkeit und ihrem Bestand bewußt schädigen. – Menschen, die ihre heiligen Säfte nicht achten und verschleudern, erledigen nicht nur sich körperlich und geistig, sondern schädigen auch ihre Nachkommenschaft, wenn sie überhaupt Nachkommenschaft haben. Dazu kommt das Heer derjenigen, die sich Krankheiten zuziehen oder die kein Urteilsvermögen mehr haben, das dümmste Stimmvieh für die alles versprechenden und nichts haltenden Politiker.

Es ist verkehrt, wenn man glaubt, daß der Mensch als „Erdenwurm“ sich nur mit den Dingen und Handhaben dieser Erde befassen und jede magische Betätigung vermeiden, ja ablehnen soll. Es sähe auf der Erde anders und besser aus, wenn das Volk und im Volke ein jeder sich magisch wirkend und mit vollem und klarem Bewußtsein und in guter Richtung betätigen würde! Das wissen die jetzigen „Herren der Welt“ auch ganz genau. Deshalb wird einerseits immer vor der Magie „gewarnt“, indem man den magisch wirkenden Menschen allerlei Böses andichtet – andererseits macht man die Magie lächerlich, und zum dritten „erzieht“ man das Volk zum Dulden und Erdulden aller Verbrechen, die die „Herren der Welt“ an den Völkern verüben.

Die Skorpion-Menschen sitzen an dem Brunnen des Lebens wie die Prinzessin, die an einem Brunnen mit einer goldenen Kugel spielte, die ihr dann in den Brunnen fiel. Ein Frosch, der aus dem Brunnen auftauchte, erbot sich, ihr die goldene Kugel wieder heraufzuholen, wenn sie ihm das Versprechen gäbe, sie zu heiraten. Das bejahte sie. Als nun der Frosch ihr die goldene Kugel wieder übergeben hatte, tat ihr das Versprechen leid, aber der Frosch folgte ihr nach. Nach Ansicht des Vaters mußte sie aber halten, was sie versprochen hatte. Als der Frosch nun zu ihr ins Bett hüpfte und sich an sie drängte, warf sie das eklich-kalt-schlüpfrige Tier an die Wand. Da verwandelte sich der Frosch in einen Prinzen, und dann wurde die Hochzeit gefeiert. – Kurz sei das Märchen erzählt: Die Prinzessin ist die Seele, der Brunnen enthält die Lebenswässer des Zeichens Skorpion, die goldene Kugel ist der Impuls, der reine Impuls des Herzens. Aber die Prinzessin spielt mit diesen Herzimpulsen. Sie gehen unter im Trieb (im Wasser des Brunnens). Da erscheint der Frosch (der in Norddeutschland auch „Poag“ und „Quadder“ heißt), ein Symboltier des Zeichens Skorpion, und fragt nach der Ursache des Leidens. Er verlangt die Ehe mit ihr, wenn er ihr die Kugel, die reinen Herzimpulse wieder verschafft (im Wasser des Skorpions müssen sich die Triebe klären, die Sexualsäfte müssen umgewandelt, transformiert werden). Nachher will sie ihr Versprechen nicht halten. Aber jedes Versprechen, jedes Gelübde galt als (und ist heute noch eine) magische Handlung, die für die Zukunft den Willen bindet. Deswegen verlangt ihr Vater (ihr Geist – und Geist = Wille, und den Willen hatte sie für die Zukunft festgelegt), daß sie ihr Versprechen hält. Als sie nun den Frosch an die Wand wirft, kommt ihr Ich zu einer Steigerung, und sie erkennt in dem jetzt verwandelten Frosch, der sich nun als Prinz zeigt, ihre höhere Seele an. –

Interessant und bemerkenswert und aufschlußreich ist, daß in Richard

Wagners Oper „Die Meistersinger von Nürnberg“ in dieser alten Nornenstadt an der Peg(e)nitz der „Rats-Herr“, der letzten Endes die Vereinigung der beiden Liebenden einleitet und bejaht. auch „Poogner“ heißt. –

So ist den Menschen des Zeichens Skorpion die Tür offen zum Höhenweg, denn das Zeichen Skorpion ist das Zeichen der Magie, der Umformung, der Neuformung und der Neugeburt. Das Zeichen Skorpion ist ein über dieses Leben und über dieses Erdendasein hinausreichendes und bestimmendes Zeichen. Das Zeichen Skorpion ist ein adeliges Zeichen, soweit die von ihm beeinflußten Menschen die Gebiete der Magie beschreiten und richtig in ihnen wandeln. Adelig sind so alle Magier, und ohne Magie gibt es keinen Adel, am wenigsten einen Geistesadel. Adel kann uns durch Geburt naheliegen (der Stand spielt keine Rolle), edel kann nur der werden, der sich veredelt und so den Adel erringt, eine Entwicklungsstufe, deren Aufgabe das selbstlose Wirken in den höheren Sphären ist, um von dort aus das Geschehen auf dieser Erde zu leiten. –

Der Herrscher des Zeichens Skorpion ist der Planet, den wir den „Mars“ nennen. Mars ist auch Lux, ist auch Prometheus, der Lichtbringer. Mars ist auch der Läuterer (Luther ist Skorpion-Geborener gewesen), er ist auch der Glänzende, der Schillernde (Schiller war ebenfalls Skorpion-Geborener). Feurig und scharf kann das Wesen des Mars sein, also auch das Wesen der Skorpion-Geborenen, und oft hängt er seiner Rede, sie mag noch so verträglich sein, eine (grundsätzliche, scharfe) Spitze an. –

Die Skorpion-Geborenen haben durchweg meistens einen starken Willen, gehen gerne bestimmt und oftmals kühn vor, weichen vor Gefahren nicht so leicht zurück, suchen eher Gefahren und können bei Widerstand streitsüchtig werden. Sie erregen sich nicht so rasch wie viele Widder-Geborene, wenn sie aber einmal Stellung bezogen haben, so halten sie meistens daran fest. Ihre Unversöhnlichkeit kann zu einem Dauerzustand ausarten. – Da das Zeichen Skorpion ein sogenanntes Wasserzeichen ist, ist es auch ein Stimmungszeichen. Innere Bilder, die der sehr regen Phantasie entspringen, können die Skorpion-Geborenen schweigsam und phlegmatisch und über die Maßen träumerisch erscheinen lassen. Das hält sie nicht davon ab, ihre Arbeit zu lieben. Skorpion-Geborene können etwas gewalttätig sein, auch gegen ihren eigenen Körper, indem sie ihn durch ein Übermaß an Arbeit oder Sinnengenuß schädigen.

Das Ich ist meistens stark betont. Daher können sie sehr bestimmt auftreten und andere dadurch verblüffen. Sie können auch schmeicheln und in Reden tänzeln, wo sie klar denkende Gegner vor sich haben. Die Erreichung ihres Zieles ist ihnen die Hauptsache, in der Methode des Vorgehens wechseln sie ab, je nachdem. Daher können Skorpion-Geborene auch wegen rücksichtslosen Vorgehens unbeliebt oder gar gefürchtet sein. Daher können sie schwer vergessen, wenn ihnen da nach ihrer Ansicht einmal Unrecht geschah. Ihre Empfindlichkeit kann sie verführen, trotz ihrer Intelligenz Zurücksetzungsgefühle zu haben, wo diese gar nicht angebracht sind. Auf der anderen Seite betonen sie gerne ihre „impulsive" Art, wo sie in Wahrheit rücksichtslos und brutal vorgingen und auf die Empfindungen anderer keine Rücksicht nahmen. Ihre hemmungslose egozentrische Einstellung bereitet ihnen daher oftmals viel Schwierigkeiten. Allzuleicht fallen sie in Extreme.

Auf der anderen Seite können diese Eigenheiten der Skorpion-Geborenen auch Gutes im Gemeinschaftsleben schaffen oder wenigstens einleiten. Da sie das Vermögen haben, mit ungemeinem Scharfblick Zusammenhänge zu durchschauen, sind sie bei ihrer Energie die Kämpfer gegen verrottete und im Autoritätsdünkel erstarrte Anschauungen und Kreise. Sie anerkennen keine Autorität, beanspruchen aber gerne, wenn sie am Ruder sind, daß ihre Autorität anerkannt wird.

Im allgemeinen setzen sich Skorpion-Geborene im Leben durch. In den Kreisen derjenigen, die an der Macht sind, finden wir viele Skorpion-Geborene. Und die Macht, die sie einmal haben, wissen sie auch meistens lange zu erhalten. In den Familien, die durch Degeneration eigentlich schon lange auf der Aussterbeliste stehen, sich aber immer wieder und sehr lange gegen den Zerfall ihres Vermögens, ihres Ansehens und ihrer Machtpositionen zu wehren verstehen, die auch die festen Stützen von Staat, Kirche und Gesellschaft sind, findet man meistens die Zeichen Skorpion durch mehrere entsprechende Planeten besetzt. – Es sind also im Zeichen Skorpion die größten Gegensätze möglich: die den ganzen Menschen durchpulsende Aktion, die mit Erfolg den Himmel förmlich erstürmt – und die bewußte heuchlerisch-durchtriebene, rücksichtslose Reaktion, die sich an die materiellen Güter dieser Erde klammert und alles zersetzt. Das gilt für den einzelnen wie im Leben der Völker und Nationen. – Erstrebenswert ist allein der Typ des entwickelten, höheren Skorpion-Geborenen, der durch Selbstkontrolle, Selbstbeherrschung, Idealismus und Reinheit den hohen Werten seines Zeichens gerecht wird, sich und der Welt ein Segen.

Besitz erringt der (die) Skorpion-Geborene gewöhnlich erst von den 30er Jahren ab. Meistens liegen zweierlei Berufe vor. Berufsveränderungen können ebenfalls auf dem Lebenswege liegen. Als Erwerbsquelle können die Eisen- und Bergwerksbranche und alles, was mit Gruben in Verbindung ist oder dort gefördert wird, in Frage kommen. Oft liegt auch eine wissenschaftliche Betätigung vor oder die Beschäftigung mit irgendeinem Gebiet der Religion oder eines Kultes. Durch die Ehe oder durch Erbschaft kann ebenfalls Eigentum hereinkommen. Auch trifft man Skorpion-Geborene oft als bekannte Redner an. Als Philosophen können sie sich einen Namen machen.

Geschwister hat der (die) Skorpion-Geborene meistens nicht sehr viel. Es können da Todesfälle schon in der Jugend vorkommen. Bei Verkehrsunfällen und in den Bergen sind da ebenfalls Gefahren gegeben.

Im Elternhause geht es meistens lebhaft her, und plötzlich kann tragisches Schicksal den Vater schädigen oder ihn hinwegraffen. – Die eigenen Kinder können ehelich oder unehelich geboren sein, darunter können auch Zwillinge sein, und die Zahl der Kinder ist bei vielen Skorpion-Geborenen nicht klein. Die Kinder sind meistens begabt und können eine große Freude des (der) Skorpion-Geborenen sein oder werden.

Ob der (die) Skorpion-Geborene unter vielen oder überhaupt unter Krankheiten zu leiden hat, ist von der Lebensweise abhängig und in den meisten Fällen Folge von Übertreibungen und Exzessen, oft auch auf sexuellem Gebiete. Sehr viel ist auch abhängig von der Gedankenrichtung, vom Wunschleben und dem Entwicklungsziel (wenn eines vorliegt), das der (die) Skorpion-Geborene sich selbst setzt. Da die Unterleibsorgane stark durchblutet sind, ist dort eine große Empfindlichkeit gegeben. Es liegt darum die Möglichkeit von Blasenkrankheiten, Sexualleiden, Hämorrhoiden, Verstopfung, Ausschlägen an den heiligen Organen und auch als Spiegelung Kehlkopfleiden, Krankheiten der Nase usw. vor. Die Reinhaltung und Pflege der heiligen Organe ist besonders für Skorpion-Geborene wichtig. Die etwas hitzige Verfassung des Blutes veranlagt zu Entzündungen, Geschwüren und Vergiftungen und plötzlichen Schwankungen der Temperatur des Blutes. Auch Gehirnleiden können auftreten. Daneben bringt der Weg des Schicksals Gefahren durch Verletzungen und Verbrennungen.

Es ist selten, daß Skorpion-Geborene ledig bleiben. Auch kommt es vor, daß zweimal geheiratet wird. Feindschaft und Rivalität können die erste

Ehe und deren Bestand in Frage stellen, Krankheiten der Ehehälfte die erste Ehe trüben. Das alles geht dem (der) Skorpion-Geborenen sehr zu Herzen. – Immer wird der (die) Skorpion-Geborene Wert auf ein harmonisches Heim legen, wenn auch oftmals der Beruf dem entgegenstehen kann. – Sehr groß ist das Interesse der Skorpion-Geborenen, besonders dann, wenn sie höher entwickelt sind, für die Gebiete und die Bestrebungen des Okkultismus und der Magie sowie für alle Fragen des Todes und des Lebens nach dem Tode. Viele dieser Skorpion-Geborenen machen auch entsprechende Übungen. Durch die Beschäftigung mit diesen Gebieten erwachsen auch oftmals Freundschaften mit hochgestellten Personen, durch die sich der (die) Skorpion-Geborene aber nicht binden lassen soll, selbst wenn Feindschaft droht. Immer soll der (die) Skorpion-Geborene den eigenen Weg gehen. Die geistigen Interessen bringen auch Verbindungen mit dem Auslande. Daraus kann sich auch eine Heirat gestalten.

Die Geschäfte der Skorpion-Geborenen besitzen, auch in der Art ihrer Handhabung und Führung, eine besondere Note. Um neue Wege und Methoden ist da keine Verlegenheit vorhanden. An Kredit fehlt es nicht. Schwer wird es da oftmals den Skorpion-Geborenen, Maß zu halten. Kritische Lagen können da in der Öffentlichkeit böses Aufsehen erregen. Der Intelligenz und Zähigkeit der Skorpion-Geborenen wird es meistens gelingen, die Klippen zu überwinden. – Freundschaften gestalten sich vielmals für Skorpion-Geborene kritisch. Freunde können sehr kritisch und kleinlich sein. Am besten ist es, wenn der Skorpion-Geborene sich auf sich selbst verläßt. – Feindschaften entstehen meistens aus Neid oder auch aus Liebesangelegenheiten der Skorpion-Geborenen. Sie können wohl Sorgen bereiten und gute Möglichkeiten beenden oder abschneiden, können aber grundlegend selten Schaden bringen, weil die Persönlichkeit des (der) Skorpion-Geborenen meist eine überragende Stärke aufweist.

Die Geburtstage vom 24.–30. Oktober weisen in Charakter und Wesensäußerung eine ganz besondere Note auf. Schlauheit und Zähigkeit sind in diesen Graden oftmals stark ausgedrückt. List und Schärfe zeigen sich gerne, wenn eine vorangetriebene Angelegenheit zu scheitern droht. In der Verfolgung ideeller Ziele wird nicht immer der richtige Weg beschritten. So kann alles ins Gegenteil ausschlagen. Auf dem Wege zum erstrebten Ziel sucht man Verbündete. Diese können zu einem üblen, verräterischen Vorgehen veranlassen. Hier kann der bisher Begünstigte seinen Wohltäter verraten und der Schüler seinen Meister. Hier kann der Vogel sein eigenes Nest beschmutzen. Idealismus kann zu irreleitendem Ehrgeiz werden. – Bedeutungslosigkeit kann sich aufblähen, kann sich mit fremden Federn schmükken wollen. – Was hier an Beispielen gesagt ist, kann sich in entsprechenden Formen einmal im Leben abspielen. – Niemals ist ein Segen in einer solchen Einstellung und Tat. Der scharfe Verstand sollte das erkennen. Hier ist Verzicht besser als die „ruhmvolle“ Tat. – Es gibt andere Aufgaben genug. Es liegen genug Widerstände auf der Lebensbahn vor. Sie können in klarer Einstellung und Großzügigkeit auch beseitigt werden. Denn es liegt immer viel Gunst und Glück vor. Das soll man sich nicht verpatzen. – In diesen Tagen werden Menschen geboren, die selten über Mittelgröße sind. Darunter sind verhältnismäßig viel goldhaarige, kupferfarbenhaarige oder mit rötlichen Haaren zwischen dunkleren. Um den 29. und die weiteren Tage sind die Haare dunkel bis schwarz. Das Verhältnis zum anderen Geschlecht kann ungewöhnliche Formen annehmen. Es werden häufig mehrere Kinder die Ernte des Lebens sein. Die materiellen Verhältnisse sind meistens gut, und Schwierigkeiten lassen sich beheben, da Fleiß vorhanden und Intelligenz. – Wohnlage: in vielen Fällen Eckhaus, oder ein Haus, neben dem freies Feld sich erstreckt.

Eine andere Art liegt bei den vom 31. Oktober bis 5. November Geborenen vor. Hier ist die Figur meistens bei Mittelgröße etwas voller und das Haar dunkel bis schwarz. Trotzdem die Persönlichkeit viel Energie ausstrahlt, liegt eine gewisse Schwermut im Wesen der in diesen Tagen Geborenen. Das Traumleben kann vielmals Bilder bringen, die mit dem Tode, Friedhöfen, Beerdigungen und dergleichen zu tun haben. Die Geborenen haben sich über einen Mangel an Feindschaften nicht zu beklagen, obgleich sie eigentlich niemandem etwas zu Leide tun. An der Vertretung ihrer Rechte werden sie oftmals durch Drohungen Mächtiger verhindert. Auch nach der Verheiratung scheidet man nicht aus dem Elternhaus. Das Familienleben ist meistens harmonisch, wenn auch die Ehehälfte etwas eigenartig sein kann. Die Beschäftigung mit der Politk kann nur Sorgen und oft große Gefahr bringen. Die Kinderzahl ist nie hoch. Wohnlage: Mitten in der Straßenzeile, oft in der Nähe eines alten Richtplatzes oder eines Friedhofes oder einer Kaserne.

Die vom 6. bis 9. November Geborenen haben Unterstützung durch Behörden und Beamte zu erwarten, auch kann er eine Beamtentochter heiraten oder sie einen Beamten. Das Leben rollt in hergebrachten, sogenannt guten Formen ab. Die materielle Lage ist meistens günstig, die Kinderzahl beschränkt. Die Geborenen sind meistens dunkel- bis schwarzhaarig. Wohnlage: in der Straßenzeile, in der Nähe einer Straßenkreuzung und eventuell Gerichtsgebäuden.

Eine ganz besondere Art zeigen die vom 10.–13. Geborenen. Besonders die vom 10. November sind sehr intelligent, rede- und schreibgewandt, lebhaft und energisch in ihrem Wesen, und diese Art verstärkt sich noch am 11. und 12. November, um am 13. etwas abzuflauen. Am 11., 12. November ist die Sonne in 19 Grad Skorpion. Von 19 Grad Stier und 19 Grad Skorpion erstreckt sich eine sehr geistige Linie quer durch den Tierkreis, die denjenigen, die an diesen Tagen geboren sind, ein sehr scharfes Unterscheidungsvermögen und eine durchdringend feurige Wesensart verleiht. Wenn sie sich nicht offen äußert, so liegt mindestens eine sehr gute philosophische Ader vor. Sehr wichtig ist das Wesen und sind die Fähigkeiten des anderen Eheteils. Das Familienleben ist meistens harmonisch und die Kinderzahl ziemlich hoch. Wohnlage: wechselnd, zeitweise mitten in der Häuserreihe und gegenüber freies Gelände oder Eckhaus.

Etwas anders geht es im Leben der vom 4.–18. November Geborenen her. Die Lebenskraft ist meistens groß, kann aber durch falsches Verhalten, spritziges und unüberlegtes Vorgehen und Exzesse sehr gemindert werden. Das Verhalten ist oft ungeduldig, gereizt, tollkühn, jähzornig, rücksichtslos, wodurch sich der (die) Geborene immer nur selbst schadet, sich untragbar für die Umgebung macht und das Leben verkürzen kann. Es kommt natürlich auch noch die Wirkung der anderen Planeten und des Aszendenten in Betracht, aber viele der in diesen Tagen Geborenen können unter diesen Zuständen leiden. Viel ist hier von der Ehehälfte abhängig. Und viel auch von der Intelligenz des Geborenen. Sie kann zur Einsicht und zur Änderung führen. Auch eine große Liebe kann hier abschleifen. Die hohe Innenspannung kann durch intensive, auch körperliche Arbeit ins rechte Fahrwasser geleitet werden. Hier und da Mußheirat. Ein etwas unruhiges Ehe- und Familienleben kann vorliegen, je nachdem. Wenig Kinder. – Wohnlage: in der Straßenzeile und in der Nähe der Straßenkreuzung. – Meistens große Figur, oft helle Haare.

Die vom 19.–22. November Geborenen haben vielmals eine ansehnliche Figur in Mittelgröße oder darüber. Die Stirne ist meistens sehr gut entwickelt, besonders bei den um den 21., 22. November Geborenen. Das Auftreten ist sehr bewußt und das Wesen wendig. Eine große Rolle spielen Verbindungen und Beziehungen. Die Intelligenz ist meistens überdurchschnittlich. Irgendwie wird Selbständigkeit erstrebt und erreicht. Der unermüdliche Fleiß und eine gute Redegabe helfen auch dazu. Die materiellen Verhältnisse verbessern sich mehr und mehr. Die Textilbranche liegt den vom 19., 20. November Geborenen nahe, eventuell auch Handel in anderen Gebieten. Auch Buchprüfer und Steuerberater findet man mit diesem Geburtstag. Die Eheleute leben oft etwas nebeneinander, aber nach außen ist die Ehe in Ordnung. Die Kinderzahl übersteigt selten die Dreierzahl. – Eine etwas andere Art haben die am 21., 22. November Geborenen. Irgendwie wird sich mit Büchern oder auch mit den Wissenschaften beschäftigt. Man kommt finanziell vorwärts. Auch hier hilft die große Intelligenz und die Redegabe. Schnell ist die Beurteilung eines Falles klar. Mit ziemlich jungen Jahren meistens sogenannte Mußehe aus Liebe. Wenn keine Mußheirat vorliegt, dann Heirat aus anderen Überlegungen. In der Ehe eventuell ein starkes Gebundensein, weil die Ehehälfte etwas rechthaberisch sein kann. Wenig oder keine Kinder. Geheimnisse. – Wohnlage für die vom 19. bis 22. November Geborenen: Eckhaus oder Nähe der Straßenkreuzung, auch wohl freie Lage.

Soweit eine kurze Betrachtung einiger der vielen Besonderheiten im Wesen und Leben der Skorpion-Geborenen unter Berücksichtigung des Sonnenortes während der Geburt. Alles in allen Feinheiten zu sagen, ist unmöglich, weil keines der Tierkreiszeichen so verschiedene Menschen und Schicksale aufweist wie das Zeichen Skorpion. In keinem anderen Zeichen gibt es auch solche Höhen und Tiefen wie in diesem Zeichen. Alles kommt hier auf die Zielrichtung und auf die Stärke des Strebens nach dem gefaßten Ziel an.

Die Grade der Sonne im Zeichen Skorpion

Geb.-Tage im Oktober	Die Sonne im Skorpion	Die Bedeutung der nachstehend verwendeten Abkürzungen:

K = Körperliche Grundlagen, Veranlagung, Lebenskraft
W = Wesensart, ihre Äußerung, Eigenheiten, Fähigkeiten
S = Schicksals-Möglichkeiten
Progr. = Progressiv (Wirkung der vorgeschrittenen Sonne)
E = Verbindungen, die zur Ehe führen können
G = Geschäftsgründung, evtl. größere Selbständigkeit

24. 0° ♏, 210° = K: meistens mittelgroß und dunkelhaarig, einige zur Fülle neigend. Oftmals schwache Muskulatur. – W: leicht melancholisch, sensibel, viel Stimmungen, ideale Grundsätze, geistig beweglich, fleißig, vielseitige Interessen, einige sehr schlau. – S: Kinderzeit in meistens guten Verhältnissen, auch meistens gute Ausbildung. Romantische Liebeserlebnisse in der Jugend und in den meisten Fällen frühe Heirat, oftmals mit etwa 19 Jahren. Dann meistens 2 Kinder und dann folgende Schwierigkeiten in der Ehe. Einige erleben zweite Ehe, die leicht ebenfalls gefährdet ist. Im allgemeinen gute finanzielle Verhältnisse. Hohes Alter ist erreichbar. – Progr. E, G. – Triebhaftig.

25. 1° ♏, 211° = K: auf die Körpergröße wirkt in diesem und den beiden nächsten Graden sehr der Mond ein. Deshalb findet man in diesen Graden eine auffällig kleine wie auch mittlere und große Figur und schmale, zarte, wie auch sehr kräftige bis massige Statur vor. Die Haare sind meistens dunkel bis schwarz in ihrer Farbe. Jedoch findet man in diesen Graden auch viele Menschen mit roten, neben solchen mit goldblonden oder reinblonden Haaren. – W: schlau, sehr intelligent, reiche Phantasie, künstlerische Fähigkeiten, vielseitig interessiert und veranlagt, malitiös, einige neigen zur Überheblichkeit, erwecken wenigstens den Anschein und bluffen auch gerne. Temperamentvoll, hier und

da spritzig, oder auch intrigant, einige auch verräterisch aus falschverstandenen Idealen oder Minderwertigkeitsstimmungen oder kleinlichem Gewinndrang. Überspitztheiten im Rechtsstandpunkt. Die Neigung, sich mit anderen zusammenzutun um Einfluß auf das wirtschaftliche, politische und kirchliche Leben und Treiben zu gewinnen und an dem Errungenen Anteil zu haben oder gesichert zu sein. Hellwach, schlagfertig und aktiv in jeder, auch heiklen Situation, Ehrgeiz sollte in richtige Bahnen geleitet werden. Vieles ist von der seelischen Reife abhängig. Selten zufrieden. Ruhelos. – S: Meistens in einer Familie mit starken blutlichen und charakterlichen Gegensätzen geboren. Eine etwas freie Erziehung. Evtl. in der frühen Jugend Verbindungen mit Boheme-Kreisen. Wahrscheinlich frühe Heirat. In der ersten Ehe zumeist 2 Kinder und einige Zufälle. In vielen Fällen auch zweite Ehe, meistens ohne Kindersegen, oder Alleinsein. Wenn nötig bei weiblichen berufliche Betätigung und im allgemeinen gesicherte Existenz. Leicht mehrere blamable Prozesse. – Progr. E, G.

26. 2° ♏, 212° = K, W, S: ähnlich wie in 1° ♏, aber alles verschärft.

27. 3° ♏, 213° = K, W, S: ähnlich wie in 1° ♏, aber alles klarer und mehr verschärft.

28. 4° ♏, 214° = K: meistens breitschultrig und dunkelhaarig. Im allgemeinen gesund, jedoch Veranlagung zu Zirkulationsstörungen. – W: ruhig, gelassen, bewußt. Noch etwas Nachklang der seelischen Eigenart der am 26. und 27. Oktober Geborenen, und zwar in inneren Spannungen mindestens. Daher meistens verschlossenes Wesen. Sehr fleißig. Immer unermüdlich tätig. Nimmt Lasten und Opfer auf sich. Strebt vorwärts und erreicht meistens auch das Ziel. In der Freizeit munter. Auch etwas dichterisch begabt. Philosophiert in der Stille, bildet sich selbst ihr (sein) Urteil. In der ganzen Familie sorglich, wenngleich das ganze Streben dem Beruf gilt. – S: oftmals in beschränkten Verhältnissen aufgewachsen. Innerhalb des Berufes Wechsel in Spezialgebiete. Auch evtl. Ausbau und Ausnutzung einer Erfindung. Einige werden sehr vermögend, auch durch Handelsunternehmngen. Durch evtl. oder etwas Einseitigkeit des Partners (der Partnerin) wohl Schwierigkeiten

in der Ehe. Selbst sollte man auch nicht zu sehr auf Rechte in der Ehe pochen. Es ist auch gut, eventuelle Bildungslücken nachträglich aufzufüllen. Sonst kann der geistig rege Partner (die geistig rege Partnerin) in der Ehe später enttäuscht sein und die Ehe kann in eine schwere Krise hineinkommen, die evtl. zur Auflösung treibt. Wiederverheiratung ist dann oft schwer oder mit der Zeit unmöglich. Wenig Kinder, die zumeist verwöhnt werden und später viel Ansprüche machen. Selbst ist ein hohes Alter zu erlangen. – Progr. E, G.

29. 5° ♏, 215° = K: die Figur ist vielleicht etwas zierlicher als in 4° ♏ und die Haare eher blonder. Evtl. etwas schwache Nerven. – W: das Wesen ist etwas lebhafter als in 4° ♏ und spielerischer. Weicher und fähig, sich von hoher seelischer Einstellung aus zu opfern. Neigung zu künstlerischer Tätigkeit, dort auch Veranlagung. Fleißig, aber auch Freude an unterhaltsamen Dingen. Legt meistens nicht sehr viel Wert auf Äußerlichkeiten, fällt aber auch nicht auf. S: In einer Umgebung aufgewachsen, in der für die Ausbildung einiges getan werden konnte. Die (der) Geborene geht aber später beruflich eigene Wege. Irgendwie eine in der Öffentlichkeit bemerkte Tätigkeit beruflich oder aus Liebhaberei. Noch in späteren Jahren die Möglichkeit einer zweiten Ehe, aber nicht immer. Das kommt auf die Dauer der ersten Ehe an. Oftmals in der ersten Ehe etwa 5 Kinder. – Progr. E, G.

30. 6° ♏, 216° = K: wieder voll und mehr breitschultrig, oft starkknochig und schwarzhaarig. In höherem Alter Zirkulationsstörungen, auch Krampfadern möglich. – W: strebend, intelligent, sorgt für sich, fleißig, auch als Leiterin (Leiter oder Chef) selbst zufassend, diplomatisch, schlau, nimmt Lasten auf sich, einige leben aber auch gerne gut. Repräsentativ, beliebt, spekulativ (was bei Leichtsinn heikle Lagen heraufbeschwören kann), immer wieder Glück. Hohes Alter ist möglich. – S: meistens aus „kleinen" Verhältnissen. Arbeitet sich dann hoch und bildet sich möglichst, blufft auch manchesmal etwas oder schweigt zur rechten Zeit. In der Jugend lebhaftes Liebesleben. Heiratet einen Partner (eine Partnerin) mit einer etwas höheren Bildung und etwas zarter besaitet. Dort irgendwie Verbindung mit Beamtentum. Dieser (diese) ordnet sich aber mehr oder weniger unter, und so gibt es ein

einigermaßen gutes Zusammenleben auf praktischer Grundlage. Man kommt vorwärts. Im Hause herrscht die Frau, im Geschäft der Mann. Zumeist zwei Kinder zweierlei Geschlechts. Eine lange Ehe und ein hohes Alter ist wahrscheinlich den in diesem Sonnengrad Geborenen beschieden. Eines der Kinder ist in jungen Jahren in großer Lebensgefahr. – Progr. E, G.

31. 7° ♏, 217° = K: meistens klein oder mittelgroß, Neigung zur Fülle, einige sind sehr dick, etwas starkknochig, rundlich. Oft etwas dunkle Haut. Viele haben dabei rote Backen. Oft schnell schwächlich, aber zähe und körperlich durchhaltend. Langes Leben ist erreichbar. – W: Treue gegenüber den Freunden und Freundinnen und Gleichgesinnten. Intelligent, fleißig, zurückhaltend nach bitteren Erfahrungen, anpassend, im allgemeinen verschwiegen, mütterlich, sorgend, zu Opfern fähig, hier und da undurchsichtig. – S: meistens in aufstrebender Familie geboren und eine gute Erziehung. Frühzeitige Liebeserlebnisse. Heirat mit einem vielleicht zu ruhigen Partner (einer zu ruhigen Partnerin). Meistens gute finanzielle Verhältnisse in der Ehe. Nicht viel Kinder. – Progr. E, G.

November

1. 8° ♏, 218° = K: wie in 7° ♏. Einige haben eine größere Figur. Darunter auch ausgesprochene Schönheiten. Viele rotbackig. Im allgemeinen gesund. Eigenartige Stimmungen und Einstellungen sind möglich in höherem Alter. Viele der mit Sonne in 8° ♏ bei der Geburt sind adeliger Abkunft und aus einer Familie, die mindestens einstmals großes Besitztum hatte. – W: Verhalten temperamentvoll, gutmütig, lebensfreudig, heiter, häuslich, Gastlichkeit übend, meistens geisteswissenschaftlich interessiert, volklich eingestellt durchweg, umgänglich, gegen Formen selten verstoßend. – S: im allgemeinen eine gute Erziehung und eine behütete Jugend. In den meisten Fällen Heirat mit einem Partner (einer Partnerin) anderer Konfession, der (die) dann übertritt. Der Partner (die Partnerin) ist meistens ruhigen Wesens, fleißig und rücksichtsvoll, auch geneigt, philosophischen Betrachtungen nachzuhängen. Daher ist vielen Interessen in der Ehe Raum gegeben. Entsprechend ist auch das Berufsmilieu. Meistens gesicherte Verhält-

nisse. Wenig Kinder, meistens zwei und zweierlei Geschlechts. Die Kinder sind ebenfalls geistig sehr rege und zu okkulten Studien geneigt, auch oft in geisteswissenschaftlichen Gebieten tätig. – Progr. E, G.

2. 9° ♏, 219° = K: die meisten sind etwas voller Figur wie in 8° ♏ oder sogar etwas plump und haben kurze Beine verhältnismäßig. Das Gesicht ist ebenmäßig und oft schön. – W: zurückhaltend, jedoch anhänglich, fleißig und verläßlich. Setzt sich für ideale Bestrebungen ein, bringt dafür auch Opfer, wird auch evtl. Bedrückungen und Verfolgungen durch einflußreiche, machtvolle Personen zu erdulden haben. Zieht sich dann zurück. Auch ein reges Traumleben. Wird nicht immer richtig verstanden. Geeignet für verantwortungsvolle Positionen. – S: im Elternhause oftmals tragische Vorkommnisse, daher eine etwas gedrückte Jugend. Schwierigkeiten in Liebesangelegenheiten und Enttäuschungen. Bei einigen kritisch für die Ehe. Im allgemeinen durch eigenen Fleiß erträgliche finanzielle Verhältnisse. Wenig oder keine Kinder. Kann ein hohes Alter erreichen. – Progr. E, G.

3. 10° ♏, 220° = K, W, S: im allgemeinen wie in 9° ♏. Die Figur vielleicht etwas zarter. Sehr reiches Traumleben, oft schwere Träume. Sehr sensibel. Viel Sinn für Kunst. Sehr intelligent zumeist. – Progr. G. – Allerheiligen: Paradies, auf Nieren achten.

4. 11° ♏, 221° = K: viele sind sehr schlank, meistens auch dunkelhaarig oder rothaarig. Einige haben goldblondes Haar. Im allgemeinen eine gute Gesundheit. Viele leiden unter Schwindelanfällen auf Treppen oder hohen Orten. Sturz auf den Kopf sollte verhütet werden. – W: intelligent, fleißig, einige sehr ehrgeizig, streben nach Macht und Ansehen in hohem Maße. Bewußtes Auftreten, in vielen Gebieten Einzelgänger. Leidenschaftlich, wollen Einfluß gewinnen. Geschmeidiges, taktisches Handeln. – S: die gegebene Veranlagung sichert, klug angewandt, den Aufstieg, kann dann aber auch einen jähen Sturz bringen. Leidenschaften können vor der Zeit das Leben abkürzen. Ehekrisen können überbrückt werden. Mehrere Kinder – Progr. E, G.

5. 12° ♏, 222° = K, W, S: im allgemeinen wie in 11° ♏. Einige werden viele Kinder haben. – Progr. E, G.

6. 13° ♏, 223° = gute, oft sehr stattliche Mittelfigur. Oftmals breites Antlitz, dunkle Haare, einige haben blaugraue Augen. – W: gute Veranlagung, fleißig, geschickt, intelligent, intuitiv, ordentlich zumeist und freundlich. – S: im allgemeinen Aufstieg, wenn es auch langsam vorangeht. Gute Verbindungen eröffnen sich. Ehepartner können aus Kreisen selbständiger Geschäftsleute oder aus Beamtenkreisen sein. Keine geistig flache Ehe zumeist. – Evtl. viel Kinder. – Progr. E, G.

7. 14° ♏, 224° = K, W, S: ungefähr wie in 13° ♏.

8. 15° ♏, 225° = K: etwa wie in 13° ♏. – W: wie in 13° ♏, etwas ruhiger, gerecht, jovial. – S: wie in 13° ♏ ungefähr. Heirat in Beamtenfamilie oder in einer Familie der Geschäftswelt erscheint noch sicherer. Gute finanzielle Aussichten, gute Verbindungen und Beziehungen. Spießigkeit sollte man vermeiden, Überredungskünste nicht zu unguter Beeinflussung verwenden. Sonst wird die Ehe gefährdet. Es können viele Kinder kommen. – Progr. E, G!

9. 16° ♏, 226° = K: ähnlich wie in 13° ♏, vielleicht etwas mehr gesetzt. – W: ähnlich wie in 13° ♏, mehr lebhaft und intelligent, einige auch sehr von sich eingenommen. – S: meistens in gutsituierter Familie geboren. Wahrscheinlich frühzeitig Liebeserlebnisse und frühe Heirat, meistens in eine begüterte Familie der Geschäftswelt. Die Liebeswünsche werden nicht immer erfüllt. Meistens auch eine gute Anzahl Kinder. Geistiger Verflachung sollte man vorbeugen. Evtl. frühzeitiger Tod des einen Elternteiles sollte zu denken geben. – Progr. E!, G!

10. 17° ♏, 227° = K: meistens mittelgroß, dunkelhaarig, schlank in der Jugend, später vielleicht sehr voll. Gesund. – W: sehr intelligent zumeist, schlagfertig, spritzig, lebenslustig, temperamentvoll, kann guter Kamerad sein. – S: ungefähr wie in 16° ♏. Eher schärfer ausgeprägt. – Progr. E!, G!

11. 18° ♏, 228° = K: mittelgroß meistens und zart in der Jugend, füllig in späteren Jahren. Gesund. – W: intelligent, sehr bewußt, schlagfertig bis malitiös, bei höherer Geistigkeit Grundsätze herausstellend und

kampfbereit durchsetzend, wenn notwendig sich aufopfernd bis zum Märtyrertum. Sehr feines Sprachgefühl. Manchmal sich auch drastisch äußernd. Gefühl für Rhythmen und für Musik. Kann unwandelbar hassen. – S: einige sind in verhältnismäßig armer Familie geboren, andere in sehr begüterter Familie. Eine Kinderzeit und Jugend in ärmlichen Verhältnissen arbeiten die Kampfnatur am ehesten heraus. Lebenserfolg. Eine den vorliegenden Verhältnissen entsprechende Heirat. Meistens volklich eingestellt. Viele mächtige Feinde. Dadurch für einige akute Lebensgefahr, bei anderen Verkürzung des Lebens (echte Freunde und Helfer des Volkes werden immer auf den Tod verfolgt). Antworten auf entscheidende Fragen werden von den in 18 und 19° ♏ Geborenen im Laufe des Lebens unerbittlich verlangt. So viel höher und klarer der Geist, so viel schwerwiegender die Entscheidung. Also gilt das Vorstehende für viele nicht in dem Maße. Meistens viel Kinder. – Progr. E, G.

12. 19° ♏, 229° = K, W, S: Wie in 18° ♏, aber oft viel schärfer betont. Meistens größere Figur. Oftmals eine Schwäche der Lunge oder des Herzens. – Progr. E!, G.

13. 20° ♏, 230° = K, W, S: ähnlich wie in 18 und 19° ♏. – Progr. E, G.

14. 21° ♏, 231° = K: meistens mehr gedrungene, mittelgroße Figur und dunkles Haar bei meistens bleichem Aussehen. – W: intelligent, klug, fleißig, strebsam, aber oft scheinbar wenig aktiv, übersieht aber auch Kleinigkeiten, die ihm von Vorteil sein können, nicht. Vorsichtig tastend vorgehend, konstruktiv denkend, Verbindungen anknüpfend, wenn notwendig die Farbe wechselnd, Erfolge konstatierend. Revolutionär, oder Boheme, oder Ultra-konservativ. – S: in mittleren Verhältnissen aufgewachsen, meistens gute Schulbildung. Der Beruf kann irgendwie mit einer öffentlichen Aufgabe oder Stellung oder im behördlichen Milieu ausgeübt werden. Langsame, aber sichere Erfolge, wenn auch nicht immer sehr große. Innerlich wälzt man oft Probleme, deren Art eigentlich dem äußeren Auftreten entgegenstehen. Meistens etwas laue Ehe später. Mehrere Kinder. – Progr. E, G.

15. 22° ♏, 232° = K: meistens gesetzte Figur. Einige haben bei bleicher Haut dunkles Haar, andere blondes und dabei dünnes. Meistens eine gewölbte, hohe Stirne. – W: ähnlich wie in 21° ♏, aber mehr konservativ sich gebend. – S: meistens in geordneten Familienverhältnissen selbst, oder der Partner oder die Partnerin aufwachsend, gute Schulbildung oder auch Studium. Möglich ist eine Position als Beamter, Jurist, Pfarrer, höherer Polizeibeamter, aber auch in der Hotelbranche, in Gasthäusern, in Brauereien, in der Lebensmittelbranche und auch in der Textilbranche. Meistens eine gesicherte Existenz und auskömmliche alte Tage. Hohes Alter erreichbar. Das Verhalten der Kinder kann Sorgen bereiten. – Progr. E, G.

16. 23° ♏, 223° = K: meistens etwas größere, aber meistens schlanke Figur, mindestens in der Jugend. Bleiche oder helle Gesichtsfarbe, dunkle oder hellblonde Haare. Oft etwas eckige Bewegungen. Einige sind Schönheiten. – W: verhalten temperamentvoll, aber auch ab und zu Gefühlsausbrüche und maßloser Zorn. Dadurch meistens nur Schaden. Pflichtgetreu, fleißig, ehrgeizig, liebt etwas den Effekt. Meistens aber gutmütig, wenn man etwas gilt. Dadurch zur Selbstaufopferung fähig. Gute Kameraden zumeist. – S: in mittleren bis sehr guten Verhältnissen aufgewachsen. Schenkt das Elternhaus viel Liebe, so geht vieles gut. Oft eine Jugendliebe, die an rechtlichen Verhältnissen ohne eigene Schuld scheitert. Später vielleicht erst die rechte, reife Liebe und Gestaltung eines rechten Bildes über das Leben. Evtl. Heirat unter eigenartigen Verhältnissen. Sehr großer Schaden kann durch hemmungslose Gefühlsausbrüche erwachsen, besonders im beruflichen Wirkungskreise. Beamtenlaufbahn kann fraglich werden. Wenig Kinder. – Progr. E, G.

17. 24° ♏, 234° = K: meistens mittlere Figur, breitschultrig, zur Fülle neigend und dunkelhaarig. – W: mehr ruhig, arbeitsam, strebend, zähe in der Verfolung der Ziele, inneres Feuer, unbeherrscht etwas rauh auftretend. Empfinden für Kunst und Musik je nach dem Stand der seelischen Entwicklung. – S: meistens in armer oder wenig begüterter Umgebung geboren und aufgewachsen. Langsames Vorwärtskommen. Einschneidende Liebeserlebnisse sind möglich in der Jugend. Im allgemeinen erträgliche Existenz. Ein hohes Alter ist erreichbar. – Progr. G.

18. 25° ♏, 235° = K: ähnlich wie in 24° ♏. – W: weniger leidenschaftlich und mehr beherrscht als in 24° ♏. – S: unter etwas beschränkten Verhältnissen meistens aufgewachsen, oftmals nicht genügend ernährt und als Folge eine Schwäche in der Leberfunktion und anfällig für Lungen- und Nervenleiden, vielleicht noch verschärft durch viel Säfteverlust. Evtl. Mußehe mit sehr leidenschaftlichem Partner (oder solcher Partnerin) und etwas Vermögen. Selbständigkeit ist möglich. Gesundheitlich evtl. Krisen. Bei einigen viel Kinder. – Progr. E, G.

19. 26° ♏, 236° = K: meistens über mittelgroß, oft volles rotbackiges Gesicht und hohe breite Stirn bei vollem dunklem Haar zumeist. Auch wohl breitschultrig, und ebenmäßig gebaut. Neigung zu Rheuma. – W: bewußt auftretend, intelligent, beherrscht im Umgang, zielbewußt, sparsam, vorausschauend, fleißig, auf Vorteile schauend. – S: meistens aus blutlich sehr verschieden gemischten Familien. Frühzeitige Liebeserlebnisse sind möglich. Evtl. zweite Ehe. Die Ehen oft ohne Kinder. Meist geistig eingestellte Partner (Partnerin). Selbständigkeit ist möglich (evtl. in der Textilbranche). – Progr. E, G.

20. 27° ♏, 237° = K: ähnlich wie in 26° ♏, vielleicht etwas größer und voller in der Figur, oftmals Schönheiten. – W: ähnlich wie in 26° ♏. Vielleicht etwas behäbiger im Auftreten. Interessiert für Kunst und Okkultes. Auf ein schönes Heim Wert legend. – S: teils wie in 26° ♏. Evtl. Ehe mit blutlich sehr gemischtem Partner (oder solcher Partnerin). Schwierigkeiten durch die Kinder. Selbständigkeit ist möglich. – Progr. E, G.

21. 28° ♏, 238° = K: vielfach größere Figur als in den vorherigen Graden und mehr blondhaarige Typen. Viel Lebenskraft. Hohes Alter ist erreichbar. – W: lebhaft, anpassend, intelligent, schlagfertig, wendig, evtl. auch für Schriftstellerei begabt, geschickt für Vertragsabfassungen, intuitiv, übersinnliche Fähigkeiten, die aber nicht immer gepflegt oder ausgebildet werden. Reiches Traumleben. Gute Unterhalterin, vielseitig interessiert und veranlagt. Schönheits- und Kunstgefühl. – S: meistens in kleinen oder mittleren Verhältnissen aufgewachsen. Mangelnde Schulbildung wird meistens nachgeholt durch eigenes Stu-

dium. Oft frühzeitige Ehe. Oftmals viele berufliche Umstellungen oder Berufswechsel. Erringung einer selbständigen Existenz ist möglich. Hohes Alter ist erreichbar. Mehrere Kinder, mit denen aber die Verbindung früh abreißen kann. – Progr. E, G!

22. 29° ♏, 239° = K: ähnlich wie in 28° ♏. Mehr blond- oder braunhaarige Typen mit hoher, oft auch breiter Stirne. Helle Haut. Meistens lange Beine und Arme. – W: bewußt, intelligent, lebhaft, anpassungsfähig, außer wo es sich um Ideale handelt, schlagfertig, gerne diskutierend, weiß seine Ansichten zu vertreten, philosophierend, für Hellsehen, Hellhören und andere sog. übersinnliche Fähigkeiten veranlagt. Intuitiv, ebenso Inspirationen, guter Ratgeber. Geht meistens den eigenen Weg. – S: meistens das begabteste Kind der Eltern, aber oftmals unzulängliche Schulbildung, was gut sein kann. Später Forschen auf eigenen Wegen und freie Entwicklung der Persönlichkeit möglich. Berufswechsel meistens mehrmals. Evtl. sog. Mußehe, die materiell sehr hindern, geistig aber vorwärts tragen kann. Aufstieg im mittleren Lebensalter. Beschäftigung mit Künsten und Wissenschaften, auch als Wirtschaftsprüfer oder Vermittler. Krisen in der Ehe. Mehrere Kinder, von diesen aber in vielen Fällen frühzeitige Trennung. – Progr. E, G. – Augen!

Zum Wesen und Schicksal der Schütze-Geborenen

Das Zeichen Schütze wird, von der Erde aus gesehen, in den Tagen vom 23. November bis 22. Dezember durchwandert. Die in dem Zeitraum dieser Tage geborenen Menschen gelten als Schütze-Geborene, da bei ihrer Geburt die Sonne im Zeichen Schütze war.

Entsprechend der Erkenntnisse und der Bezeichnungen der Alten gehört das Zeichen Schütze zu den „beweglichen" Zeichen. Mit den Zeichen Zwillinge, Jungfrau und Fische vereint bildet das Zeichen Schütze so das bewegliche Kreuz.

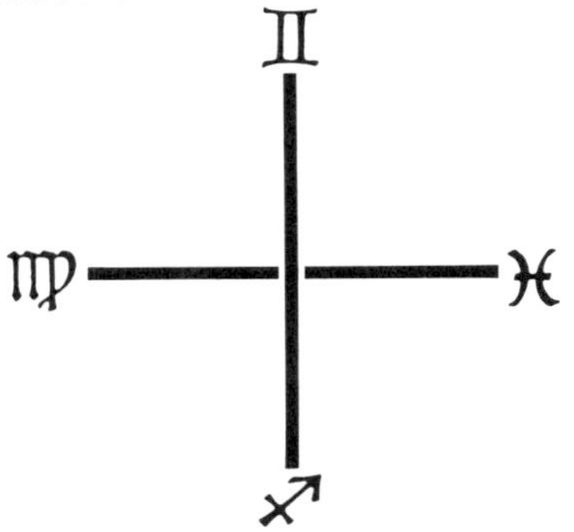

DAS BEWEGLICHE KREUZ

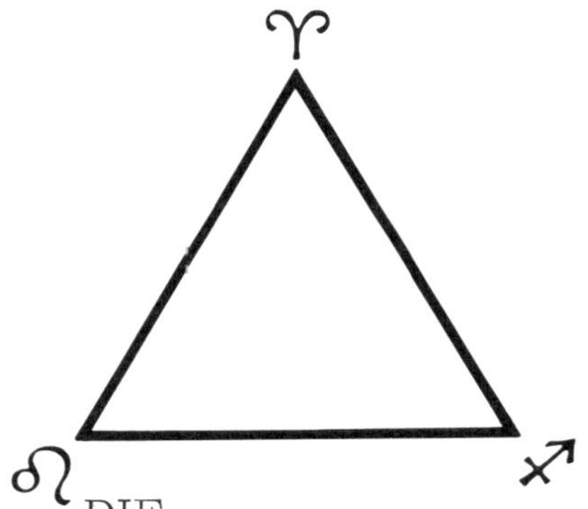

DIE FEUER-ZEICHEN

Über die Eigenart der beweglichen Zeichen habe ich schon einiges gesagt in der Besprechung des Zeichens Zwillinge. Ich bitte dort noch einmal nachzulesen. – Zwischen Zwillinge und Schütze sind aber trotzdem große Unterschiede vorliegend, was sich schon allein daraus ergibt, daß ja diese Zeichen zueinander in Opposition stehen. Außerdem ist dann das Zeichen Zwillinge ein „luftiges Zeichen", das Zeichen Jungfrau ein „irdisches" Zeichen, das Zeichen Fische ein „wässriges" Zeichen und das Zeichen Schütze ein „feuriges" Zeichen.

Es würde sich also im Zeichen Schütze das Bewegliche mit dem Feurigen mischen, und das geschieht auch tatsächlich in einer interessanten, wenn auch oft verschiedenen Art und Auswirkung. Und darüber wollen wir uns in den nachstehenden, nur in knapper Form möglichen Ausführungen etwas unterhalten. Dabei muß es um der Sachlichkeit und der Wahrheit wegen vermieden werden, die Schütze-Geborenen so rundherum zu streicheln, wie sie es von den meisten Astrologen gewöhnt sind, die da meinen, das Zeichen Schütze müsse ein ganz besonders wertvolles Zeichen und die Schütze-Geborenen lauter goldige Edelmenschen sein, weil der Jupiter der Herrscher im Zeichen Schütze ist. – Solche Astrologen sind bestimmt Anfänger in der Astrologie, denn es ist klar, daß in Hinsicht auf die Wertigkeit ein Ausgleich innerhalb der einzelnen Zeichen und zwischen den Zeichen des Tierkreises vorhanden sein muß, da sonst das ganze Gebäude schon nicht mehr bestehen würde. – Darum sollten keine Voreingenommenheiten nach übler oder günstiger Richtung gepflegt werden. Das hat schon viel Unheil angerichtet und ist schon manchem Lebensglück im Wege gestanden oder hat es untergraben. Wir sollten es nicht machen wie die „Christen", die sich in zwei Lager spalten ließen und heute noch wegen der Kirchensteuern und Kirchenbeiträge auseinandergehetzt, voneinander ferngehalten und gegeneinander ausgespielt werden. – Es gelten ja auch in Hinsicht auf die Beurteilung eines Menschen nicht nur die Sonne, sondern auch die anderen Planeten und sonstigen Punkte am Himmel.

Wie in allen anderen Tierkreiszeichen treten uns in Hinsicht auf die Entwicklungsstufe etwa drei Typen entgegen: der hochentwickelte, der mittelmäßig entwickelte und der unentwickelte Schütze-Typ in unserem Falle hier. – Vorerst sei aber festgestellt, was wir unter Entwickeltheit verstehen. Wir gehen hier nicht von äußeren körperlichen Formen aus, wir fragen nicht nach Hab und Gut und Intelligenz, sondern nach der Klarheit und Reife des Empfindens, also nach seelischen Werten und den Zielen, die sich ein Mensch gesetzt hat. Verbunden mit einer großen Intelligenz ergibt die seelische Reife dann einen hohen Idealisten, verbunden mit wenig Intelligenz einen Schwärmer oder mindestens einen Menschen, dessen Güte ausgenützt wird von anderen, die ihn innerlich verlachen.

Das Sinnbild des Zeichens Schütze ist der Centaur oder Zentaur, ein Fabelwesen, halb Mensch, halb Pferd. Einige sinnbildliche Darstellungen geben auch dem Menschen noch Bogen und Pfeil in die Hände und lassen ihn in die Höhe zielen. Dieses Sinnbild läßt sich sehr reichhaltig ausdeuten, und das ist auch schon geschehen, auch dafür ist ein Sinnbild ja da. – Da ist der untere Teil des Zentaurs, der Leib des sensitiven, beweglichen, hier und da ängstlich hintenausschlagenden und schnell flüchtigen Pferdes. Und da ist der obere Teil des Symbols, der Mensch, ein Mann, der Vertreter des

Geistigen wie man heute sagt, und zwar ein bewußter Mann (Geist), der ein Ziel erfaßt hat und zu zielen weiß. Darin, so kann man dann sagen, ist das tierisch Triebhafte und das geistig Strebende des Zeichens Schütze ausgedrückt.

Doch das Tierische ist beim Tier nicht unrein. Das Tier ist unter Führung. Das Tier handelt nach seinen Gesetzen. Maß und Ziel muß der Mensch selbst entwickeln. Darin soll er sich vom Tier unterscheiden. – Taube, kernlose Nüsse können leicht „heilig“ tun; der (die) Schütze-Geborene hat Kern. Es kommt darauf an, was aus dem inneren Feuer gemacht wird: Aufstieg oder Sturz. –

Schütze-Geborene sind meistens optimistisch und leiden nicht unter Minderwertigkeitskomplexen. Eher sind sie zu hoch getragen, manchesmal meinen sie es auch nicht so, aber sie können so wirken. Der unentwickelte Typ neigt zu Prahlerei und zu übermütigen oder leichtsinnigen Streichen. Darin braucht sich keine böse Absicht zu zeigen; es ist nun einmal so und es kam so. Und wo sich eine persönliche Schärfe offenbart, nun das gehört auch dazu, und diese Wesenseigenart muß der andere anerkennen und darf nicht böse sein. Man ist nun einmal so; was ist da zu tun? Und man hat ja auch andere Seiten und Werte.

Schütze-Geborene geben das Bild des jovialen Menschen. Jovis–Jupiter ist ja der Herrscher im Zeichen Schütze. Da wird der Standpunkt: „Leben und leben lassen!“ in Wahrheit vorgelebt, besonders bei den entwickelten Typen. Selten wird geklagt, am liebsten hilft man sich selbst.

Dann ist da so eine gewisse prophetische Ader. Spontan, ohne immer gerade zu wissen, was man sagt, fällt da einem (einer) ein Satz aus dem Munde, ein Hinweis, eine Voraussage, die sich später als zutreffend erweist. Das Pferd, das weissagende Pferd der alten germanischen Priester, ist ja das eigentliche Symbol und Wappentier des Zeichens Schütze, darum auch das Wappentier der Schütze-Stadt Stuttgart. Und an anderen Schütze-Städten (u. a. Köln a. Rh.) haften entsprechende Pferdesagen. In Länderwappen (Hannover und Westfalen) erscheint auch das springende weiße Pferd, und die verschiedene Haltung der Beine deutet Runengeheimnisse an. Ein Priesterland war einstmals auch Hessen. Der Name sagt es, denn Heß und Hesse sind andere Namen des Pferdes. Als nun die Hessen sich von der alten germanischen Kirche abtrennten und damit auch das alte Wissen verloren, also als geistig blind angesehen wurden, nannte man sie auch die „blinden“ Hessen im Volksmund der Völker, die dem alten Gott treu geblieben waren.

Irgendwie lag in der Vorfahrenreihe der Schütze-Geborenen in Hinsicht auf die rassisch-blutliche Verfassung ein Bruch vor. Oft wirkt sich das unheilvoll bei den Nachkommen aus. Einstellung auf die alte reine Linie kann viel Karma abwenden durch Verstehen und geistige Überwindung in Richtung auf die Bejahung der Rassenwerte. Nicht immer ist die Jugend rosig. Die großen Erfolge kommen erst vom zweiten Lebensdrittel an. Irgendwie spielen auch Auslandsbelange im Leben eine Rolle, auch wird meistens zweimal geheiratet oder es ist ein entsprechendes Ersatzverhältnis vorliegend, und viele Schütze-Geborene sterben im Ausland.

Im Wesen des (der) Schütze-Geborenen liegen viele Feinheiten. Seine (ihre) Art, die Möglichkeiten einer Lage intuitiv zu erfassen, ist eine gute Stütze im Kampf ums Dasein wie in jeder Lage. Ehrlichkeit, Friedensliebe, Großherzigkeit, Güte und Barmherzigkeit kann man bei vielen Schütze-Geborenen immer wieder erfreut feststellen. Werden sie aber angegriffen, können sie rasch aufbrausen und sich zum Kampfe stellen. In ihrer Impulsivität sind sie schnell verletzt, vergessen aber auch bald wieder. Sie sind am Sport meistens sehr interessiert und sehen einen schönen Hund sowie ein rassiges Pferd gerne. Sie philosophieren gerne, studieren auch gerne etwas abwegige Gebiete, verlieren aber selten den festen Boden unter ihren Füßen.

So sind sie auch meistens in Geldangelegenheiten sorglich, wenn auch nicht so genau wie die Jungfrau-Geborenen. Bei aller Sorglichkeit haben sie doch für ideale Ziele und Bestrebungen etwas übrig, sei es an Zeit oder an materiellen Mitteln. Schütze sieht ein, daß man für Ideale auch Opfer bringen muß, möchte aber auch, daß das Geopferte in irgendeiner Form oder irgendwie wieder hereinkommt. Im Kampf um Materielles ergeben sich aus dem Begriffsvermögen und dem schnellen Erfassen einer Situation viele Möglichkeiten. Eigentliche Not bleibt daher dem (der) Schütze-Geborenen im Leben ziemlich fremd, liegt wenigstens auf die Dauer nicht vor, auch deswegen, weil der (die) Schütze-Geborene sich einzurichten weiß.

Die Anzahl der Geschwister ist selten groß, und Verbindungen werden damit später, nach dem Tode der Eltern, kaum sehr gepflegt. Ebenso ist die Zahl der Kinder nicht groß und auf deren Gesundheit sehr zu achten. Für die Kinder können sich später Schwierigkeiten in der Ehe entwickeln. – Im Berufsleben gehen die Schütze-Geborenen oftmals etwas zu stürmisch im Positionswechsel vor. Das kann gut gehen, kann aber auch einmal fehlschlagen. Aber es ist besser, etwas getan, als nichts getan und nach und nach verbessert sich doch die berufliche Stellung. Zudem ist das Kapital an Kenntnissen und Fähigkeiten sowie die Menge der Mittel bei Schütze-Geborenen anfänglich nicht sehr groß. Die Position verbessert sich daher nach und nach, und erst im zweiten Lebensdrittel kommt der Erfolg, oft ein großer Erfolg zustande.

Das Zeichen Schütze beherrscht die Oberschenkel. Wie bekannt, entwickeln sich durch Bewegung auf den Muskelhäuten der Oberschenkel elektrische Ströme. Diese dienen der Auffüllung der Lebenskraftaura. Die Bewegung ist daher für Schütze-Geborene mehr als für die in anderen Zeichen Geborenen ein Kraftborn. Der Herrscher des Zeichens Schütze, der Jupiter, ist weiter derjenige Planet, der für die Leberfunktion gilt. Auch die Milz steht teilweise in ihrer Funktion unter dem Einfluß des Jupiter und ist eine Erzeugerin elektrischer Werte. In Opposition zum Zeichen Schütze ist weiter das Zeichen Zwillinge. Es wäre also auf die Lungen und die Bronchien zu achten und Fingerverletzungen sollten vermieden werden. Im Quadrat zum Zeichen Schütze ist dann das Zeichen Jungfrau und die Leberregion. Etwas Neigung zu Zuckerkrankheit kann zeitweilig auftreten, Leber- und Gallenerkrankungen ebenfalls. Anzuraten ist in allen Fällen eine naturgemäße Behandlung der Krankheiten.

Erwähnt wurde schon, daß Schütze-Geborene in vielen Fällen zweimal heiraten. Eine dieser Ehen kann ziemliche Schwierigkeiten bringen. In Freundschaften ist Vorsicht geboten. Feindschaften können sehr stören und das Lebensglück trüben. In seiner erfrischenden offenen Art sollte der (die) Schütze-Geborene nie zu weit gehen.

Eine eigenartige Schicksalsbahn ist hier und da den vom 23.–27. November Geborenen beschieden. Schüchtern und zurückhaltend in der Jugend, wirkt sich viel triebhaft Unklares aus. Da kommt es dann auf die Art der Gesellschaft und auf die Partnerin (den Partner) an. Die vom 23., 24. November werden da vielleicht durch ein kommendes Kind zum Heiraten veranlaßt. Auch der 25. November ragt noch etwas in diese Atmosphäre hinein. Das Gefühl für die rechtliche Form kann bei dem 23., 24. etwas fehlen. Man versucht Schwierigkeiten zu „schaukeln“, und das gelingt auch oft.

Die vom 25. sind schon etwas schärfer in Rechtsdingen eingestellt. Es kann Zusammenstöße mit dem Gesetz und den Behörden geben. Der innere Blickpunkt ist aber nicht übel. Langsamer beruflicher und finanzieller Aufstieg gelingt. Zwei bis drei Kinder. Wohnlage: meistens Eckhaus oder freistehendes Haus.

Noch schärfer in Rechtsfragen sind die vom 26.–30. November Geborenen. Oft ist die Einstellung unnötig scharf, ja bissig. Auf Prinzipien kann herumgeritten werden. In diesen Tagen werden auch Personen geboren, die irgendwie später beruflich in der Rechts-„Pflege“ tätig sind, so Staatsanwälte, Rechtsanwälte und auch – Scharfrichter. In den Tagen vom 23. bis 30. November findet man aber auch viele Menschen, die in der Woll- oder Baumwollbranche tätig sind. Auch Polizisten und ähnliche Werkzeuge der öffentlichen Ordnung. Oft etwa zwei bis drei Kinder oder gar keine. – Wohnlage: Eckhaus oder in der Nähe der Ecke in der Straßenzeile.

Die vom 1.–4. Dezember Geborenen sind meistens nett im Wesen und sehr verbindlich im Umgang. Irgendwie, ob erleidend oder tätig, spielt das Thema Treue oder Untreue eine Rolle in ihrem Leben. Fehlgriffe können größte Schwierigkeiten bringen, Stetigkeit ist anzuraten. Schönheits- und Stilgefühl verfeinern die Atmosphäre, die die Geborenen umgibt. Sie ist zu pflegen. Sie hilft über vieles hinweg. Grundsätze sind wie schroffe, spitzharte Klippen, neben denen oft tiefe Abgründe lauern. Da heißt es vernünftigerweise abwarten, bis die Seele stärker ist. – Bei Geburtstagen vom 5. Dezember ab bis zum 10. wirkt sich im Wesen mehr Grundsätzliches aus. Am 5., 6. liegt ziemlich viel Explosivstoff vor. Das Wesen ist mehr unruhig und leidenschaftlich. Regungen des Ehrgeizes können Handlungen beeinflussen, trotzdem der gute Intellekt dagegen streitet. Immerhin, wie vom 1. Dezember ab, eine gesicherte Lebensbahn. Nicht viel Kinder. Wohnlage: meistens mitten in der Straßenzeile. – Zu den Geburtstagen 9., 10. wäre noch zu erwähnen, daß das eine Auge, häufig das linke, entweder eine geringere Sehschärfe hat oder überhaupt blind werden kann. In diesen Tagen werden auch Menschen geboren, die als Pferdezüchter zu Erfolg oder sogar Berühmtheit kommen können. Auch starker Zeitsinn. Enkelkinder können unehelich geboren werden.

11.–13. Dezember: Hier ist die Schütze-Wirkung auf einem Höhepunkt. Die in diesen Tagen Geborenen können zeitweise aus dem Vollen schöpfen. Ihnen fließen die schönen Dinge des Lebens nur so zu, oft schon in der

Kindheit. Sie genießen im allgemeinen aller Achtung und sind ebenso beliebt, wie sie bewundert werden. Sie benehmen sich überall sehr jovial und zeigen sich allezeit als von unbegrenztem Optimismus getragen. Selbst wenn sie irgendwie in eine finanzielle Klemme geraten sollten, helfen gute Verwandte und Freunde weiter. Sie haben eine königliche Art an sich, in „Lebeschön" zu machen. Viele in diesen Tagen Geborene sind, von der materiellen Seite aus gesehen, offenbar Glückskinder. Aber auch durchaus geistige Menschen werden in diesen Tagen geboren und erringen Anerkennung, Ansehen und Ehre, trotzdem sie sich oft mit etwas inoffiziellen Studiengebieten beschäftigen. Ebenso eigenartig sind auch ihre Freundschaften. Da dreht es sich meistens um ausgesprochene Einzelgänger. – Etwas Neigung zur Fülle in höheren Jahren, Krisen um die 39er, 47er, 56er und 65er Jahre. Viele Umstellungen während des Lebenslaufes. Wenig Kinder. – Wohnlage: Meistens in Eckhäusern.

Für die vom 14.–18. Dezember Geborenen spielt das Liebesleben und die sich daraus ergebenden Verbindungen eine große Rolle. Sie sind zumeist sehr aufopferungsfähig, werden aber auch oft enttäuscht oder fühlen sich enttäuscht. Das Leben ist reich an Erlebnissen. Das Wesen der in diesen Tagen Geborenen wirkt sehr sympathisch. In der größten Not zeigt sich immer wieder eine Hilfe. Das ist übrigens bei allen Schütze-Geborenen der Fall. Ebenfalls wenig Kinder, die aber gut veranlagt sind. – Wohnlage: sehr unterschiedlich.

Mit den Geburtstagen 19.–22. Dezember beschließen wir die kurze Übersicht über gewisse Geburtstage im Zeichen Schütze. Bei dem 19. Dezember klingt noch etwas das Wesen und das Schicksal der vom 14.–18. Geborenen nach. Mit dem 20. Dezember zeigt sich dann ein anderes Bild. Wir müssen bedenken, daß die Sonne in diesen Tagen auf ihrem tiefsten Punkt der Verstofflichung angelangt ist. Da sind die Wünsche, Gedanken und Bewertungen des Lebens und der Umgebung stark auf Realitäten eingestellt. Entsprechend der allgemeinen Einstellung der Menschheit von heute, die nach dem „als ob" - Prinzip denkt und handelt, legen die in diesen Tagen Geborenen viel Wert auf fördernde Titel und äußeres Ansehen sowie auf ersprießliche Verbindungen und entsprechende Beziehungen. Bei niederen Naturen kommt es vor, daß sie sich selbst einen Doktortitel zulegen, um bei Unbekannten Vorteile zu erreichen oder zu imponieren. Andere können über alle Maßen mit Prahlereien um sich werfen und sich, wie das Volk sagt, „in die Tasche lügen". Selbst da ist der innere Kern gar nicht so übel. Innerlich ist sogar eine gewisse Kindlichkeit vorhanden. Selbst bei denjenigen, die auf irgendeinem wissenschaftlichen Gebiete wegen ihrer realen Einstellung und ihrer emsigen Arbeit anerkannt sind. Nach außen bringen sie eben keinen Glauben auf, und im Innern möchten sie glauben, wenn sie könnten. Sonne, Jupiter und Mond wirken hier versteinernd. Schwer wird es der Seele, sich dagegen zu wehren. – Alle Bestrebungen laufen darauf hinaus, die materielle Existenz und das Alter finanziell zu sichern. Sie werden auch meistens alt. – Natürlich kommt es bei dieser etwas gedrückten Stellung der Sonne in diesen Graden auch auf die anderen Planeten und auf den Aszendenten an. Immerhin: hier liegt eine Seele vor, die gleichsam in Ketten geboren ist. – Oftmals vor der Ehe der Eltern gezeugt, ein alter Geist, an den Erdenstoff gefesselt, als die Sonne auf der Erhöhung der Venus, in 27 Grad Fische war. – In einigen jetzigen Erdenleben für viele Mußehen, wenig Kinder und unter diesen Todesfälle. – Wohnlage: Eckhaus oder an einem freien Platze oder Gartengelände vor dem Hause.

Soweit eine kurze Übersicht über die Möglichkeiten der einzelnen Geburtstage. Sie kann nicht vollständig und auch nicht immer treffend sein. Sie soll vor allen Dingen zur Beobachtung anregen.

Nun noch allgemeines zu dem Zeichen Schütze: Bei der Betrachtung der letzten Grade dieses Zeichens kamen wir auf die starke Bindung dieser Grade. – Wir müssen uns vor Augen halten, daß der Deklinationszuwachs der Sonne im Zeichen Schütze nur 3 Grad und etwa 10 Minuten beträgt. In 30 Tagen! Außerdem ist die Sonne in ihrer Bahn auf dem tiefsten, südlichen Punkt angelangt. Dadurch ist eine Stauung vorhanden. Nicht umsonst nennt man den Schieber, der in einem Staudamm oder einer Staumauer den Wasserabfluß regelt, den „Schütz". – Bei der Besprechung des Zeichens Skorpion habe ich auf die Aufgaben hingewiesen, die das Zeichen Skorpion von dem Menschen verlangt, der sich zu einem Magier entwickelt. Das dem Zeichen Skorpion nachfolgende Zeichen verlangt die Regelung der gestauten und transformierten Kräfte. Wird der „Schütz" richtig eingestellt, so kann der (die) Schütze-Geborene anderen Menschen ein Schutz sein. Jupiter, als Herr im Zeichen Schütze, verlangt kein sich Ausleben, sondern eine echt priesterliche Einstellung und gibt auch die Fähigkeit durch Denken und gerichtete, gezielte Ausstrahlung, andere zu leiten und zu schützen. Der Weltengeist wollte keinen Priester-„Stand" und hat auch keinen geschaffen. – Helfen und schützen kann ein jeder Mensch. Er soll es sogar und ohne Eigennutz. In jeder Familie sind dazu befähigte Menschen. Überall und in jedem Kreis sind Menschen, die magisch wirken könnten. Gerade der (die) Schütze-Geborene sollte das nicht vergessen und seine Aufgabe erfüllen und sie sich nicht nehmen lassen. Dadurch ist ihm auch in den Nebenwirkungen seelische Höherentwicklung gesichert. – Er lernt dann nämlich auch bei sich selbst den Schütz einzustellen und mit seinen magischen Kräften sparsam umzugehen, um für sich und in sich den Magnet zu erhalten, der neue Kräfte anzieht.

Die Grade der Sonne im Zeichen Schütze

Geb.-Tage im November | Die Sonne in Schütze

Die Bedeutung der nachstehend verwendeten Abkürzungen:

K	= Körperliche Grundlagen, Veranlagung, Lebenskraft
W	= Wesensart, ihre Äußerung, Eigenheiten, Fähigkeiten
S	= Schicksals-Möglichkeiten
Progr.	= Progressiv (Wirkung der vorgeschrittenen Sonne)
E	= Verbindungen, die zur Ehe führen können
G	= Geschäftsgründung, evtl. größere Selbständigkeit

23. 0° ♐, 240° = K: meistens übermittelgroß, in der Jugend sehr schlank, später meistens füllig. In der Jugend schmales Gesicht, später mehr breit und voll. Meistens bräunliche Haare oder schwarze, einige blondhaarig, je nach Besetzung des ersten Hauses im Horoskop mit Planeten. – W: intelligent und sprachgewandt, lebhaft zumeist, oft sehr bewußt auftretend, viele Pläne habend, immer viele Wege wissend, meistens Überwertigkeitskomplexe, anderen gerne die eigene „Überzeugung“ aufdrängend. Einige geben sich gerne „ideal“ und pflegen dabei oft im Inneren das Streben nach materiellen Vorteilen. Winkt dieser, so können sie dann sehr arrogant auftreten und sich zu früh auf den Machtstandpunkt stellen. Weitreichende Spekulationen schlagen dann leicht fehl, weil manche zu früh triumphieren und sich Feinde machen und so Schaden und Spott ernten. Das alles gilt noch mehr für die Sonne in 1 und 2° ♐. Einige haben ein recht schwankendes Rechtsgefühl und „schaukeln“ gerne die Dinge. Es ist bei einigen vieles nur Fassade. Oft schlechte Worthalter. Einige neigen zur Haustyrannei mindestens. Einige betätigen sich gerne in Vereinen. Freude an Bewegung und auch Wanderungen. Philosophischen Systemen anhängend und darin gerne wechselnd. Das Bedürfnis, nach außen die „feine“ Note hinauszustellen. Auch einige, die andere gerne „belehren“. Es kommt hier sehr auf den Stand der seelischen Entwicklung an. – S:

Meistens in religiöser oder scheinreligiöser Familie oder Umgebung aufgewachsen und meistens eine gute Schulbildung. Das Streben nach behördlicher Anstellung kann für einige Erfolge haben. Freiwillige oder erzwungene Berufsänderung kann davon eine Zeit entfernen. Anschluß ist später vielleicht wieder möglich. Heirat meistens unter eigenartigen Umständen, oft Mußheirat. Die Ehe wird meistens nach außen in Ordnung gehalten. Meistens opferwillige Ehepartner (Partnerin), aber von der Seite oftmals auch klärendes Auftreten mindestens. Beruflich nicht immer volle Selbständigkeit, aber leitender Posten möglich. Am Ende des Lebens erträgliche materielle Verhältnisse, aber doch meistens etwas eingeengt. Einige zeigen Veranlagung zu Schlaganfällen. Immerhin ist meistens ein hohes Alter erreichbar. Wenig Kinder. Das eine Kind kann ein Mal im Gesicht haben oder die (der) Geborene selbst. – Progr. E, G zeitweilig.

24. 1° ♐, 241° = K, W, S: im allgemeinen wie in 0° ♐. – Alle Einflüsse wahrscheinlich noch etwas verschärft. – Progr. E, G, zeitweilig.

25. 2° ♐, 242° = K: wie in 0° ♐, meistens. – W: lebhafter als in 0° ♐, aber auch meistens nervöser und hier und da das Bild der Unzuverlässigkeit bietend. Sonst im allgemeinen wie in 0° ♐. – S: ähnlich wie in 0° ♐, aber alles mehr schärfer ausgeprägt. Einige haben mit Prozessen ja sogar mit Freiheitsentzug zu rechnen. Das gibt es auch schon in 1° ♐! In Rechtssachen ist größte Vorsicht notwendig. Man wird sehr scharf beurteilt. Aber selbst ist die (der) Geborene auch im Wesen leicht zu scharf, kann auch einen sehr gewagten Standpunkt einnehmen oder gewagte Dinge unternehmen. Einige eignen sich auch als Lehrer. Leicht Haustyrannen. Neigung zur Zuckerkrankheit oder Schlaganfällen, auch schon in 1° ♐. – Progr. E, G.

26. 3° ♐, 243° = K: meistens schlank und dunkelhaarig mit etwas abfallenden Schultern. Oft eine eigenartige Erziehung, oder auch Namenswechsel in den Kinderjahren. Später voller und oft dann sehr breitschultrig. – W: leicht etwas zu sehr erhaben. Strebsam und intelligent, aber meistens nur alles von der Seite des Intellekts her erfassend und der Nützlichkeit. Anpassungsfähig und doch viel vom Leben fordernd.

Selten Minderwertigkeitskomplexe, eher das Gegenteil. Neigung und Fähigkeit zu irgendeiner Sparte der Wissenschaften. Hält auf gute Formen. – S: In der Jugend oft eigenartige Erziehung im Heim und evtl. Namensänderung. Verwandte machen evtl. unschuldig Freiheitsentzug durch. Möglich ist eine Staatsstellung. Wenig Kinder. Die Ehe wird meistens durch finanzielle Vorteile bestimmt, oder sollte zumindest „standesgemäß" sein. Dabei starke Triebhaftigkeit. Ein hohes Alter läßt sich zumeist erreichen. – Progr. E, G.

27. 4° ♐, 244° = K, W, S: wie in 3° ♐ ungefähr, eher verschärft. – Progr. E, G.

28. 5° ♐, 245° = K: die Figur ist meistens etwas gesetzter und breitschultrig angelegt, aber nicht im Übermaß, die Haare sind meistens dunkel oder bräunlich. – W: eine gewisse Schärfe im Auftreten ist möglich, und der Rechtsstandpunkt wird meistens sehr betont. Das kann sich bis in Scharfrichtermanieren auswirken. Meistens wenig Freunde deswegen. Intelligent, aber alles nur „sachlich" betrachtend und viel zu viel oft alles beurteilend, wenn nicht verurteilend. Strebsam und dabei oft sehr rücksichtslos. Man sollte sich mehr auf Harmonie und auf den Standpunkt: „Leben und leben lassen!" einstellen. – S: möglicherweise irgendwie kritische Ereignisse in der Familie und in der Jugend, die Minderwertigkeitskomplexe anwachsen lassen können. Drängen zum Studium, oft zu einem Beruf als Jurist, auch Richter, oder Beamter der ausübenden Gewalt. Aber auch Forscher. Sonst auch Berufe, in den Metalle eine Rolle spielen. Evtl. Auftreten von Leber- und Gallenleiden. Schwierigkeiten mit Gerichten möglich. Geschäftsleute sollten sich vor Konkursen in Acht nehmen. Fragliche Eheverhältnisse drohen bei Unvernunft. Wenig oder keine Kinder. – Progr. E, G.

29. 6° ♐, 246° = K, W, S: ähnlich wie in 5° ♐, eher verschärft möglich. – Progr. E, G.

30. 7° ♐, 247° = K: meistens eine etwas stabile Figur mit bräunlichem oder dunklem Haar. Neigung zu Rheuma. – W: intelligent, meistens praktisch eingestellt, strebend, meistens Wort haltend, und oft sehr

sorglich. Hier und da aber noch etwas Nachklang der Wirkungen aus 6° ♐. – S: meistens in aufstrebender Familie, die die materiellen Dinge schätzt, aufgewachsen oder auch erzogen. Viel Freier (Freierinnen). Genug Heiratsaussichten. Gutes berufliches Vorankommen meistens. Bei den Vorfahren hier und da Krebstodfälle. Mittlere Kinderzahl. – Progr. E!, G.

Dezember

1. 8° ♐, 248° = K: meistens sehr schlank, einige zierlich und klein, andere mittelgroß bis sehr groß. Meistens dunkelblonde bis dunkle Haare. Nettes Äußeres zumeist bei aufrechter Haltung. Ruhige Bewegungen durchweg. – W: Streben nach Ausgleich und Harmonie, angenehm wirkend zumeist. Intelligent, etwas sensibel, sauber. Einige ernste Forscherinnen (Forscher) mit Erfolg. So auch der Partner (die Partnerin). Allgemein beliebt. – S: meistens in guter Erziehung aufgewachsen. Materiell gute Heiraten werden meistens übersehen und aus Liebe geheiratet. Irgendwie muß man sich mit dem Problem: Treue oder Untreue während des Lebens sehr beschäftigen, sei es entweder tätig oder erleidend. Dasselbe gilt auch für den Sonnenstand in 9 und 10° ♐, zum Teil auch noch in 11° ♐. Dennoch ist die Ehe in den meisten Fällen zu halten. Im allgemeinen gute finanzielle Verhältnisse. Künstler-Bekanntschaften wahrscheinlich. Große Wendigkeit des Ehepartners oder der Partnerin. In der Öffentlichkeit meistens sehr bekannt. Oft wohl 2 bis 3 Kinder, gut veranlagt und mit starkem Eigengefühl bei großer Sensitivität. Hohes Alter ist erreichbar. – Progr. E, G.

2. 9° ♐, 249° = K, W, S: ähnlich wie in 8° ♐, eher das Schicksal noch verstärkt und schärfer betont. – Progr. E, G.

3. 10° ♐, 250° = K, W, S: ähnlich wie in 8 und 9° ♐, eher schärfer betont. Ehekrisen evtl. mit größerer Schärfe und Schwere. – Progr. E, G. – Hauptthema: Treue – Untreue.

4. 11° ♐, 251° = K: oftmals mehr robust, mit starkem Knochengerüst und mehr breiten Schultern, meistens dunkelhaarig und mit starken Augenbrauen. Einige sind Schönheiten. – W: meistens sehr intelligent

und dabei oft sehr egozentrisch eingestellt. Zeitweise verschlossen in Gedanken und Plänen und dann wieder außerordentlich spritzig und hemmungslos auftretend. Einige sind sehr sensibel und können bei Übersteigerung an den geistigen Fähigkeiten Schaden erleiden. Viele Pläne. Geneigt zu allen möglichen Konstruktionen. Intelligent. Einige sind größeren körperlichen Anstrengungen abgeneigt. Viel Sinnenfreude. Schönheitsgefühl. Mit oder ohne Grund evtl. sehr geneigt zur Eifersucht und zum Haß. Beruflich geeignet für Gebiete der Technik, besonders der Elektro-Technik. – S: die schicksalsbedingten, oft drastisch einschneidenden Ereignisse treten meistens plötzlich auf. In etwas unklaren familiären Verhältnissen zumeist geboren und in vielen Fällen auch aufgewachsen. Bei vielen frühzeitige Liebeserlebnisse. Das Liebes- und Eheleben unterliegt vielen plötzlichen Schwankungen und Fehlschlägen, wenn man nicht sehr vorsichtig ist. Einige bleiben ehelos trotz aller Bemühungen und werden verbittert. Gefährliche gesundheitliche Schwankungen im 3. und 4. Jahrzehnt. Später eine stabile Gesundheit und große Zähigkeit. Bei höherer seelischer Entwicklung gilt das vorstehend Angegebene sehr abgeschwächt. – Progr. E??, G.

5. 12° ♐, 252° = K, W, S: wie in 11° ♐, aber alles verschärft. – Progr. E?, G.

6. 13° ♐, 253° = K, W, S: wie in 11° ♐, bei einigen noch verschärft, bei anderen abflauend. – Progr. E??, G.

7. 14° ♐, 254° = K: meistens eine hohe, zeitweilig volle Figur in guten Proportionen, blondes oder dunkelblondes Haar, klare Haut, oft noch in hohem Alter rote Wangen, meistens Schönheiten. Meistens gut arbeitende Drüsen, bleibt lange jung, kann alle Krankheiten und Schwächen überwinden und ein hohes Alter erreichen. – W: meistens sehr lebhaft, aber nicht auffallend, sehr sensibel, oft sehr ideal eingestellt, Stimmungsschwankungen oft unterworfen, dann nervös, aber immer wieder Mut fassend, manchmal sehr optimistisch, gesellig, liebebedürftig, angenehm im Verkehr mit Menschen gleicher Art, gefühlsmäßig reserviert im Verkehr mit Minderwertigen. Fleißig, unermüdlich, manchmal etwas klagend, Gefühlsseiten betonend, strebend, wahrhaft. – S: Familienverluste, oder etwas unklare Familienverhältnisse in den Kinderjahren, immerhin fördernde Umgebung, ein Opfer auf dem

Altar der Liebe mit 20–22 Jahren, meistens Heirat in reiferen Jahren, nicht viel Kinder. Im höheren Alter finanziell gute bis sehr gute Lage durch intensive Arbeit. Alleinsein im Alter zumeist. – Progr. E, G.

8. 15° ♐, 255° = K, W, S: wie in 14° ♐, eher noch schärfer ausgeprägt.

9. 16° ♐, 256° = K: oftmals etwas zarter gebaut, weiße Haut zumeist und mehr dunkles, einige auch rötliches Haar. Gefahren für das linke Auge. Zähe. Aussichten auf ein hohes Alter. – W: mehr ruhig, abwartend, voller Stimmungen, sympathisch, meistens optimistisch, strebsam, ehrgeizig, liebebedürftig, mindestens Anerkennung wertend. – S: Im allgemeinen mit der Zeit günstige und stabile Verhältnisse. Erfolg in Geschäften mit dem weiblichen Teil der Bevölkerung. Ordentliche Ehe zumeist, 2–3 Kinder möglich. Ruhiges hohes Alter erreichbar. Evtl. Gefahren für das linke Auge oder Sehschwäche auf diesem Auge. – Progr. E, G.

10. 17° ♐, 257° = K: In der Jugend schlanke, im mittleren Alter mehr breitschultrige und volle imponierende Figur. Gesund. – W: optimistisch,, wendig, Vertrauen erweckend, bei Laune sehr großzügig bis leichtsinnig. Intelligent, gerne die Dinge schaukelnd, auf äußere Form achtend, gerne repräsentierend, die Schwierigkeiten nicht schwer nehmend. Immer wieder Wege und Hilfe in der Not findend. – S: oftmals in gutsituierter Familie oder Umgebung aufgewachsen und gute Schulbildung. Schwärmerisch in der Jugend. Der Himmel hängt voller Geigen. Die Möglichkeit, sich selbständig zu machen, ist gegeben. In Geschäften sehr erfolgreich, wenn der richtige Partner (die richtige Partnerin) da ist, um Fehler zu vermeiden oder wieder auszugleichen. Riskante Geschäfte reizen sehr. Alles soll ins Große gehen und anderen imponieren. Öffentlich sehr bekannte Persönlichkeit. Noch Gefahren für das linke Auge. Nach falschen Entschlüssen viel Auf und Ab im Leben. In der Liebe evtl.(!) langjährige Bindungen, die Heirat und Ehe hinausschieben können. – Progr. E, G.

11. 18° ♐, 258° = K: ähnlich wie in 17° ♐, eher oft Schönheiten, stattlicher. – W: sehr optimistisch, meistens sonnigen Gemüts, großzügig,

gerne die Dinge schaukelnd, meistens keine philosophischen Probleme wälzend, lebensfroh, hier und da etwas zu leichtsinnig. Es kann ihr (ihm) keiner böse sein. – S: wie in 17° ♐, eher noch verstärkt und besser. Dazu: Hilfe von Freunden und Freundinnen. Immer wieder gute Möglichkeiten. Aber evtl. Schaden durch Liebschaften. Meistens gute Zusammenarbeit mit Behörden und dadurch Förderung. Öffentlich sehr bekannte Persönlichkeit. Wenig oder keine Kinder. Ein hohes Alter ist erreichbar. – Progr. E, G!

12. 19° ♐, 259° = K, W, S: wie in 17 und 18° ♐, aber eher klarer und günstiger. – Progr. E!, G!

13. 20° ♐, 260° = K, W, S: ähnlich wie in 17–19° ♐, aber etwas abgeschwächt. Eher Nachwirkungen des guten Sonneneinflusses. – Progr. E, G. – Lucia-Tag.

14. 21° ♐, 261° = K: vielleicht etwas kleiner, breithüftig erst in älteren Jahren, dunkelblondes oder schwarzes Haar, einige auch mit rötlichem Haar. Im allgemeinen gesund und sehr zähe. Schon in jungen Jahren beginnende Schwindelanfälle, besonders auf Treppen oder hohen Orten. Ein hohes Alter ist erreichbar. – W: sehr intelligent, sensibel, scharfe Gedanken, temperamentvoll, hier und da leicht etwas gereizt, doch verträglich und großzügig. Schönheitsgefühl, Stil, vornehmes Auftreten, diplomatisch, aktiv an idealen Bestrebungen teilnehmend. – S: meistens in guten Verhältnissen aufgewachsen und gut geschult. – Eine schöne Jugend und viel Heiratsmöglichkeiten. Harmonie in der Ehe wahrscheinlich und auch ein gutes Vorankommen. Partner (Partnerin) ist etwas unruhig im Wesen, aber strebsam, auch in Hinsicht auf das Geistige. Viele gute Beziehungen werden angeknüpft. Ein romantischer Schimmer liegt hier über einem an Ereignissen und Erkenntnissen reichen Lebens, das in Einsamkeit meistens abklingt. Nicht viel Kinder, aber sie sind erfolgreich. – Progr. E, G.

15. 22° ♐, 262° = K, W, S: ähnlich wie in 21° ♐, aber viel klarer und schärfer zutreffend meistens. – Progr. E, G?

16. 23° ♐, 263° = K: meistens mittelgroß, oftmals dunkles, einige blauschwarzes Haar, einige sehr starkknochig. Große Gefahr für die Augen evtl. – W: intelligent, sprachgewandt, temperamentvoll, bildungshungrig, sinnend, einige hellhörend und hellsehend. Wahrträume. Fleißig, hier und da zu wenig Wagemut, oft etwas sehr kritisch. – S: meistens in aufstrebender Familie, deren eine Seite in den Vorfahren adelig war, geboren. Frühzeitige Liebeserlebnisse und frühzeitige Heirat möglich. Evtl. Mußehe. Die Möglichkeit zur Selbständigkeit ist gegeben. Vielleicht viele Kinder. Evtl. kränklicher oder schwächlicher Ehepartner (Partnerin). Aber von der Seite sehr viel Liebe und Verstehen. Die Kinder können zwei Ehen entstammen. Im höheren Alter Vollsein und Verschleimung der Brust, vielleicht auch Unterleibsschwäche und Darmgeschichten. Immerhin ist ein hohes Alter erreichbar. – Progr. E, G.

17. 24° ♐, 264° = K: meistens mehr schlanke Figur, oftmals dunkelhaarig, helle Haut, und in vielen Fällen ansprechende Schönheiten. Etwas leicht nervös. – W: meistens sehr intelligent, gesprächig, gewählt sich ausdrückend, aber auch Freude am Wortspiel, sauber, anständig, fleißig, sparsam, gefällig und aufopfernd, in Gefahren sehr vorsichtig oder auch mutlos, viel beneidet, aber auch sehr geschätzt. – S: meistens in einigermaßen guten Verhältnissen geboren, Ortswechsel in frühester Kindheit möglich. Aufstieg der Familie. Eine gute Schulbildung. Frühzeitige Liebeserlebnisse, evtl. Mußheirat. Kindergeburt, evtl. auch Sterben eines Kindes, fragliche Ehedauer, hoffnungslose Freundschaft. Einige bleiben auch ledig. Aussicht auf eine Erbschaft (Grund und Boden, Häuser), unklares Verhältnis zu den Geschwistern. Immerhin ein hohes Alter erreichbar, obgleich die Gesundheit nicht so sehr stabil erscheint. – Progr. E?, G.

18. 25° ♐, 265° = K, W, S: ähnlich wie in 24° ♐, aber klarer in den einzelnen Zügen. Etwas mehr Temperament, Mut und Eigengestaltung des Lebens. – Progr. E, G.

19. 26° ♐, 266° = K: meistens groß, schlank, mehr breitschultrig und breithüftig, helle Haut, blondes bis dunkelblondes Haar. Einige sind

Schönheiten. – W: mehr positiv eingestellt, manchesmal etwas spritzig. Nicht immer leicht zu durchschauen. Übt gerne Versteckspiel. Innerlich sehr bewußt, will alles selbst gestalten. Fleißig, sparsam bis sehr sparsam. Viele Stimmungen. Oft unzufrieden. Zeigt Mutlosigkeit nicht gerne. Sieht leicht zu schwarz. – S: in immerhin erträglichen Verhältnissen geboren. Verläßt meistens früh das Elternhaus. Niederdrückende Liebeserlebnisse. Enttäuschungen über Enttäuschungen, besonders durch Menschen mit Boheme-Atmosphäre. Kritische Eheverhältnisse, die zu Trennungen führen können, sind möglich. Keine oder wenig Kinder. Vielleicht noch eine Spätehe. – Progr. E, G.

20. 27 und 28° ♐, 267 und 268° = K: mittelgroß bis sehr groß, oftmals etwas hageres Gesicht, helle Haut, oft eine starke, etwas gebogene Nase, aufrechter Gang mit etwas Steife in den Knien beim Gehen. – W: gibt sich meistens etwas reserviert, hier und da auch etwas stolz, schätzt seine eigene Ansicht sehr, läßt sich schwer eines besseren überzeugen, betont seine Einstellung auf das Reale, bemüht sich korrekt zu sein, kämpft mehr oder weniger mit Erfolg gegen eine innere Triebhaftigkeit. Meistens treu in der Ehe. Doch einige auch mit Akademikerfimmel belastet, einige sogar etwas hochstaplerisch auftretend. Hier ist viel von der seelischen Reife abhängig. – S: die Vorfahren waren meistens sehr begütert, und ihr Vermögen ging durch Einfließen anderen Blutes verloren. Erbschaftsbetrug wirkte dann mit. In den Nachkommen wechseln dann Überwertungs- mit Unterwertungs-Komplexen leicht ab, ebenso Großzügigkeit, evtl. die Lust am Prahlen, mit Kleinlichkeit. Einige ringen sich durch, werfen die inneren Spannungen auf ein Gebiet, das es ihnen ermöglicht, sich zu fangen, arbeiten sich in Staatsstellungen hinauf, auch als Pfarrer oder Bürgermeister, andere scheitern an den inneren Spannungen und sinken in die Masse hinab. Vieles ist von dem Partner (der Partnerin) abhängig. Von dieser Seite können auch Erbschaften hereinkommen. Im hohen Alter ist Sturz auf den Kopf zu vermeiden. Evtl. zwei Ehen. Wenig Kinder. – Progr. E, G.

21. 29° ♐, 269° = K: hier finden sich hohe schlanke und auch mittlere breitgebaute Figuren an. Die ersteren haben meist dunkles, die anderen meistens eher blondes Haar. – W: meistens lebhaft, schnell erregt

und in wechselnden Stimmungen. Materielle Werte werden geschätzt, wenn nicht überschätzt. Darin gibt es wenig Ausnahmen. Oft liegt es wie ein Druck auf der Stimmung. Vorsorge für das Alter ist meistens betont. Fleißig, sich umschauend, Gelegenheiten erspähend und erfassend, gibt sich gerne volkstümlich, liebt auch meistens die Geselligkeit. – S: in der Jugend meistens Umzug oder Ortsveränderung der Familie. Familienverluste in der Jugend ebenfalls. Gewagte Entschlüsse in der Jugend können lange ungünstig nachwirken. Fleiß und emsige Arbeit, auch nach Feierabend, können immerhin gute Existenz sichern. Oft auch sog. Mußehe. Wahrscheinlich zwei Ehen. Eigenartiges Verhalten in der Öffentlichkeit könnte sehr schaden. In einem langen Leben ein guter seelischer Ausklang. Wenig Kinder. Auch vielleicht Pflegekinder. – Progr. E, G?

In den Tagen 20., 21. Dezember fließen 3 Sonnengrade meistens zusammen. Das ist zu beachten. Zudem wandert die Sonne in diesen Tagen über die Erdachse und ist dabei auf ihrem tiefsten Punkt. Dadurch werden die Strahlungen meistens wenig einheitlich sein und das Schicksal, soweit es sich aus den Wirkungen der Sonne her ergibt, ebenfalls. Planeten hier in der Nähe der Sonne und also auch der Erdachse wirken sich ebenfalls sehr aus, je nachdem sie der Sonne voraus und schon im Zeichen Steinbock sind, oder ob sie hinter der Sonne her noch im Zeichen Schütze weilen.

Zum Wesen und Schicksal der Steinbock-Geborenen

Ein ganz besonderes Zeichen ist das Zeichen Steinbock. Dieses Zeichen wird (von uns aus gesehen) in der Zeitspanne 22. Dezember bis 19. Januar durch die Sonne, die sich in diesen Tagen in dem Zeichen Steinbock aufhält, besonders betont. Die in den Tagen 22. Dezember bis 19. Januar Geborenen nennt man deswegen im Volksmund: die Steinbock-Geborenen.

Nach den Regeln der Alten gehört das Zeichen Steinbock zu den Kardinal-Zeichen. Es bildet, vereint mit den Zeichen Widder, Krebs und Waage, das kardinale Kreuz.

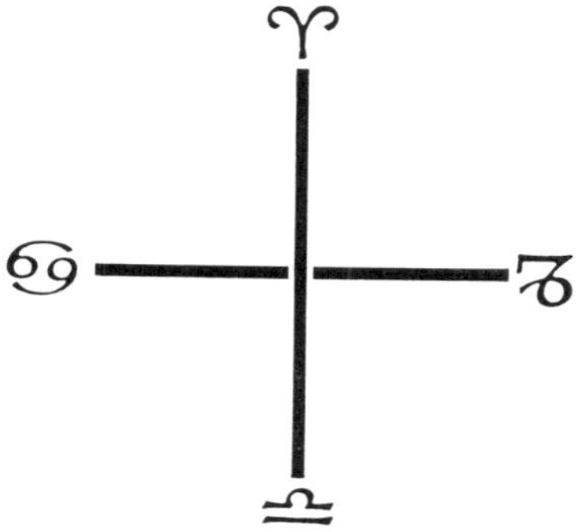

DAS KARDINALE KREUZ

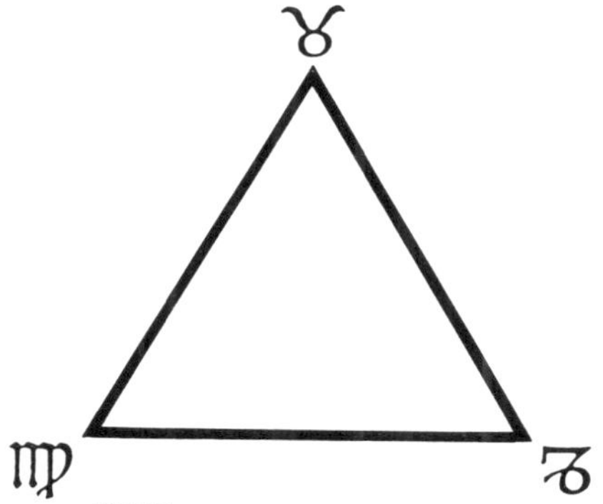

DIE ERD-ZEICHEN

Mit diesem Kreuz habe ich mich schon eingehend im siebten Zeichen befaßt.

Nach einer anderen Regel gehört dann das Zeichen Steinbock noch zu den sogenannten Erdzeichen, und zwar mit den Zeichen Stier und Jungfrau zusammen.

Da wir nun bei der Besprechung des Zeichens Krebs die kardinalen Zeichen als stoffliche Zeichen kennengelernt haben und da das Zeichen Steinbock dazu gehört und außerdem noch zu den Erdzeichen gerechnet werden muß, hätten wir einen hier doppelten Hinweis auf Verstofflichungs-Tendenzen und auf die Stofflichkeit überhaupt.

Das ist auch schon in der Bezeichnung „Stein"-„Bock" zum Ausdruck gebracht. In dem Wort „Stein" ist schon die feste Verstofflichung, bis zum Stein, angedeutet, und nun kommt noch das Wort „Bock" dazu. – Beachten wir dann noch, daß der Saturn der Herrscher des Zeichens Steinbock ist, so ist das Bild vollkommen, besonders wenn wir den Saturn als den „Pan“ erkennen und uns das Wort „Bock“ näher betrachten. Daß der „Pan“ der „Bock“ ist, ergibt sich allein daraus, daß der „Pan“ bildhaft mit Bocksfüßen und Hörnern dargestellt wird. (Daß der „Pan“ immer noch der Gott der Polen ist, eben der Weltenschöpfer der Alten, ist klar, wenn man bedenkt, daß die Polen für das Wort „Gott“ die Bezeichnung „Buck“ haben.) – Und wenn wir nun ähnliche Worte nehmen, Worte, die mit Gott und Buck (plattdeutsch ist Buck = Bock) gleiche Ahnen haben, so kommen wir an „backen“, „Bäcker“, „bücken“ usw., Worte, die das „Festmachen“ des vorher Flüssigen und die räumliche Verkleinerung (in „bücken“) anzeigen. („Pan“ ist auch verwandt mit „Bann“ und „bannen“ = „fest“-machen.)

Steinbock-Geborene sind also Seelen, die in oder an den festen Stoffen gebannt sind, sie haben in sich stark mit versteinernden Tendenzen zu kämpfen und haben an und in sich zu arbeiten, um sich seelisch vor Versteinerung zu hüten oder sich von Versteinerungen freizumachen. – Ebensowenig wie Steinbock-Geborene die Materie oder den Besitz zu hoch einschätzen sollen, dürfen sie Rang und Würden und Titel zu hoch einschätzen, denn sie bannen die Seele in einem Bannkreis, der nur hemmen kann.

Und es ist auch eine Hilfe gegeben. Nehmen wir das Beispiel von dem Badenden, der vom hohen Sprungbrett hinab ins Wasser springt. So viel tiefer er hinunterkommt, so viel stärker ist der Auftrieb! – Steinbock-Geborene sollten deshalb ihren bekannten melancholischen Stimmungen nicht so sehr nachgeben. Sie sind ja gerade der Beweis, daß sich die Seele zu sehr gebunden fühlt, ihre Sehnsucht nach Höherem oder in Richtung auf die geistigen Welten, nach „des Vaters Haus“ ist ja der Beweis und der Anfang zum Aufstieg und zur Rückkehr! – Wie fein hat Jesus Christus diesen seelischen Zustand und seine Wandlungen bezeichnet in dem Gleichnis vom „Verlorenen Sohn“, der von den „Trebern“ aß, die das Futter der „Schweine“ sind (Jesus kennzeichnet hier die Gier nach den Gütern dieser Erde: Geld, Besitz, Reichtum usw. als Futter der „Schweine“) und wie wunderbar hat Albrecht Dürer in seinem Kupferstich „Der verlorene Sohn“ auch das Zeichen Stier (mit seinem Hinterteil links auf dem Bild) und das Zeichen Jungfrau (das offene Tor rechts auf dem Bild) und den „verlorenen Sohn“ mitten zwischen den fressenden Schweinen (die von den Abfällen der Weltenschöpfung leben und sich dabei wohlfühlen), das Problem der

Steinbock-Geborenen gekennzeichnet, die sich zu sehr mit dem Stoff und seiner Dämonie verketten. – Damit habe ich eine der hauptsächlichsten Gefahren, die dem Steinbock-Geborenen drohen können, aufgezeichnet. Das gilt den „Kleinen“ unter den Steinbock-Geborenen weniger als den „Großen“, den „Mächtigen“. Denn es ist verständlich, wenn der Arme und der vom Schicksal weniger begünstigte Steinbock-Geborene nach den Gütern dieser Erde drängt, um einigermaßen seine nackte Existenz gesichert zu sehen. Aber, was heißt heute schon „gesichert“!

Steinbock-Geborene können, wenn sie wollen, ihr seelisches Gedrücktsein und ihre melancholischen Stimmungen, die eine mangelnde Zirkulation der Säfte und tatsächlich Versteinerungskrankheiten nach sich ziehen, beseitigen. Wir leben ja, um uns seelisch zu entwickeln. In Ruhe, sich außer sich selbst stellend, soll der (die) Steinbock-Geborene alle Lebensprobleme durchdenken und für das Leben maßgebende Entschlüsse daraus ziehen und befolgen.

Steinbock-Geborene sind unermüdlich fleißig, pünktlich und gewissenhaft. Sie nehmen auch Lasten auf sich. Man muß sie gerne haben und man muß ihnen das auch zeigen, denn sie haben ihren Ehrgeiz und sind für jede herzliche Form der Anerkennung dankbar, wenn sie das auch nicht immer so offenbar werden lassen. Sie sind verschlossen, soweit nicht andere Planeten etwas anderes bedingen. Sie reden nicht viel und arbeiten lieber (außer die am 16.–20. Januar Geborenen gewöhnlich) und schaffen gerne fertige Tatsachen. Sie herrschen gerne in ihrem Umkreis, zeigen das aber nicht immer so auffällig. Sie sind stark im Widerstand und verfolgen ihre Ziele von langer Hand und können auch Menschen, die ihnen dabei im Wege sind, an der Ehre angreifen. Sie trumpfen auch gerne auf, wo es geht oder zu gehen scheint. Es kommt auf ihre seelische Reife an. Nicht alle sind so.

Die Steinbock-Geborenen sind selten füllig in der Gestalt, oder bleiben es selten lange. Im Alter können sie wieder sehr schlank werden. Steinbock-Geborene sind zähe. Trotz des inneren Feuers können sie sich zurückhalten von der Verschleuderung der Lebenskraft. Sie können aber auch mit der ganzen Glut ihrer Persönlichkeit lieben und können eine ganze Anzahl Kinder haben. Steinbock-Geborene können sehr alt werden. Noch in ihren letzten Jahren machen sie von sich reden. Irgendwie können sie da noch einmal aus dem Rahmen fallen.

Die materiellen Verhältnisse, sie mögen bescheiden sein oder nicht, sind im allgemeinen stabil. Viele Steinbock-Geborene haben in ihrem Leben Erbschaften zu erwarten. Nicht immer werden sie richtig angewandt. Die materielle Sicherung haben sie auch oft dem Partner (der Partnerin) zu verdanken, geben es dann aber nicht gerne zu. Flüssiges Geld ist immer in Gefahr und sollte immer in festen Werten angelegt werden.

Wenn Steinbock-Geborene reden, so sprechen sie oftmals wie auf einem Nebengeleise. Sonst sind sie gerne schweigsam. Sie beklagen sich gerne, aber sie erzählen auch gerne von früheren Zeiten. Das Erinnerungsvermögen ist sehr stark. In schriftlichen Angelegenheiten ist etwas zur Vorsicht zu raten.

Das Elternhaus und dessen Atmosphäre hatte einen gewissen Stand. Die Eltern waren zumeist tüchtig und regsam, hier und da etwas zu konservativ eingestellt. Sie saßen zumeist auf einem Fleck und der (die) Steinbock-Geborene wechselt auch nicht gerne Ort und Wohnung. Überflüssiger Luxus ist da nicht vorliegend, dem Schönheitssinn werden Grenzen gesetzt. Alles soll „praktisch“ sein, oftmals „sich lohnen“. Aber sauber sind die Wohnräume. Viele Steinbock-Geborene haben die berüchtigte „Putzeritis“, die das Heim unheimlich machen kann. Auch ein anderer Planet im Zeichen Steinbock kann das bewirken, z. B. der Merkur.

Nun die Kinder. Sie sollen etwas werden. Aber die Liebe kann ihnen da einen Streich spielen, diejenige Liebe, die auch „praktisch“ ist und darüber nicht glücklich macht. Oder die Kinder suchen über die Brücke der Liebe eine wärmere Atmosphäre, als sie im Elternhaus war. Wohl ihnen, wenn sie da eine glückliche Hand haben.

In der Arbeit sind die Steinbock-Geborenen meistens planmäßig. Und unermüdlich. Sie können da zuviel tun. Zu Krankheiten neigt der Magen, der nicht besonders gut assimiliert, dann der Kopf, infolge ungeregelter Blutzirkulation, und die Nieren aus demselben Grunde. Dazu kommen allgemeine Zirkulationsstörungen. Von Zeit zu Zeit sollte durch heiße Bäder für eine Belebung der Zirkulation gesorgt werden, ebenso durch Wanderungen und Tiefatmen.

Es bleibt meistens bei einer Ehe. Oftmals wird diese erst in reiferen Jahren geschlossen und damit nichts verpaßt. Die Ehe zeigt manchmal ein eigenartiges Bild, wenigstens bei einigen Steinbock-Geborenen. Auf diese komme ich später noch zurück.

Wie ich schon erwähnte, ergibt sich für Steinbock-Geborene die Möglichkeit, Erbschaften zu machen. Dabei kann es sich um verhältnismäßig große Werte handeln. Spekulationen mit diesen Werten liegen aber den Steinbock-Geborenen meistens fern. – Steinbock-Geborene kommen manchmal zu spontanem Hellsehen. Ihre religiöse und konfessionelle Haltung ist meistens recht konservativ, beschränkt sich meistens auf Formen, wenn überhaupt auf Religion Wert gelegt wird. Zu leicht verbinden sich bei Steinbock-Geborenen religiöse Gedanken mit Furchtempfindungen. Hier hilft ebenfalls die Philosophie, ernsthaft und immer wieder als Erkenntnisweg beschritten. Da das Zeichen Steinbock ein Forscher-Zeichen ist, kann der (die) Steinbock-Geborene auf diesem Wege einen sehr hohen geistigen Stand und eine feinabgestimmte ruhige Seele als Erfolg sehr gut buchen, und die Erlösung vom Stoff und der Dämonie des Stoffes mindestens einleiten, wenn nicht erreichen. Und da scheut der Steinbock keine Anstrengungen, wenn er den Weg erkannt hat, und die höchsten Höhen sind dann sein Eigen. Denn der Mensch ist, was er denkt! Aus rechtem Denken ersprießt dann auch die rechte Tat.

Auslandsaufenthalt liegt nicht so sehr am Schicksalswege des (der) Steinbock-Geborenen. Wenigstens selten auf die Dauer, außer die Erbschaft liegt im Auslande oder eine berufliche Angelegenheit. – In beruflichen Angelegenheiten ist der (die) Steinbock-Geborene etwas langsam aber beharrlich, scheint oft zaghaft, aber in Einzelfällen auch gewaltsam vorgehend. Diese Eigenheit zeigt er besonders in seinen Überlegungen und Plänen. Ist der Plan aber fertig, so wird die Tatsache meistens schon fertig hingestellt, und nichts kann dann den ehrgeizigen und machthungrigen Steinbock davon abbringen. So kann es kommen, daß Steinbock-Geborene an schweren Schicksalsschlägen oder mindestens an großen Mißerfolgen selbst die Hauptschuld tragen. Sie sind auch sehr nachtragend und bleiben selten sachlich nach Fehlschlägen, sind dann leicht erregt und geben im Grunde dann doch oft das Bild eines Menschen mit Minderwertigkeitskomplexen, die auf diese Weise sich zeigen. Der Beruf kann auch viele Feindschaften im Gefolge haben. Schaden kann für den Beruf und die Laufbahn besonders von Ausländern erwachsen. Diese Schädigungen können den ganzen, sauer erworbenen Besitz gefährden und den guten Ruf der Steinbock-Geborenen dazu.

Immerhin hat der (die) Steinbock-Geborene viel nützliche Freundschaften im Leben zu erwarten. Diese Freunde sind zumeist in Geheimbünden und auch in Vereinigungen, die da vorgeben, besonders religiöse Ziele zu verfolgen. Solche meistens machtvolle Organisationen imponieren dem (der) Steinbock-Geborenen sehr, denn der Steinbock ist für Machtgedanken ja selbst etwas offen. Im beruflichen Leben kann hier und da auch die Frau oder eine Frau eine große Rolle spielen oder irgendwie bestimmend nützlich sein. Dieser Punkt gehört meistens zu den Geheimnissen der Lebensbahn, auf deren Korrektheit nach außen sonst soviel Wert gelegt wird. – Diese Korrektheit geht dann u. U. sogar so weit, daß der (die) „korrekte" Steinbock-Geborene sich moralisch oder als Sittenrichter aufspielt. – Das Leben ist ein Kampf! Wenn nur nicht zuviel Scherben zurückbleiben, die vielleicht noch andere Menschen beseitigen müssen, großzügig, weil verstehend – verstehend, weil großzügig.

So wird der (die) Steinbock-Geborene vielen Menschen am Ende des Lebens nach außen als Sieger (Siegerin) erscheinen. Ob sie es wirklich sind, das wird entschieden durch innere Werte, die der (die) Steinbock-Geborene sich entweder erhalten oder neu erworben hat. – Und das liegt an ihm (ihr) selbst.

Nachdem wir so, ganz kurz und knapp, eher die Schärfen etwas herausarbeitend, die Eigenheiten und das Schicksal vieler Steinbock-Geborenen geschildert haben, gehen wir zu den einzelnen Graden und Geburtstagen der Steinbock-Geborenen über und sind uns dabei bewußt, daß wir auch hier nicht alles sagen können, denn das Leben ist in hohem Maße vielfältig und hat viele Einzelzüge.

Da sind erst einmal die vom 23.–26. Dezember Geborenen. – Die Geburt findet zumeist in einem Eckhause statt, in dem viel Menschen verkehren, sei es nun, daß in dem Hause eine Gastwirtschaft oder ein offenes Geschäft betrieben wird. Die Verhältnisse der Eltern sind nicht gerade rosig, aber sie haben zu leben, wenngleich sie vielleicht etwas ruhelos leben und – das kommt auch vor – bald nach Geburt dieses Kindes einen Umzug machen. Die Heirat der Eltern ging auch in vielen Fällen in etwas sonderbarer Weise vor sich. – In den ersten Tagen und den ersten Lebensjahren ist das Leben dieser Steinbock-Geborenen gefährdet. Aber man kommt über den Berg. Noch in den Kinderjahren findet bei den meisten der in diesen Tagen Geborenen ein zweiter Umzug statt oder ein Umzug im gleichen Hause, oder es kommt zu einer einschneidenden Veränderung in der Familie, die dem Ansehen, der Lebensbahn und dem Erbe des (der) Geborenen schadet. Das Wesen des (der) in diesen Tagen Geborenen ist fast immer mit Opferwilligkeit erfüllt. Das kann sich u. a. auch in der Liebe zeigen, die um der Liebe willen verzichten kann (im Alter von 24–28 Jahren). Auch wenn eine Ehe zustandekommt, ist Opferung selbstverständlich. Eine ruhige Art im Umgang, Intelligenz, Ehrlichkeit, Pflichttreue, Schweigsamkeit, Einfachheit in der Kleidung, Sparsamkeit und Einteilungsvermögen. Wohnlage meistens wenn nicht in einem Eckhaus, so innerhalb der Häuserreihe einer Straße, die etwa von Norden nach Süden verläuft und da auf der linken Seite mit Eingang links am Hause oder links in der Front. Gegenüber freies Gelände oder ein etwas zurückstehendes Haus. –

Etwas lebhafter, sprachgewaltiger und etwas mehr in der Richtung auf religiöse Mystik veranlagt sind die vom 27.–31. Dezember Geborenen meistens. Auch die in diesen Tagen Geborenen sind schon in ihrer frühesten Kindheit am Leben gefährdet, und zwar vielleicht durch scharfe Gegenstände oder rabiate Menschen. Möglich ist auch in der Kinderzeit der ersten Jahre oder später eine Änderung des Namens, auch eine Adoption. Das Wesen ist mehr geistiger Art und Berühmtheit im reifen Alter keine Seltenheit. Diese Menschen können mit ganzer Liebe und allen Fasern ihres Herzens sowie mit allen und den feinsten Empfindungen der Seele an einem Menschen, der ihnen Vorbild ist, oder an einer hohen Idee hängen. Trotzdem von außen gesehen, der Mensch, der da Vorbild war, aus irgendeinem Grunde unterging, bleibt er Vorbild, oft das ganze Leben hindurch. Auch hier ist das Opfer der Inhalt des Lebens und Großzügigkeit oft selbst gegenüber den Menschen vorhanden, durch die man in eine üble Lage kam. Und diese üble Lage kann lange andauern und zum Ortswechsel zwingen. Eines der Kinder ist ebenfalls, noch jung, am Leben gefährdet durch Gewalttat oder Unfall. Geheiratet wird von den in diesen Tagen Geborenen meistens sehr früh und oftmals unter dem Zwang irgendeiner Lage, die man teils selbst verschuldet hat oder weil man der Verführung unterlegen ist. Arbeit ist das Los des Lebens. Die Kinderzahl ist nicht sehr groß und das Leben lang. – Die Wohnlage ist wechselnd und durch die Arbeit und ihre Atmosphäre bestimmt.

Nun kommen die Geburtstage 1.–6. Januar. Die in diesen Tagen Geborenen fanden bei ihrer Geburt gleich Besuch im Hause vor. Die Besucher sind: eine lange schlanke schwarzhaarige Person, weiter eine große stattliche und als dritte eine kleinere volle Figur. Natürlich gibt es da von Seiten dieser drei Personen auch gleich entsprechende Geschenke. Diese „Schenkerei“ zieht sich überhaupt fast durch das ganze Leben hin, und zwar entweder in Form von mehreren Erbschaften oder kostenlosem Aufenthalt mit Verpflegung bei netten, großzügigen, lieben Menschen, mit denen man eigentlich gar nicht blutsverwandt ist. Irgendwie ist also für das Alter vom Schicksal oder durch die Gunst anderer Menschen gesorgt. Das kann sich als notwendig erweisen, denn man war oft zu eigenwillig, starr und konservativ im Denken. Daher rührt auch die Einstellung auf eheliche Treue, trotzdem die Partnerin (der Partner) in den meisten Fällen das Zusammenleben und das Zusammenbleiben durch Extravaganzen irgendwelcher „Art“ aufs Spiel setzen oder doch mindestens sehr erschweren kann. In vielen Fällen sah ich da schon den Alkohol eine gewisse Rolle vollführen oder die Großtuerei und das Verschenken von Geld und Werten im besäuselten Zustande. – Beide, der (die) in diesen Tagen Geborene oder die Partnerin (der Partner) haben aber eines an sich: Zeitsinn und pünktliche, saubere, ehrliche Arbeit, und wenn es eine sogenannte „niedere“ Arbeit sein sollte. Sie fallen also der öffentlichen Fürsorge aus eigener Schuld nicht anheim, schicksalsmäßig nur in den seltensten Fällen. Der Tod fällt beide meistens plötzlich an und dann im höheren Alter. Beide verbundenen Personen haben meistens ein einschneidendes Liebesverhältnis in der Jugend gehabt, an dessen tragischem Ausgang sie aber beide schuldlos waren. Wenig Kinder, die meistens heiraten müssen, aber fleißige Kinder. – Wohnlage der in diesen Tagen Geborenen: Bei der Geburt meistens Eckhaus, später Haus neben Eckhaus, auch in der Nähe eines Friedhofes, und später meistens in der Nähe eines freien Platzes in der Straßenbiegung. Der Tod kommt gerne über eine Kopfverletzung oder Sturz auf den Kopf.

Die vom 7.–15. Geborenen sind in vielen Fällen (nicht immer) starkknochig und breitschultrig gebaut. Oft sind sie auch rotbackig bis ins hohe Alter; alt werden sie zumeist. Sie sind fleißig, ordentlich und etwas verkniffen-materiell eingestellt. Sie pflegen Bekanntschaften, haben oftmals etwas in einem Betrieb der Lebensmittelbranche zu tun und haben zu leben. Irgendwie spielen Darmleiden)vielleicht der Partnerin oder des Partners) eine große und ausschlaggebende Rolle im Schicksal mit. Auch Krebs kann mit dazu gehören. Immer handelt es sich um eine langwierige Krankheit. Die Partnerin (der Partner) ist meistens schlank und dunkelhaarig. Gerne wird da etwas gequengelt, aber das ist nicht böse gemeint. Wiederheirat kommt selten in Frage. Man weiß, was man hatte, und nicht, was man bekommt. So dreht sich die Fürsorge um die wenigen Kinder, die meistens materiell vorwärtskommen. – Wohnlage: meistens in der Straßenzeile rechts in einer Straße, die von Osten nach Westen in den Ort hineinführt und über einen freien Platz läuft.

Eine ganz besondere Note zeigen die vom 16.–20. Januar Geborenen. In 28 Grad Steinbock ist der Planet Mars in seiner Erhöhung, und das wirkt sich, da der Mars stark männliche Züge hat, bei weiblichen Steinbock-Geborenen, die in den Tagen, besonders am 18., 19. Januar geboren sind, nicht immer reibungslos aus. Wie das Zeichen Widder für das weibliche Geschlecht etwas kritisch ist, so auch diese Geburtstage 16. bis 20. Januar. Die Sonne gibt diesen Tagen eine starke Aktivität, die zum unbedingten Herrschertum drängen kann oder doch oft will. – Die starken Marseinflüsse in diesen Graden wirken sich oftmals auch körperlich aus. Oftmals, nicht immer, und meistens nur in 28 Grad Steinbock. Das zeigt sich vielleicht schon im Körperbau und daran, daß die Ovarien irgendwie nicht voll entwickelt sind oder auf der einen Körperseite vielleicht gar nicht vorhanden. Mildern kann da eine Konjunktion der Sonne mit der Venus oder dem Jupiter (der kann ein Kind vor der Ehe bringen von einem „hohen" Herrn), aber der Mond und der Saturn in Konjunktion (Gleichschein) mit der Sonne können nicht viel nützen, und der Mars dort kann sich erst ganz abwegig, weil alles beherrschend, auswirken. – Im allgemeinen werden die in diesen Tagen Geborenen weiblichen Geschlechts wenig oder gar keine Kinder zu erwarten haben, außer die vorhin erwähnten mildernden Konjunktionen sind vorhanden, aber die in diesen Tagen Geborenen männlichen Geschlechts haben sehr viel, wenn die erwähnten Konjunktionen vorliegen.

Das ist sicher: Diese Grade im Zeichen Steinbock geben eine sehr große Aktivität und sind geeignet, das übliche Bild, das man gemeinhin vom Steinbock hat, um Bedeutendes zu verändern. Es kommt darauf an, was man aus den kosmischen Impulsen dieser Grade macht. – Diese 28 Grad sind ja auch der Punkt, der für Deutschland gilt: Hitler hatte in Opposition zu diesem Punkt die Spitze seines Berufshauses, wie man heute weiß. Er schädigte Deutschland in hohem Maße.

Diese Grade im Zeichen Steinbock, durch die die Sonne in den Tagen 16.–20. Januar wandert, geben aber auch die Möglichkeit, tief in die Geheimnisse des Lebens und des Seins einzudringen und in ziemlicher Freiheit das Leben zu gestalten. So gibt es in diesen Graden Menschen, die der Welt neue Erkenntnisse vermitteln und zu den berühmtesten und besten ihres Landes zählen. Dabei, und das ist das Erfreuliche, können sie auch ganz eigene Wege gehen, und nichts Menschliches ist ihnen fremd. Es gibt Kreise, denen diese Menschen unbequem sind. Ihnen werden möglichst viele Hindernisse in den Weg gelegt. So ergibt sich ein Bild im Kleinen, das wir vergrößert mit der Eigenart des Deutschen vergleichen können, eine Eigenart, um die uns viele beneiden, weil sie sie nicht haben können, und da verwandelt sich dann der Neid gerne in Haß und in einen gemeinsamen Kampf gegen den „Emporkömmling", gegen den Konkurrenten, der aber wie ein Stehaufmännchen immer wieder auf den Plan tritt.

Die in den Tagen 18.–20. Januar Geborenen haben beruflich auch oft mit der Eisenbranche zu tun, oder mit dem Militär. Je nach ihrer Entwicklungsstufe ist da ihr Benehmen. Hier und da poltern sie auch ein wenig. Es gibt Menschen, denen das auf die Nerven geht, und auch Menschen, die verstehend lächeln. – Im allgemeinen nicht viel Kinder. – Wohnlage: Meistens in einem etwas freistehenden Hause, oft in der Nähe eines Eisenlagers oder einer entsprechenden Werkstatt oder Fabrik. Oft auch wird ein in der Straßenzeile vorspringendes Haus bewohnt.

Soweit zu dem Zeichen Steinbock. Das ganze Bild konnte zumeist nur in groben Strichen gezeichnet werden. Erwähnt sei noch das verhältnismäßig starke Triebleben. Wird es in entsprechenden Grenzen gehalten, so ist ein hohes Alter zu erwarten. Immer und bei allen Menschen sind es die „Wasser des Lebens", die gespart, Gesundheit, geistige Beweglichkeit und Kraft und Erfolge, wie auch ein langes Leben sichern. – Der knappe, hier zur Verfügung stehende Raum gestattete leider keine größere Breite in meinen Ausführungen, aber ich glaube, daß ich das Typische des Zeichens Steinbock einigermaßen herausschälte. Am Leserkreis liegt es nun, weitere Beobachtungen zu machen.

Merke: Im Kind, in jedem Kind ist Gott und die Zukunft der Menschheit. Wie sich die Feste häufen, wenn Sonne über Erdachse, so auch bei Südpol. Darin liegt schon der Beweis, daß der Lauf der Gestirne alles bestimmt!

Philosophisches zu 0° Steinbock, einem wichtigen Merk- und Wendepunkt

0° Steinbock, 270°:

Geht die Sonne in das Zeichen Steinbock, so erleben wir die ‚halbe Nacht' des Jahres: 0° Steinbock. An diesem Tage ist also eine besonders starke Strahlung zwischen der Sonne und der Erde vorhanden. Die Strahlung ist zwar nicht immer gleich in ihrer Wirkung, aber sehr stark; sie wirkt noch einige Tage nach. Auch gut als Zeugungstage um guten und starken Geistern zu einem neuen Leben auf dieser Erde zu verhelfen zum Segen der Familie, des Volkes und der Menschheit. Denn den starken Strahlungen des Himmels und der Erde entsprechen starke klare Geister: Es entsteht der Stoff und die Form, und mit dem Übergang über den Südpol der Erde tritt der Lebensimpuls wieder stark hervor: körperlich, realistisch, in Stoff und Form. Darum der Kalendername: Adam und Eva. Das Jahr wird auch als Kind ‚geboren'.

Das Wetter wie die Wirtschaft stehen stark unter Saturn, wenn er in den ersten Graden von Steinbock steht und damit auf dem Südpol der Erde. Es besteht Neigung zu Klarluft, zu trockenem heißem Wetter mit dazwischenliegenden Störungen (Gewitter, Regen, Unwetter, Wasserfluten, Brände). Aber nach wie vor spielen hier Machtgelüste eine große Rolle, auch unmäßiger Ehrgeiz. Die Achse ist der Baum des Lebens, und die Ekliptik, der Äquator ist die Bahn des Lebens. Die Erde ist der Apfel der Eva. Der Geistmensch Adam verlor seine Strahlungskraft und nahm irdische Materie (Apfel) um sich auf, dadurch wurde er sterblich. Es stirbt aber nur der den Gesetzen der Materie unterworfene physische Körper. Wichtig 0° Krebs. Saturn-Punkt: Realisation, Verstofflichung. Egoisten, Ehrgeiz, Verführung von Adam und Eva (Äpfel essen sehr gesund). – Radioquelle.

Die Grade der Sonne im Zeichen Steinbock

Geb.-Tage im Dezember	Die Sonne im Steinbock

Die Bedeutung der nachstehend verwendeten Abkürzungen:

K	=	Körperliche Grundlagen, Veranlagung, Lebenskraft
W	=	Wesensart, ihre Äußerung, Eigenheiten, Fähigkeiten
S	=	Schicksals-Möglichkeiten
Progr.	=	Progressiv (Wirkung der vorgeschrittenen Sonne)
E	=	Verbindungen, die zur Ehe führen können
G	=	Geschäftsgründung, evtl. größere Selbständigkeit

23. 0° ♑, 270° = K: in den meisten Fällen etwas schlanke Figur mit auch dunklen, rötlichen oder schwarzen Haaren, oft mit etwas gebückter Haltung. Zähe. – W: ruhig im Wesen und in der Bewegung, beim Gehen oft die Knie betonend, oft das Kinn streichelnd. Fleißig, sparsam, dem Mystischen etwas zugeneigt, philosophierend, oft in sich gekehrt, auch oftmals wenig auf Äußeres gebend, nicht immer vorsichtig in der Wahl der Gesellschaft. – S: meistens in mittleren Verhältnissen geboren und zwischen einer Anzahl Geschwistern aufgewachsen. Romantische Stimmung, die in die Ferne treibt. Arbeit bei großem Mangel. Rückkehr ins Elternhaus oder in die Heimat möglich und Besserung der Verhältnisse. Wenn keine Rückkehr in die Heimat stattfindet, dann nach anfänglichen Schwierigkeiten langsames Emporkommen. Rund 70 von 100 heiraten. Wenig Kinder. Hohes Alter ist erreichbar. Bei den in diesem Sonnengrad Geborenen kommt vieles besonders auf den Partner (die Partnerin) an. – Progr. E, G?

24. 1° ♑, 271° = K: ähnliche Figur wie bei Sonne in 0° ♑, aber mehr Haltung. Die Haare blond bis dunkel. – W: etwas beweglicher, jedoch noch immer gemessene Bewegungen. Setzt sich mehr ein für Ideale, kann begeistern und sich auch opfern wollen. Einige haben Neigung für ein asketisches Leben. – K: in einigermaßen günstigen Verhältnis-

sen und in einer guten Erziehung, die seelische Werte hochachtete, aufgewachsen. Wanderungen weiten den Blick. Eine Enttäuschung in der Jugend. Volksnahes Empfinden veranlaßt Bestrebungen, die dem Volke dienen, zu unterstützen. Es kann zu einer Heirat kommen. Wenig Kinder oder keine. Feindschaften, in die man hineingezogen wird. Eher abhängige Stellungen, jedoch teilweise leitend tätig. – Progr. E?, G?

25. 2 und 3° ♑, 272, 273° = K: gut mittelgroß bis groß, meistens schlank, blondes bis dunkles Haar, weiße Haut, im ganzen angenehme Erscheinung, gesund. – W: ruhige Bewegungen, aufrechter Gang, eine einnehmende Haltung. Intelligent, wortgewandt, bei innerer Begeisterung feurig und überzeugend redend, Neigung zur Askese, eine starke Abstrahlung der persönlichen Aura, daher bei zuviel Abstrahlung Minderung der Strahlung der inneren Häute und leicht Ansammlungen von Gasen im Körper. Veranlagt zur reichlichen Aufnahme und Aussendung von Gedankenwellen. Magnetische Kräfte, oft auch magnetisch-hypnotisch wirkender Blick. Oftmals starker Wille spontan, ist aber sich nicht immer dessen bewußt. Die Fähigkeit, durch Handauflegen Krankheiten zu heilen und auch durch Wirken in die Ferne. Sensitiv, Veranlagung zur Telepathie. Einige hören Stimmen. (Bei niederen Zielen Gefahr der Besessenheit zeitweilig möglich bei einigen, besonders bei ungünstig gemischtem Erbblut). Oftmals magische Fähigkeiten veranlagt (aber selten geschult). Hervorstechende Persönlichkeiten in vielen Fällen. Sind gerne Fürsprecher der Armen und vom Schicksal wenig Bevorzugten. – S: einige werden vor der Heirat der Eltern gezeugt, und einige haben einen unehelich geborenen Vater oder eine solche Mutter. andere haben eine Namensänderung in der Kinderzeit gehabt, wieder andere haben Eltern mit sehr gegensätzlicher Veranlagung. Das Geburtshaus ist meistens ein Eckhaus. Mehrere Geschwister. – Oftmals kurz nach der Geburt eine Orts- oder Wohnungsveränderung. – Frühzeitig zeigt sich der aufgeschlossene Sinn und die klare Beobachtungsgabe. Wenig Liebeserlebnisse in der Jugend oder gar keine. Eventuell berufliche Umstellung in den Jugendjahren schon. Zumeist abhängige Stellungen. Oftmals unbändiger Ehrgeiz. Einige sind Fanatiker. Einige sind sehr rücksichtslos. Wichtige

Zeit für die geistige Entwicklung etwa mit 25 Jahren, Sturm- und Drang-Periode. Anschließend größere Selbständigkeit. Eine eventuell sehr gefährliche Krisis mit etwa 33 Jahren. Auch Auslandsbeziehungen oder Auswanderung ins Ausland, wo eine einflußreiche Position errungen werden kann, die aber immer scharf verteidigt werden muß. Bei weiblichen: Gefahr einer bindenden Freundschaft mit einem älteren Mann und ohne Heiratsaussicht zumeist. Alle müssen sich wohl etwas auf Selbstopfer einstellen. Vielleicht nach Ernüchterung noch Spätehe. – Progr. E?, G?
Zu 2° ♑: Für die Auswirkungen des Sonneneinflusses nahm man einstmals 2½ Tage nach dem Eintritt der Sonne in das Zeichen Steinbock ‚Christi Geburt'. Der verkörpernde Einfluß dieses Übertritts der Sonne in Steinbock beginnt zu wirken. Die Krippe liegt rund 3° Stier (Trigon) Jungfrau (Trigon) Steinbock. Deshalb brachten die Maler des wissenden Mittelalters auf ihren Bildern von Christi Geburt auch neben der Jungfrau (Zeichen Jungfrau) den Ochsen (Zeichen Stier) und den Esel (Zeichen Steinbock) an. – Christfest: Jesu opfert sich körperlich (Steinbock, Esel) und geistig (seelisch: Jungfrau). Stephanus opfert sich leiblich und fährt in den Himmel: Beginn der Erlösung vom Stoff, aus der ‚Versteinerung' des Stoffes. (Das Halgadom von Wien, einem Venusort, hat als Heiligen den Stephanus, und unweit Wien steht die ‚Spinnerin am Kreuz' (Venus), die über sich die Hagalrune zeigt.)

26. 4° ♑, 274° = K, W, S: im allgemeinen ähnlich wie bei Sonne in 2 und 3° ♑. Die Abstammungs- und Familien-Verhältnisse sind wohl etwas klarer, aber das Leben kann bei einigen klares Märtyrertum als Erlebnis schicksalhaft bringen. Feindschaften und Verfolgungen (durch Machtgruppen oder Fanatiker) haben einige im höchsten Maße zu erwarten. Die hier Geborenen sollten nicht unnötig zu stark hervortreten oder doch ein höheres Alter abwarten. Im allgemeinen veranlagt die Sonne in diesem Grad zu einem lieben, guten und anständigen Wesen, zu Fleiß, Intelligenz und Sparsamkeit sowie Treue. – Progr. E?, G?

27. 5° ♑, 275° = K: noch Nachwirkungen der Grade 2–4 Steinbock, aber meistens kleiner und mehr breitschultrig. Die Haut kann etwas dunkler

sein. – W: mehr ruhige Bewegungen, bei bewußter Schulterhaltung. Intelligent, geistig beweglich, überlegend, sehr bewußtes Auftreten zumeist und doch ein Hauch von Melancholie. Wohl fleißig und sparsam, bemüht zu helfen wo möglich, auch ordentlich im äußeren Auftreten, im allgemeinen gutgelittene Menschen. Etwas mehr Festigkeit innerlich und in einmal gefaßten Entschlüssen sowie weniger Verführbarkeit könnten einige gebrauchen. Stimmungen sollte man nicht zu sehr nachgehen. – S: in ordentlicher Familie und mittleren Verhältnissen meistens geboren und aufgewachsen. Frühzeitiges Abscheiden des einen Elternteiles ist oft schicksalhaft. Jugendjahre oft voller Härten, Arbeit und Einsamkeit. Auch weiterhin ein Leben voller Pflichten. Meistens günstigen Eheschluß mit treuem strebendem Partner (ebensolche Partnerin), oftmals viele Kinder und finanzieller Aufstieg. Ein hohes Alter ist zu erreichen. – Progr. E, G.

28. 6° ♑, 276° = K: oftmals etwas mehr schlank als bei Sonne in 5° ♑ und auch feinknochig. Meistens dunkelhaarig. – W: ähnlich wie bei Sonne in 5° ♑, aber etwas unruhiger und oft sehr liebebedürftig. Auf guten Ruf ist zu achten. Sonst intelligent, viele gute Einfälle, fleißig, rührig, beweglich, Abwechslung liebend, wendig, aber bemüht, Versprechungen zu erfüllen, zeitweilig melancholisch, in Rechtsfragen sehr genau. – S: in mittelguten Verhältnissen, oft in eingewanderter Familie aufgewachsen, meistens frühzeitige Ehe. Einige heiraten mehrmals. Verluste durch ausgeliehenes Geld und Prozesse möglich. Im allgemeinen gute Verhältnisse und mehrere Kinder zumeist. – Progr. E, G.

29. 7° ♑, 277° = K: meistens mittelgroß, auch kleiner und dunkelhaarig. Einige haben rötliches Haar. Oft etwas lange, vorne sich senkende Nase, Betonung der Knie beim Gehen. Für einige Lebensgefahr durch Sturz auf den Kopf. Schon frühzeitig Schwindelanfälle. – W: viele sind ihr Leben lang von Empfindungen und Gefühlen erfüllt und durchtost, werden von Unruhe und Abwechslungstrieb geplagt und halten selten die goldene Mitte ein. Einige Züge werden gerne übertrieben, so z. B. in Freundschaften und in der Geselligkeit, beim Trinkgelage (auch spendieren an Fremde, selbst wenn die Familie hungert)

und bei der Arbeit. Eigenartiges Ehrgefühl. Viele spielen nach außen den überaus korrekten Menschen. Ohne Frage Ehrlichkeit in der Behandlung fremden Eigentums. Leicht aber Übertreibungen auch im Machtbestreben oder in irgendeiner Leidenschaft. – S: meistens in einer Familie geboren, die einstmals adelig war, aber später im Blut durch ungünstige Kreuzung bei den Vorfahren verdorben wurde. In der Jugend unruhiges Leben, auch Auswanderung oder Seereisen. Rückkehr, ohne etwas gewonnen zu haben. Eventuell finanziell heikle Heirat aus Liebe (oft Mußehe) und Trennug durch Tod oder Scheidung. Dann ist in den meisten Fällen zweite, oft finanziell vorteilhafte Ehe möglich. Leicht ist aber dann der Besitz gefährdet. Meistens 2–3 später noch lebende Kinder. Ein hohes Alter kann erreicht werden. – E, G? – Radioquelle.

30. 8° ♑, 278° = K: häufig mittelgroß, schmalschultrig, mehr dunkelhäutig und dunkelhaarig oder weißhäutig und goldblond oder rothaarig. Einige haben eine empfindliche Lunge. Auch unsicheres Arbeiten der Leber. – W: etwas Nachwirkungen der Sonne in 7° ♑, und in vielem ähnlich. Vielleicht Machtbegierde. Intelligent, wendig, anpassend, praktisch denkend, auch wohl eine Scheinfront hinstellend, Einfluß und Macht erstrebend. Gerne Dogmen erfindend und postulierend. Alles ist hier von der seelischen Entwicklung abhängig. – S: in vielen Zügen in Hinsicht auf die Abstammung wie bei Sonne in 7° ♑. Aber nicht so viel romantische Regungen. Streben in Richtung auf berufliche sowie finanzielle Sicherstellung oft unter Ausnützung religiöser oder idealer Einstellung anderer, oder in Richtung auf eine Beamtenstellung. Meistens mit Erfolg. In seltenen Fällen Mußehe. Wenig Kinder. – Progr. E, G.

31. 9° ♑, 279° = K: hier liegen zwei Typen vor, der schlanke wie in den vorherigen Sonnengraden, und ein recht breitschultriger, breitköpfiger und meistens braun- bis schwarzhaariger Typ. – W: ruhig in den Bewegungen, auf Überzeugung berechnetes Gehaben. Hier und da recht würdevoll. Intelligent, vorausrechnend, zu große körperliche Anstrengungen gerne meidend, mehr abwartend, Rechte in Anspruch nehmend, aber nicht immer offen kämpfend, für medizinische Fragen sich

meistens interessierend, rührig, sparsam, gerne dominierend. – S: in ziemlich sicheren Verhältnissen, oft in Beamten- oder Lehrer-Familie geboren und aufgewachsen. Ein Elternteil ist sehr sensibel und hängt Idealen an, tritt auch für sie ein, der andere Elternteil sorgt für das Tägliche und bremst nach Vermögen und muß das auch. Die (der) Geborene selbst lernt daraus und strebt nach einer sicheren Position, sei es als Beamter, Pfarrer, Lehrer oder in einem größeren Unternehmen. In den meisten Fällen wird geheiratet. Entscheidend kann da das Alter von 19 oder von 23, 24 Jahren sein. Sonst spätere Ehe mit etwa 26, 28 (Mußehe?) oder gar mit 39, 40 Jahren. Wohl wenig Kinder oder keine. Lunge und Leber sind etwas gefährdet. Bei vorsichtigem, ruhigem Leben ist ein hohes Alter erreichbar. – Progr. E, G.

Januar

1. 10° ♑, 280° = K: meistens mittelgroß, breitschultrig und oft etwas füllig und ein im allgemeinen imponierendes Äußeres. Neigung zu schlechter Darmfunktion. In den meisten Fällen dunkelhaarig. – W: voller Stimmungen, zeitweise melancholisch, leicht etwas mürrisch, in Gesellschaft aber entgegenkommend oder gar reizend im Umgang. Vergibt sich nichts, kann schmeichelnd lächeln, kennt aber Grenzen und hält sie ein, obgleich innerlich etwas romantisch veranlagt. Intelligent, sparsam, fleißig, will aber nicht gerügt werden. – S: in einer Familie geboren, die mindestens einstmals hochgeachtet war, wenn es auch einfach zuging. Ein Elternteil kann blutlich ungünstig gemischt sein. Vielleicht ein Fehlschlag in der Liebe mit rund 18 Jahren. Möglicherweise auch mit 26, 27 Jahren. Es kommt aber später doch, wenn vorher alles fehlgeschlagen ist, zu einer Ehe. Ziemlich wechselnde finanzielle Verhältnisse, meistens 2–3 Kinder. – Progr. E, G?

2. 11° ♑, 281° = K, W, S: ähnlich wie bei Sonne in 10° ♑, die dort angegebenen Erlebnisse wahrscheinlich etwa ein Jahr früher. – Progr. E, G.

3. 12° ♑, 282° = K: meistens Mittelgröße und ähnlich wie bei Sonne in 11° ♑. – W: ungefähr wie bei Sonne in 10° ♑, jedoch mehr nervös, zurückhaltend. Sensitiv und Veranlagung zu Wahrträumen, Visionen

und Hellgesichten. – S: in Hinsicht auf die Abstammung und die Verhältnisse wohl ähnlich wie bei Sonne in 10° ♑. Frühzeitiger Tod des einen Elternteils ist möglich. Dann kommen vielleicht Stiefgeschwister. Diese schicksalshaften Lagen kann die Sonne auch in den Graden 13–17 Steinbock bringen. Möglich, aber nicht unbedingt sicher, ist ein Fehlgriff in der Wahl des Ehepartners (der Ehepartnerin). Weiter sind Erbschaften wahrscheinlich. Das Vermögen ist gefährdet, aber eine gewisse Existenz ist gesichert. Ein hohes Alter kann erreicht werden. – Etwa 2–3 Kinder meistens. – Progr. E, G?

4. 13° ♑, 283° = K: mit diesem Sonnengrad treten etwas größere Figuren auf, meistens breitschultrig und stattlich. Die Haare sind dunkel oder blond, je nachdem, welcher Elternteil sich da durchsetzt. In den Vorfahren kreuzt sich meistens das Blut einer nordischen Familie mit dem Blut einer Familie mit unguter südlicher Mischung. Daher ist die Lunge empfindlich und darum ist ein innerer Kampf in dem blonden körperlich größeren und in dem schwarzhaarig körperlich kleineren und feinknochigen Typ während des ganzen Lebens meistens vorliegend. Der schwarzhaarige Typ hat auch mit etwas schwachen Augen zu rechnen, ist sehr sensibel und befähigt zu meistens Furcht erweckenden Wahrträumen und Hellgesichten. – W: etwas unentschlossen, aber fleißig, in der Schule gut, meistens anständiger Gesinnung, im Grunde zur Pflichterfüllung bereit und zur stillen Opferung, selbst wo zu viel verlangt wird, weil eine starke seelische Bindung über den Körper und an alte Tradition vorliegen kann. – Der mehr große, schlanke und blondhaarige Typ ist sehr wendig, intelligent und schlau und gewillt, mit allen Mitteln sich durch das Leben zu kämpfen oder durch List sein Ziel zu erreichen. Auf gut vorbereitetem Boden, den ihm die Dummheit, die Denkfaulheit und die Habgier der Menschen zur Verfügung stellt, geht er planvoll zum Angriff über und siegt auch in den meisten Fällen. Dieser Typ folgt den Regungen der „ärgeren Seite" gemäß seiner gegensätzlich gemischten Abstammung. So kann dieser Typ seine Erfolge erreichen auf der materiellen Ebene, auf der seelischen Ebene droht so mehr und mehr die Unterhöhlung. – S: meistens in einem Ort geringer Größe geboren. Von dem oft großen Besitz der Vorfahren kann noch einiges vorhanden sein. Fehlschlagen einer Lie-

besverbindung auf tragische Weise kann das Jugenderlebnis vieler sein. Die später erfolgende Verehelichung kann (muß aber nicht) ungut sein. Leidenschaften, Übertreibungen, Marotten und gewisse Besessenheitszustände des Partners (der Partnerin) können die Ehe und das Familienleben sehr belasten. Aber Treue wird wohl geboten und gehalten. – Drei oder mehrere Kinder. – Progr. E, G.

5. 14° ♑, 284° = K, W, S: ähnlich wie bei Sonne in 13° ♑. Noch einige Ergänzungen: Oft ist während der Geburt Besuch im Hause. Es dreht sich um eine große volle blondhaarige, eine mittelgroße volle blondhaarige und um eine schlanke, schwarzhaarige Person, also um drei Menschen, die schicksalsgemäß an dem Tage der Geburt als Besuch (oder Besucherinnen) gegenwärtig sind. Die an diesem Tage Geborenen können einen Witwer (eine Witwe) heiraten. Es können viele der an diesem Tage Geborenen evtl. mehrmals ziemlich reiche Erbschaften erwarten. Der Partner (die Partnerin) wird von seiten seiner (ihrer) Familie meistens um die Erbschaft betrogen. Aber selbst die an diesem Tage und in diesem Sonnengrad Geborenen haben mit etwas Erbschleicherei zu rechnen. Es spielt auch hinein, was wir zu dem Sonnenstand in 12° ♑ erwähnt finden und was auch für die Grade 13–17 Sonnenstand im Zeichen Steinbock dort angedeutet ist. Lebensspannen mit Konkursatmosphäre. Auch der Alkohol oder die Spielerleidenschaft können dem Familienleben und den unter diesem Einfluß gezeugten Kindern sehr viel Schaden bringen. Das gilt besonders für den Sonnenstand in 14 und 15° ♑. – Todesursache ist in erster Linie wohl eine Lungenentzündung in späteren Jahren oder ein Sturz auf den Kopf (Schädelbruch). Eines der Stiefgeschwister kann auch im Irrenhaus sterben. Die (der) Geborene kann ein hohes Alter erreichen. – Progr. E, G.

6. 15° ♑, 285° = K, W, S: wie bei Sonne in 12–14° ♑. Die dort geschilderten Einzelzüge geben ein Gesamtbild, von denen vieles für Sonne in 15° ♑ zutrifft. – Progr. E, G! oder ?

7. 16° ♑, 286° = K: mittelgroß bis groß, meistens dunkel- bis schwarzhaarig. – W, S: das Chaos der vorhergehenden Grade klingt nun all-

mählich ab. Im Wesen wie im Denken sehr egozentrisch. Die finanziellen Verhältnisse lassen große Sprünge nicht zu. Aber es gelingt, ein dauerndes ausreichendes Einkommen zu sichern. Berufliche Selbständigkeit ist bei Sonne in 16° ♑ selten. Fraglich ist auch die Möglichkeit einer passenden Heirat, und wenn es zu einer Ehe kommt, sind wenig Kinder zu erwarten. – Progr. E?, G?

8. 17° ♑, 287° = K: meistens mittelgroß, breitschultrig und blondes oder dunkles Haar. Oftmals noch im höheren Alter rotbackig. – W: intelligent, für sich selbst denkend, im kleinen Wirkungskreis fleißig und zähe. Sparsam, sehr einteilend, Freundschaften pflegend, um in der Not einmal nicht ohne Hilfe zu sein. Konservativ eingestellt, viel Familiensinn, Förderung der Kinder, die später gut vorwärtskommen. Ruhig die Arbeit verrichtend und immer bemüht, „oben" nicht anzustoßen. – S: meistens in einer kinderreichen Familie geboren und in den Kinderjahren ein Umzug. Geheiratet wird meistens ein dunkelhaariger Typ. Er hat meistens keine glückliche Hand beruflich. Da kann eine chronische Darmschwäche, ein Darmleiden, auch Darmbrand, eine verspätete Operation, die Ehedauer verkürzen. Es wird selten wieder geheiratet. Meistens zwei Kinder (wohl Söhne), die in selbständiger Position recht gute finanzielle Ergebnisse erzielen. Ein hohes Alter kann bei der einfachen Lebensführung erreicht werden. – Progr. E, G.

9. 18° ♑, 288° = K, W, S: ähnlich wie bei Sonne in 17° ♑, eher schärfer ausgeprägt. – Progr. E, G.

10. 19° ♑, 289° = K, W, S: ähnlich wie bei Sonne in 17 und 18° ♑, und noch schärfer ausgeprägt. Evtl. unliebsame Beurteilung aus der Öffentlichkeit. – Progr. E, G?

11. 20° ♑, 290° = K: eine etwas größere Figur, ebenmäßig gebaut und oft breitschultrig. Zumeist helle Haut und blondes Haar (mit Ausnahme also) und oft rote Wangen bis ins hohe Alter. – W: meistens ruhig, sorglich, fleißig, sparsam, etwas wechselnd in den Stimmungen, einmal sehr melancholisch, das andere Mal zu Scherzen aufgelegt.

Einige haben auch dichterische Talente. – S: geboren und aufgewachsen in einer arbeitsamen Familie, in der auch eine gewisse Geistigkeit gepflegt wird, soweit irgend Zeit dafür ist. Die Jugend ist nicht ohne Aufregung und Freuden, und mit 19 Jahren können weibliche vielleicht schon heiraten, wie überhaupt die Heiratsaussichten in diesem Sonnengrad sehr groß sind. Zwei bis drei Kinder, die später gut vorankommen. Ein eigenes Darmleiden oder ein solches beim Partner (oder bei der Partnerin) kann die Dauer der Ehe etwas begrenzen oder doch viel Sorgen und Ausgaben verursachen. Im allgemeinen eine ausreichende finanzielle Lage. – Progr. E, G?

12. 21° ♑, 291° = K, W, S: ähnlich wie bei Sonne in 20° ♑. – Progr. E, G.

13. 22° ♑, 292° = K: ähnlich wie bei Sonne in 20° ♑, aber meistens sehr starkknochig. Abschließende Erbkrankheiten sind in der Familie. – W: ähnlich wie bei Sonne in 20° ♑, etwas weniger gebunden im Denken und im Ziel. Einige sind sehr anpassungs- und aufopferungsfähig. – S: die Verhältnisse können daheim so sein, daß die Geborene (der Geborene) frühzeitig in die Welt und das Leben hinaus muß. Fleißig, gute Führung und Ordentlichkeit sichern Vorwärtskommen. Heirat in eine geschäftlich selbständige oder Beamtenfamilie ist möglich. In der Ehe viel Betrieb und Gäste im Hause. Eine geachtete Stellung in der Öffentlichkeit ist zu erreichen. Wenig Kinder. – Progr. E, G.

14. 23° ♑, 293° = K: meistens mittelgroß und einige sehr starkknochig. Blondes bis dunkles Haar. Meistens eine breite Stirne und eine etwas blasse Hautfarbe. – W: gesetzt, ruhig, fleißig, gerade heraus, den eigenen Standpunkt behauptend, aber niemand aufdrängend. Achtet auf sich. – S: ähnlich wie bei Sonne in 22° ♑. Erbkrankheiten in der Familie. Wenig Kinder zumeist. – Progr. E, G.

15. 24° ♑, 294° = K: von hier ab finden wir meistens etwas mehr schlanke Typen in Mittelgröße, mit breiter Stirne, aber sonst schmalem Gesicht, etwas bleich bei heller Haut und mit meist blondem Haar. – W: ruhiges Verhalten kann durch Temperamentsausbrüche auch einmal unterbrochen werden. Die (der) Geborene geht gerne eigene

Wege, kann allgemein gültige Ansichten beiseite setzen und einigen Wert auf eigene Gestaltung des Lebens legen. Intelligent, wendig, taktisch vorgehend, meistens auf das Reale eingestellt. – S: meistens in mittelguten bis sehr guten Verhältnissen geboren und aufgewachsen. Nach Krisen in Liebesverbindungen meist eine, die materiellen Verhältnisse sichernde Wahl. Nicht viel Kinder. Möglich sind schwere Ehekrisen. Ein hohes Alter ist erreichbar. – Progr. E, G.

16. 25° ♑, 295° = K: ähnlich wie bei Sonne in 24° ♑. – W: etwa so wie bei Sonne in 24° ♑, feuriger im Temperament. Kritisch analysierend und philosophierend, kurz entschlossen entsprechend eigenen Erkenntnissen. – S: ähnlich wie bei Sonne in 24° ♑. – Progr. E, G.

17. 26° ♑, 296° = K, W, S: wie bei Sonne in 24 und 25° ♑, wohl noch verschärft. – Progr. E, G.

18. 27° ♑, 297° = K: meistens mehr schlank und oftmals dunkel- bis schwarzhaarig. – W: ähnlich wie bei Sonne in 24° ♑, aber klarer, intelligenter und zielbewußter. Geeignet für den Lehrberuf, für Schriftstellerei, eine Tätigkeit als Forscher und Wissenschaftler, als Konstrukteur, Mathematiker und ähnliche Berufe. In religiösen Fragen eher kritisch oder ablehnend, wenigstens innerlich. – S: in mittleren Verhältnissen geboren und aufgewachsen. Berufsveränderungen bis der Beruf erreicht ist, der der Veranlagung entspricht. Irgendwie neue Theorien aufstellend. Wird oftmals sehr angefeindet. Legt sich evtl. einen Doppel-Namen zu. Bekannte Persönlichkeit. Wenig oder keine Kinder. Möglicherweise kritische Eheverhältnisse. Kann alt werden. – Progr. E, G.

19. 28° ♑, 298° = K, W, S: wie bei Sonne in 24–27° ♑, aber alles klarer und verschärft. Evtl. Mitglied in Geheimbünden. Interesse für die Geheimwissenschaften. – Progr. E, G.

20. 29° ♑, 299° = K, W, S: ähnlich wie bei Sonne in 28° ♑, aber mehr Nachklang. – Progr. E, G.

Die vorstehende Aufstellung zeigt neben der Sonnenwirkung in den einzelnen Graden des Zeichens Steinbock je nach dem Geburtstage auch noch den Schicksalsablauf in seinen Möglichkeiten von Jahr zu Jahr. Es gilt dabei die Regel: 1 Tag = 1 Jahr! Die Geburts-Sternstellung gilt nach dieser Regel für das 1. Lebensjahr. Die Sternstellung am 2. Lebenstage gilt für das 2. Lebensjahr, usw. In der Weiterbewegung der Planeten von der Stunde und dem Tage der Geburt ab ist die Entwicklung des Menschen zu lesen. Wie da eine Pflanze hervortritt aus der Erde ans Licht, dann immer mehr und höher wächst, dann blüht und dann Frucht trägt unter dem alles steuernden Sternenhimmel, so auch beim Menschen. Und in den Tagen nach der Geburt stehen unsere Entwicklung und unsere Ergebnisse vermerkt.

Zum Wesen und Schicksal der Wassermann-Geborenen

Wer in den Tagen 20. Januar bis 19. Februar geboren ist, wird im allgemeinen zu den Wassermann-Geborenen gerechnet, und zwar vom Stand der Sonne aus, denn in dieser Zeitspanne ist die Sonne, von uns aus gesehen, im Zeichen Wassermann.

Nach der Regel der „Alten“ gehört das Zeichen Wassermann zu den „festen“ Zeichen. Es bildet, zusammen mit den Zeichen Stier, Löwe und Skorpion das feste Kreuz.

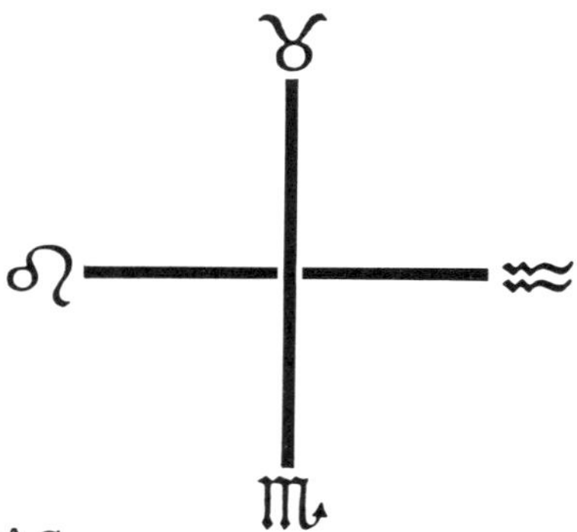

DAS
FESTE KREUZ

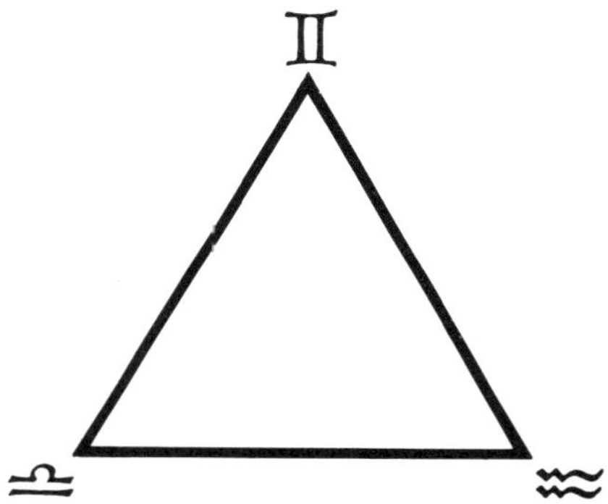

DIE
LUFTIGEN ZEICHEN

Über die Eigenart des festen Kreuzes an sich habe ich Ausführliches schon bei der Betrachtung der Zeichen Stier, Löwe und Skorpion in diesem Buche gesagt. Aber wie wir dort feststellten, hat ein jedes Zeichen immer seine besondere Eigenart, auch deswegen, weil sie nach einer anderen Einteilung sich auf die feurigen, erdigen, luftigen und wässerigen Trigone und deren Zeichen verteilen. – Nach dieser Einteilung wird nun das Zeichen Wassermann auch zu den „luftigen“ Zeichen gerechnet.

Die besondere Eigenart des Zeichens Wassermann wäre also „fest“ und „luftig“.

Nun können wir, wenn wir diese Bezeichnungen begreifen wollen, nicht von unseren irdischen Verhältnissen ausgehen. „Fest“ heißt ungefähr „in Ruhe“ und „luftig“ in auflösender Abstrahlung.

So hatten die Alten durch ihre Zuteilung des Zeichens Wassermann zu den festen und luftigen Zeichen schon die Erkenntnisse der Jüngeren vorweggenommen, die nach der Entdeckung des Planeten Uranus diesen als Herrscher dem Zeichen Wassermann neben dem Saturn zuordneten. Dem zusammenballenden Saturn wurde der durch Atomteilung auflösende Uranus beigesellt.

Wir finden daher unter den Wassermann-Geborenen zwei Grundtypen vor: erst einmal diejenigen, die noch dem Saturn verhaftet sind und sich von ihm sehr schwer freimachen können, und weiter diejenigen, die die Schwere der stofflichen und einengenden Bindungen überwinden wollen und sich Schritt um Schritt oder mit einer, wie eine Explosion wirkenden Handlung, freimachen.

Das Zeichen Wassermann ist stark von Gefühlen beeinflußt. Es ist reich an Stimmungen. Groß ist der Reichtum an Gedanken, die aber selten vor anderen Menschen ausgebreitet werden. Wassermann-Geborene wirken oft etwas unentschieden oder wankelmütig. Es ist so, als wenn sie lange brauchen, um im Innern mit ihren Gefühlen und Gedanken fertig zu werden. Sie vermeiden gerne starke Worte, weichen Auseinandersetzungen gerne aus und zeigen sich lieber nobel oder leicht erhaben. Im allgemeinen geben sie sich gütig, Streit vermeidend, ehrlich im Auftreten und in der Gesinnung, angenehm im Verkehr mit anderen, jederzeit gefällig und in Kleinigkeiten opferwillig. Sie haben meistens eine ruhige Art an sich, sind geduldig und friedlich. Unter den Wassermann-Geborenen finden wir viele Menschen mit philosophierendem und durchdringendem Denken, wie auch viele Künstler und Erfinder. Es ist in ihrer Art auch die Gabe für Neueinrichtungen auf selbsterfundenen Wegen und viel Organisationstalent vorhanden. Sie sind im allgemeinen zähe in der Verfolung ihrer Ziele, in ihrer Arbeit geduldig und gewissenhaft.

Die meisten Wassermann-Geborenen sind dunkelhaarig, feinknochig, oft körperlich etwas grazil gebaut und schnell in ihren Bewegungen. Es gibt unter den Wassermann-Geborenen viele Schönheiten. Sie legen auch meistens Wert auf eine schöne, nicht zu auffällige Kleidung oder betonen ihre Kleidung durch irgendeine Besonderheit. Es ist so, als wenn sie auf keinen Fall zum Durchschnitt gehören wollen. – Bei minderentwickelten Wassermann-Geborenen kann dieser Trieb auch ausarten, und bei großen und starken Gemütserregungen kann sich ein ganz extremes Verhalten zeigen oder ein Spielen und Drohen mit abnormalen Entschlüssen und Taten. Diese Neigung zum Extrem zeigt immer eine mangelnde Reife an.

Die meisten Wassermann-Geborenen haben mit dem Leben zu kämpfen und sich einzuteilen, denn die Güter der Erde sind bei ihnen selten im Übermaß vorhanden, außer in einigen Graden des Zeichens Wassermann. Die materielle Lage ist in Hinsicht auf die Finanzen meistens etwas unsicher und Gefahren ausgesetzt. Schädigungen können da durch die eigene Familie oder den Freundeskreis kommen. Wenn ihm aber aus der eigenen Familie oder dem Freundeskreis geholfen wird, so nimmt der (die) Wassermann-Geborene diese Hilfe sehr ungern an, und man sollte sie ihm fast noch aufdrängen. Im Grunde genommen vermehrt sich der Besitz nur durch die eigene Arbeit, außer durch die Heirat. Aber das durch die Heirat hereinkommende Gut kann dem (der) Wassermann-Geborenen meistens wenig nützen oder es geht verloren oder es wird sonst irgendwie für ihn (für sie) zur Quelle einer Verstimmung und eines Übels, das er (sie) selten beseitigen kann. In die Erwerbsatmosphäre spielen auch oft Wohnsitzveränderungen oder Reisen hinein oder ständiges Unterwegssein. – Die Zahl der Geschwister ist selten groß, die Verbindung mit ihnen ist später selten innig und irgendwelche Hilfe von ihnen nur in Einzelfällen zu erwarten. Im Gegenteil: im Kreise der Geschwister können Schwierigkeiten entstehen und Strömungen auftreten, die dem (der) Wassermann-Geborenen Schaden bringen. Teilhaberschaften mit Geschwistern sollten sehr überlegt und gut beobachtet werden. – Im allgemeinen kann auch der eigene Vater dem (der) Wassermann-Geborenen wenig nützen. Irgendwie verhält er sich mindestens eigenartig, oder er lebt ganz seinen eigenen Interessen oder fällt in der Öffentlichkeit unangenehm auf oder ist ein Eigenbrötler. Dagegen wirkt die Mutter in ihrem Bemühen auszugleichen eher günstig, soweit sie es vermag, auf den (die) Wassermann-Geborenen ein und ist auch eher mit ihm (mit ihr) im Einklang.

Viel Kinder hat der (die) Wassermann-Geborene selten zu erwarten. Die Kinder gehen auch gerne vollkommen eigene Wege, und eher sind von ihnen Schwierigkeiten zu erwarten als Nutzen. Die Kinder erleben in ihrer Jugendzeit auch oftmals Unglücksfälle, ja das erste Kind ist in der frühesten Jugend oft in direkter Lebensgefahr. Daß die Kinder später Erbschaften machen, ist wahrscheinlich, und daß sie später auch zu Zwillingen kommen ebenfalls. – Auch bei dem (der) Wassermann-Geborenen ist eine gewisse Gefahr durch Verletzungen gegeben, und zwar besonders auf Reisen. Große Neigung ist auch zu Verdauungsstörungen gegeben. Der Magen und die Leber könnten besser arbeiten und die Darmfunktion könnte besser sein. Auch treten gerne Nervenleiden und krampfartige Zustände auf. Die Ursache liegt meistens in Überarbeitung oder einseitiger Arbeit. Da die Blutzirkulation etwas mangelhaft ist, treten oft frostige Schauer auf. Wassermann-Geborene sollten sich warm halten, nicht zu große Mahlzeiten einnehmen und in der Zusammenstellung der Speisen darauf sehen, daß auch die Nerven etwas davon haben.

Wassermann-Geborene kommen meistens früh zur Heirat. Der eine Teil soll aber dem anderen Teil verstandlich gewachsen sein. Bei aller Opferwilligkeit will der (die) Wassermann-Geborene verstanden und geschätzt werden. Da der (die) Wassermann-Geborene so seine (ihre) Stimmungen hat (und oft auch haben will), muß der andere Eheteil behutsam vorgehen, auch ab und zu ein Lob verlauten lassen oder eine Anerkennung, und da das einen dann ja auch freut, kommt dann bald die Stimmung wieder in Ordnung. – Gerne repräsentiert der (die) Wassermann-Geborene oder der andere Eheteil. Aber das Königtum ist natürlich verpatzt, denn das Königszeichen Löwe ist ja in Opposition zu Wassermann. – Man wird sich die größte Mühe geben, die Ehe in Ordnung zu halten. Deshalb ist man auch meistens treu, wenn auch Gefühle der Verehrung sich andere Ziele aussuchen können und daran festhalten. Vor allen Dingen wünscht man kein Aufsehen in der Öffentlichkeit. – So geht dann die Ehe ihren Weg und hat Aussicht auf Dauerhaftigkeit. Sollte die Ehe aber dennoch zerschellen, so ist der (die) Wassermann-Geborene bei der zweiten Wahl sehr vorsichtig.

In die Gebiete der Magie und des Okkultismus kann der (die) Wassermann-Geborene über die Brücke des Empfindens ziemlich tief eindringen. Es wird sich aber mehr analytisch bestätigen. Der Tod kann schleichende Krankheiten beenden, aber auch durch Entbehrungen in der Gefangenschaft oder im Auslande ausgelöst werden. Viele Wassermann-Geborene fallen auch ihrem Beruf zum Opfer, sei es durch Überarbeitung oder Unfall. – Wassermann-Geborenen ist mindestens zeitweise auch Auslandsaufenthalt beschieden. Es kann sich dabei um Vorhaben irgendwie künstlerischer oder politischer Art oder um Religionsangelegenheiten handeln. Im Auslande liegt auch Unterstützung vor, aber die Freunde wollen auch Teilhaber sein und nicht zu kurz kommen. So können sich große Unannehmlichkeiten und durchschlagende Gefahren entwickeln.

Wassermann-Geborene sind durchaus geeignet, selbständig durch das Leben zu kommen oder selbständige Positionen auszufüllen. Die Tätigkeit des (der) Wassermann-Geborenen ist meistens etwas von Geheimnissen umwittert. Sie sind durchaus vertrauenswürdig und wissen unbedingt zu schweigen. Das kann von „oben" her die Stellung sichern, aber von „unten" her erwachsen leicht allerlei Giftpflanzen oder Rankengebilde, die als Schlingen und Fußangeln sich zeigen können. – Da können dann plötzliche Entschlüsse, Berufs- oder Positionsveränderungen kommen. – Dagegen fehlt es den Wassermann-Geborenen nicht an Freunden, die auch in jeder Hinsicht Nutzen bringen können, oder finanziell zu Gunsten des (der) Wassermann-Geborenen eingreifen werden. – An Feindschaften muß sich der (die) Wassermann-Geborene gewöhnen. Sie entstehen meistens auf dem Boden des Neides. Feinde können sich auch zusammentun, um den (die) Wassermann-Geborenen zu stürzen, aber die Freunde sind dann auch auf dem Posten.

Alles in allem sollten wir die Wassermann-Geborenen als Menschen ansehen, in denen ein Ringen ist, das von der Bindung an den Stoff und der Schwere des Stoffes sowie von der Seßhaftigkeit und dem Beharrungsvermögen des Stoffes und der Formen befreien will. Darum finden wir die Wassermann-Geborenen sehr viel in denjenigen Berufen, die der Bewegung der stofflichen Dinge und dem Verkehr dienen, so z. B. als Eisenbahner, sei es dort nun als Arbeiter oder Beamter oder Ingenieur, weiter im Schiffsverkehr, in allen Abteilungen und Sparten des Flugverkehrs wie der Herstellung von Autos, Schiffen und Flugzeugen. Alles dasjenige, das mit dem Gebiete der Elektrizität zusammenhängt, gehört ebenfalls unter Wassermann. Dazu kommen alle feiner gebauten Maschinen und Apparate. Wo etwas organisiert wird, wo etwas verflüchtigt wird, so z. B. die festliegenden Werte in Grund, Boden und Häusern, die da kapitalisiert und zum Handelsobjekt gemacht werden, dann, wo der Einzelbesitzer in seiner Eigenart, in der er vielleicht wie ein König auftrat, in seinem Betriebe, in seinem Werke, beseitigt wird und eine Aktiengesellschaft an seine Stelle gesetzt wird, da ist das Zeichen Wassermann oder der in diesem Zeichen herrschende Planet Uranus am Werke. Wassermann und Uranus verändern (oft den Beruf) alles, lösen auf, formen um, organisieren neu, und das alles sehr plötzlich, explosionsartig, unter Verwendung revolutionierender Methoden, wie ja Wassermann und Uranus oftmals von anderen als revolutionär empfunden werden.

Wir betrachten nun einige Einzelzüge im Wesen und im Schicksal der Wassermann-Geborenen an Hand gewisser Geburtstagsgruppen. – Da sind erst einmal die vom 20.–23. Januar Geborenen.

Die vom 20.–23. Januar Geborenen haben im allgemeinen die Aussicht, materiell sehr voranzukommen. Bei einigen der in diesen Tagen Geborenen ist großer Reichtum bestimmt zu erwarten. Es kommt darauf an, wie die Aspekte der anderen Planeten zur Sonne sind. Das Wesen der in diesen Tagen Geborenen ist sorglich und ihr Auftreten sehr zurückhaltend und vorsichtig. Immer strebend, machen sie aus ihrem Streben keine großen Worte, sondern buchen ihre Erfolge im Stillen. Angegriffen, können sie sehr rabiat tun und versuchen, die Gegner einzuschüchtern, aber sie wissen ihre Möglichkeiten auch dann noch abzuschätzen. Ihre Absichten und Wege hängen sie nicht gerne an die große Glocke. Die Stimmungen sind sehr wechselnd, sie haben selbst damit sehr zu tun, und sie lösen eher Mitleid aus als Bewunderung. Sie tun aber geradeaus niemandem etwas, und im allgemeinen sind sie Menschen, auf die man sich verlassen kann. Schwach sind die Nerven und die Verdauung. Aber ein liebevoller Zuspruch kann sie wieder seelisch aufrichten und ihnen wieder Freude am Leben geben. Nicht viel Kinder. Wohnlage: Eckhaus oder ähnliche Lage, oder auch freistehend.

Die vom 24.–30. Januar Geborenen sind meistens etwas größer als die in den Vortagen Geborenen und etwas lebhafter im Wesen. Aber im Temperament zeigt sich Auf und Ab. Die Blutmischung ist nicht so ganz in Ordnung und die Nerven nicht stabil. Da kann der Wille einmal vorschießen und das andere Mal vollkommen versagen. Sensitiv. Anständig in Gesinnung, durch Sorgen leicht nervös werdend und ein anderes Bild zeigend, ein Bild der Berechnung von Möglichkeiten, die meistens ausbleiben. Persönlich sehr geschätzt, weil immer verbindlich und gefällig. Oft auch in Laune zu großzügig. Im Arbeitsbereich starker Ehrgeiz, der zu Zusammenstößen mit dem Kreis der Mitarbeiter und Mitarbeiterinnen führen kann, auch heimliche Feindschaften aus diesen Kreisen. Geachtet bei Vorgesetzten und in der Öffentlichkeit. Ungern groß hervortretend. In der Liebe meistens mindestens einmal scheiternd, da etwas unüberlegt leidenschaftlich. Schnell begeistert, schnell gekränkt. Hier und da wenig Unternehmungsgeist. Allerhand Befürchtungen, die oft ganz unnötig sind, aber Nervenkraft kosten. Dann auch wieder stur, daß man die glatte Wand emporschießen könnte. In Abwehrstellung oft „hoheitsvolle" Haltung und Mienenspiel. – Im Elternhause unfrohe Atmosphäre. Heirat unter eigenartigen Verhältnissen. Oft sog. Mußheirat. Schwierigkeiten mit den Kindern. – Allmählicher finanzieller Aufstieg. – Wohnlage: freistehendes Haus oder in oder neben der Ecke. Eventuell zwei Ehen. Neigung zu, und mehr Glück bei älteren Personen.

Die vom 31. Januar bis 3. Februar Geborenen kommen selten körperlich über Mittelgröße. Fleißig, bei Zielerreichung angenehm, bei Widerständen leicht sehr rabiat, mindestens sehr gereizt. Meistens finanziell erträgliche bis sehr gute Verhältnisse. Im Wesen oft beweglich, unruhig, hastig oder maßlos. Gerne unterwegs. Erfolge in Geschäften mit Massenbedarf (auch Lebensmittel, Vergnügungsstätten, Gerichte). Heimliche romantische Seiten. Wenig Kinder, außer bei den am 30. Januar Geborenen. Wohnlage: mehr mitten in der Straßenzeile.

Bei Geburtstagen vom 4. bis 7. Februar liegen im Leben viel Gelegenheiten vor, weiterzukommen. Besonders die am 4., 5. Februar Geborenen stehen meistens zwischen zwei Möglichkeiten. Hat „er" („sie") die Gelegenheit zur Heirat, so liegen gleich zwei Möglichkeiten vor. Erst kommt ein dunkel- oder braunhaariger, beitschultriger Typ, dann taucht ein schlanker, blonder Typ auf. Da ist die Wahl oft sehr schwer. Sucht man eine neue Stellung, so ist es das gleiche. Zuerst verhandelt man mit dem braunhaarigen, breitschultrigen Typ, und dann meldet sich noch eine andere Firma und der schlanke blonde Typ. So ist es auch mit den Gelegenheiten. Erst hat man lange keine, und mit einemmale sind zwei zur gleichen Zeit vorliegend. Im allgemeinen Geschick, das Leben zu zimmern. Auch meistens gute Verhältnisse. Scharfer Intellekt. Beweglichkeit. Sinn für Kunst. Oftmals zwei Ehen. Auch illegitime Verhältnisse. Nicht viel Kinder, die sehr verschieden sind. – Wohnlage: mehr an Verkehrszentren, Nähe der Schulen und Lehranstalten.

Ein besonderes Wesen zeigen meistens die vom 8. bis 11. Februar Geborenen. Hier liegt ein sehr starkes Selbständigkeitsgefühl vor. Viel Unternehmungstrieb. Oft Selbständigkeit oder leitende Position. Das gilt auch für das weibliche Geschlecht. Klarheit, aber auch etwas Kälte des Denkens auch bei Verträgen. Gute Verbindungen mit Leuten, die „etwas bedeuten".

Bei ungünstigen Aspekten auch Eigenbrötelei. Der Mann der Geborenen kommt zur Selbständigkeit oder erreicht sie oder ist oder wird Beamter. Die Frau des Geborenen stammt aus dem vorstehend angedeuteten Milieu. Oft stark ausgeprägtes Ehrgefühl, das sich auf die materielle Substanz stützt, an der man sehr hängt. Bekannt- oder Berühmtwerden in der Öffentlichkeit. Wenig oder gar keine Kinder. – Wohnlage: meistens an der Sonnenseite inmitten der Straßenseite.

Die vom 12.–14. Februar Geborenen sind mehr ruhiger Natur, in den Kinderjahren oft hellhörend, hellsehend oder hellfühlend. Auch später oft noch. Sehr empfindliche Nerven, die einen großen Aufnahmebereich haben. Gute Kombinationsgabe. Starke Intuition. Oft Leute, die „mit den Augen stehlen", Schrift„stehler" und Plagiatoren. Oft „Vögel, die sich gerne mit fremden Federn schmücken". Bei ungünstigen Aspekten auch Prahlerei und sogar Brutalität. Triebhaft aus nicht immer klarer Blutmischung von den Vorfahren her. Aber rühig betriebsam und nicht ohne Erfolg. Meistens zwei Ehen. Wenig Kinder oder gar keine. – Wohnlage: oft am Berge, oder in der Nähe von Druckereien, Lohgerbereien, Lederfabiken, Gefängnissen.

Mit den Gebutstagen der vom 15.–19. Februar Geborenen schließen wir die nur in einzelnen Zügen mögliche Betrachtung der Wassermann-Geborenen. In diesen Tagen ist der Kampf um irgendeine Position immer an der Tagesordnung. Vor Unüberlegtheiten muß gewarnt werden. Zu leicht öffentliche Blamage. Menschen, die aus irgendeinem Grunde aus dem Rahmen fallen oder einen üblen Ruf haben, drängen sich gerne heran. „Sage mir, mit wem Du umgehst, und ich will Dir sagen . . . usw. Also hier Vorsicht! – Auch ist die Erwerbsquelle nicht immer sehr angesehen. – Aber auch große Idealisten, die um der Wahrheit willen den Kampf mit den Mächtigen dieser Erde aufnehmen, wissend, daß sie dabei sich opfern müssen, werden in diesen Tagen geboren. – Der Wille ist also gut, und das ist viel, sehr viel wert und daher hoch zu achten. – Oft Mißgeburt. Evtl. auch uneheliche Geburt oder uneheliche Kinder. Das Gerede läuft aber nur zeitweise. Manches wird wieder eingerenkt. – Wohnlage: oft in einer nicht besonders glänzenden Umgebung in unscheinbarem Hause. Oft in der Nähe der Straßenecke.

Soweit unsere kurzen Betrachtungen zum Wesen und Schicksal der Wassermann-Geborenen nach dem Sonnenstande. In allen Fällen kann das hier kurz Gesagte nicht zutreffen. Aber man beobachte selbst.

Die Grade der Sonne im Zeichen Wassermann

Geb.-Tage im Januar	Die Sonne im Wassermann	Die Bedeutung der nachstehend verwendeten Abkürzungen:		
		K	=	Körperliche Grundlagen, Veranlagung, Lebenskraft
		W	=	Wesensart, ihre Äußerung, Eigenheiten, Fähigkeiten
		S	=	Schicksals-Möglichkeiten
		Progr.	=	Progressiv (Wirkung der vorgeschrittenen Sonne)
		E	=	Verbindungen, die zur Ehe führen können
		G	=	Geschäftsgründung, evtl. größere Selbständigkeit

21. 0° ♒, 300° = K: meistens mittelgroß und mehr oder weniger hager, nervös, innerlich, empfindlich gegen Gerüche, dunkelhaarig. – W: im allgemeinen ruhige Bewegungen, überlegend, schlau, Pläne im Hintergrund haltend, energisch, listig, bisweilen bissig in der Rede, dann an anderer Stelle wieder unterwürfig, sich verstellend oder trügend, politische Fähigkeiten, vorwärtsstrebend, zähe in der Verfolgung der gefaßten Pläne, sparsam, Stein auf Stein legend, Kleinigkeiten achtend, gefällig, selten lachend, Prinzipien anhängend. – S: Meistens in etwas gedrückten Verhältnissen aufgewachsen und daher oft Minderwertigkeitskomplexe. Oftmals Berufswechsel. Möglich ist auch eine finanziell günstig erscheinende Heirat. Wenig Kinder, die aber Aussicht auf Erbschaften von Verwandten haben. Mit etwa 40 Jahren Ehekrisen, auch Krisen in der Öffentlichkeit. Aber finanzieller Aufstieg. Vielfalt der Ziele kann zu Herzleiden und plötzlichem Tode führen. – Progr. E, G.

22. 1° ♒, 301° = K, W, S: ähnlich wie bei Sonne in 0° ♒, eher alles schärfer ausgeprägt. Aussicht auf gute finanzielle Verhältnisse. – Progr. E, G!!

23. 2° ♒, 302° = K, W, S: ähnlich wie bei Sonne in 0° ♒, eher schärfer

ausgedrückt. Evtl. große Verluste durch Überrumpelung und einmal in der Mitte des Lebens große Gefahren. – Aussicht auf Reichtum. – Progr. E, G!!

24. 3° ♒, 303° = K: eine etwas größere Figur, meistens starkknochig und dunkelhaarig. Ruhiger. – W: ähnlich wie bei Sonne in 0° ♒, aber abflauend. Fleißig, sparsam, verschlossen, sinnlichen Regungen zugänglich und darunter leidend. Oft sehr stolz. – S: Der Reichtum der Vorfahren ging meistens verloren. Der Erwerbssinn erwacht in dem (der) Geborenen neu. Nach und nach finanzieller Aufstieg durch Fleiß und Sparsamkeit. Rechthaberei und Prozeßsucht könnten da stören. Erreichbar ist auch ein Beamtenposten, trotzdem die Beamtenatmosphäre seelisch nicht behagt und Depressionen auslösen kann. Mitgliedschaft in sog. religiösen Vereinigungen kann nur schaden, denn der (die) Geborene ist allem scheinfrommen Getue abgeneigt und ist in sich ehrlich. Ungern schließt er (sie) Kompromisse. Kritisch beobachtet er (sie) andere und – sich selbst. Da er (sie) sich seelisch nicht dursetzen kann, ist Ausspielen der Spannungen auf nebenberuflichen Gebieten günstig und Berufswechsel wohl mit der Zeit die beste Lösung. In der Selbständigkeit hat er (sie) dann die Freiheit der Entscheidung, allerdings auch das Risiko, aber auch den Gewinn. Nicht viel Kinder. Ein hohes Alter ist zu erwarten. Lungenentzündungen können lebensgefährlich werden, ebenso Leberleiden. – Progr. E, G.

25. 4° ♒, 304° = K, W, S: ähnlich wie bei Sonne in 3° ♒. Unkontrolliertes Triebleben kann sehr den Aufstieg in Frage stellen. – Progr. E?, G.

26. 5° ♒, 305° = K, W, S: ähnlich wie bei Sonne in 3° ♒, aber etwas feinknochiger zumeist, auch leichter im Wesen. Irgendwie hat der (die) Geborene sich im Laufe des Lebens mit dem Problem der Treue–Untreue zu beschäftigen. Kriegsverhältnisse können die Ehe durch Tod beendigen. Im allgemeinen durch Fleiß und Sparsamkeit Aufstieg. Wenig Kinder. Das erste Kind ist oft in Lebensgefahr. Viel Sorge mit den Kindern. – Progr. E, G.

27. 6° ♒, 306° = K: in der körperlichen Größe meistens über Mittelmaß

und schlank. Dabei meistens dunkelhaarig, seltener blond. Mehr schmales Antlitz. Etwas schwankende Gesundheit weil ungute Verfassung des Blutes. Nervös. – W: im Willen meistens etwas gebunden und oftmals unentschieden. Intelligent und schnell umstellbar. Gefällig, hilfsbeflissen und sehr beliebt, außer beim gleichen Geschlecht. Aus dieser Quelle viel Anfeindungen. – S: starkes Bildungsstreben sichert den Aufstieg. Meistens sog. Mußheirat. Kriegsereignisse können die Ehe sehr gefährden. Wenig Kinder, die alle Kleinkinderkranheiten durchmachen. Das Leben des ersten Kindes ist gefährdet. Finanziell mit den Jahren Besserung. Hohes Alter ist erreichbar. – Progr. E, G.

28. 7° ♒, 307° = K, W, S: ähnlich wie bei Sonne in 5 und 6° ♒, meistens noch schärfer betont. – Progr. E, G. – Gehör beachten, schlechtes Blut, Anämie.

29. 8° ♒, 308° = K, W, S: die Einflüsse aus 6 und 7° ♒ wirken nach. Doch im allgemeinen mehr aktiv und zähe in der Verfolgung der Aufgaben und Ziele. Vielseitige geistige Interessen bei vielen. Aufstieg durch Arbeit und Sparsamkeit. Wenig Kinder. Ein hohes Alter ist erreichbar. – Progr. E, G.

30. 9° ♒, 309° = K: wie bei Sonne in 8° ♒, doch oftmals mehr starkknochig und breitschultrig. – W: lebhaft, oftmals etwas spritzig, intelligent, selbstbewußt, oft sehr willensstark. Daher meistens Aufstieg, wenn der (die) Geborene sich vor Schwarmgeisterei hütet. Leidenschaftliche Regungen. – S: oftmals aus kinderreicher Familie. Frühzeitiges Verlassen des Elternhauses zumeist. Stellt sich auf eigene Füße. Neigung zu Berufswechsel. Finanzielles Auf und Ab im Leben. Oftmals auch frühzeitige Heirat und auch Gefährdung der Ehe. Die Ehe sollte eine geistige Gemeinschaft sein! Wenig Kinder. – Progr. E, G.

31. 10° ♒, 310° = K: meistens starkknochig und breitschultrig. Neigung zur körperlichen Fülle in reiferen Jahren. – W: Sinn für Geistiges und für Romantik, für Ideales, wie auch für die Freuden des Lebens. Übersinnliche Fähigkeiten. In reiferen Jahren meistens sonnigen Gemütes. Reimkunst. Sinn für Schönes. Sorglich im Kreise der Angehörigen. Will

liebreich behandelt werden, fühlt sich sonst gekränkt und kann rabiat werden. – S: meistens in kinderreichen Familien geboren. Mindestens eine Vorfahrenlinie war einstmals adelig und sehr einflußreich. Das wirkt sich in dem (der) Geborenen noch aus. Streben nach selbständiger Position, die auch erreicht wird. Doch auch starke Anfeindungen und evtl. große Verluste. Nicht viel Kinder. Ehekrisen. Einige heiraten mehrmals. Krankheiten entstehen zumeist aus Unmäßigkeit. – Progr. E, G.

Februar

1. 11° ♒. 311° = K: wie bei Sonne in 10° ♒, aber meistens etwas mehr schlank. In der Jugend blondhaarig, später nachdunkelnd. Abstammung wie bei Sonne in 10° ♒. – W: viele sind stark triebhaft und zeitweise sehr energisch und leicht aufgeregt. Intelligent, spekulativ, meistens planvoll vorgehend. Veranlagt für Hellhören und Hellsehen oder ähnliche Fähigkeiten. Strebt nach Selbständigkeit und eigenster Formung des Lebens. Hat überall seine eigene Meinung. Kann in der Diskussion sehr scharf werden. – S: in der Kindzeit leicht fieberhafte Krankheiten. Frühzeitiges Verlassen des Elternhauses. Immer meistens starkes Bildungsstreben. Freiheitssinn. Eigene Art. Freude an Tanz und unchuldigen Vergnügungen. Oft Mußheirat, Krisen in der Ehe. Durch großen Fleiß Aufstieg. Selbständigkeit in den meisten Fällen, oft mehrere Berufe zu gleicher Zeit. Anfeindungen durch die Konkurrenz, Prozesse, Gewaltmaßnahmen, evtl. ungerechte Verurteilung und großer materieller Schaden. Wiederaufstieg. Wieder Erfolge durch emsige Arbeit. Langes Leben wahrscheinlich. Umstrittene Persönlichkeit, den Spießern und Heuchlern ein Greuel, den Suchenden und geistig Vorwärtsstrebenden ein Helfer. Wenig Kinder. Selten ernstlich krank. – Progr. E, G!

2. 12° ♒, 312° = K: hier ist die Körpergröße sehr unterschiedlich. Schwarzes oder blondes Haar, selten rötliches. Oftmals die Haare lockig oder wenig aufliegend. Meistens breite Stirne. – Evtl. Veranlagung zu Blasenleiden. – W: oftmals sehr lebhaft in den Bewegungen. Intelligent bis schlau. Die Ziele liegen mehr auf der materiellen Ebene. Dementsprechend ist das Verhalten eingestellt. Einige täuschen gerne. Mehr Verbindungen mit den Eltern. Traditionsgefühl. Auswahl des

Umganges und trotzdem Schlappen. – S: gut behütet in der Kinderzeit. Vielleicht etwas späte Heirat (oder gar nicht). Im allgemeinen geordnete Verhältnisse. Ein intellektueller Beuf kann die Lebensatmosphäre bestimmen. Vielleicht auch Verbindungen mit dem Bauberuf oder mit der Textilbranche, auch vielleicht mit der Presse. Wenig Kinder. Selbst zähe und wenig ernstlich krank. Hohes Alter ist erreichbar. – Progr. E?, G.

3. 13° ♒, 313° = K, W, S: ähnlich wie bei Sonne in 12° ♒. – Progr. E, G.

4. 14° ♒, 314° = K: meistens schlanke Mittelfigur, zumeist mit dunklen Haaren. Meistens feinknochig. – W: lebhaft, intelligent, wendig. Auch witzig, keck, Freude am Wortspiel, Möglichkeiten sehend: im Alter oft weise. – S: in der Jugend geordnetes Familienleben zumeist. Hängt am Elternhaus und der Familie. Intellektueller Beruf zumeist. Im Kampf ums Dasein stehen immer zwei Wege mindestens offen. Doppelte Gelegenheiten bei der Stellungssuche, bei Stellungs- und Heiratsangeboten. Meistens gute Lebensverhältnisse. Wenig Kinder. Selten schwere Krankheiten. – Progr. E, G.

5. 15° ♒, 315° = K, W, S: wie bei Sonne in 14° ♒, eher schärfer ausgeprägt. – Progr. E, G.

6. 16° ♒, 316° = K: oftmals mehr breitschultrig und voller. – W: sehr von Gefühlen abhängig, Ideale ehrlich vertretend, auch bereit zur Opferung. Mitgefühl Oft starkes Eintreten für alle Verfolgten und Leidenden. Die Ansichten werden oft sehr scharf, hier und da streitbar, vertreten. Hier und da auch rechthaberisch. Macht sich dann viele mächtige Feinde, die ihn gemeinsam bekämpfen. Im Herzen durchaus gut. Medial veranlagt. – S: einige sind unehelich geboren oder gaben Anlaß zur Ehe der Eltern. Ausreichende finanzielle Verhältnisse im Elternhause. Frühzeitig beruflich tätig. Bedeutsamer Berufswechsel, der in die Öffentlichkeit trägt. Kampf und nochmals Kampf, bei dem es selten ohne Schlappen abgeht. Aber auch (oft eigenartige) Hilfen. Oft Berühmtheiten, meistens erst nach dem Tode. Das geistige Hochziel

kann erreicht werden. Heirat ist oftmals fraglich. Wenig oder keine Kinder. – Progr. E, G.

7. 17° ♒, 317° = K, W, S: der vorherige Sonnengrad klingt etwas nach. Das Denken und Streben ist aber mehr auf materielle Dinge gerichtet. Meistens sehr strebsam und ehrlich. Aber viel Kampf. Trotzdem langsamer Aufstieg. Wenig Kinder. Hohes Alter ist erreichbar. – Progr. E, G.

8. 18° ♒, 318° = K: hier schlanke und breitschultrige Figuren. Meistens schmalköpfig und dunkelhaarig. Weiblich oftmals sehr feinknochig. – W: etwas sensibel, aber sehr bestimmt im Auftreten. Nimmt das Schicksal in die eigenen Hände und beherrscht meistens die Partnerin (den Partner), was kein Übel zu sein braucht. Intelligent, treu, fleißig, vorwärtsstrebend, auf Reales eingestellt, scharfsinnig, witzig, aber auch wieder gutherzig und angenehm im Verkehr. – S: aus unteren bis mittleren Schichten. Aufstieg beruflich bis zu großer Selbständigkeit. Im allgemeinen gesund. Einige Kinder. Langes Leben wahrscheinlich. Zu viel Arbeit gefährdet die Lebensdauer, aber – Progr. E, G!

9. 19° ♒, 319° = K, W, S: in allem wie bei Sonne in 18–20° ♒. Größere Sensibilität. Evtl. ausgeprägt. – Progr. E, G!!

10. 20° ♒, 320° = K: wie in den vorigen Graden. – W: ähnlich so, aber wohl mehr auf den Rechtsstandpunkt Wert legend. Einige können uferlos ins Grübeln kommen. Aber hier findet man auch erfolgreiche Rechtsanwälte. Intelligent, schlagfertig, beredt, großzügig, fleißig. – S: eine gute Laufbahn voller finanzieller Erfolge zumeist. Eine gute Ehe, in der die (der) Geborene dominiert. Einige Kinder. Überarbeitung kann Leberleiden und eine Verkürzung des Lebens verursachen. – Progr. E, G!

11. 21° ♒, 322° = K, W, S: ähnlich wie bei Sonne in 18° ♒, eher schärfer und bestimmter. Ehekrisen. Wohl ein Erfolgsleben materiell. Wenig Kinder. Hohes Alter. – Prog. E, G.

12. 22° ♒, 322° = K: in der Jugend sehr schlank, einige Jahre später voll, ebenfalls meistens in der Jugend blond, später dunkelhaarig. Mittelgroß zumeist. – Evtl. Zirkulationsstörungen. – W: sehr fein empfindend, oftmals hellsehend und hellhörend, in der Kinderzeit wenigstens. Eine rege Phantasie, Intuition. Intelligent, einige etwas systemlos in der Arbeit. Zähe, fleißig, evtl. etwas zur Eifersucht geneigt. Einige auch ziemlich ehrgeizig. Traditionsgebunden zumeist. – S: mittlere bis gute Verhältnisse im Elternhause. Ein Teil der Eltern kann rassisch belastet sein. Dadurch in dem (der) Geborenen sich widerstrebende Stimmungen und Neigungen. Dadurch auch mangelnde innere Leitung und Fehlentscheidungen. Heirat unter eigenartigen Verhältnissen nach Scheitern einer Jugendliebe. Schwierigkeiten in der Ehe zumeist. Verluste. Aber bescheiden gesichertes Alter. Wenig Kinder, in denen sich die eigenartige Blutmischung auswirkt. – Progr. E, G?

13. 23° ♒, 323° = K, W, S: ähnlich wie bei Sonne in 22° ♒. Gesteigerte Sensibilität und Stimmungschaos oftmals. Aber auch großer Fleiß und eifriges Vorwärtsstreben. Auch guter Nachahmer besserer Methoden. Erfolge. Evtl. kritisch für die Ehe. Einige heiraten mehrmals. Wenig Kinder. Ein hohes Alter ist wohl zu erreichen. – Progr. E, G.

14. 24° ♒, 324° = K: eine hagere oder mehr volle Figur mit ruhigen Bewegungen. Meistens dunkelhaarig. – W: die Veranlagung für übersinnliche Fähigkeiten erreicht hier ihren Höhepunkt und wirkt sich während des ganzen Lebens aus. Verbindungen mit der geistigen Welt (aber bei Mond in diesem Grad am innigsten). Erfindergabe, aber bei Sonne in diesem Grade auch starker Nachahmungstrieb für einige. Prozesse wegen Plagiat im Laufe des Lebens wahrscheinlich. Rührig, vorausschauend, hier und da sich prophetisch äußernd. In der Familie sorglich. Stimmungen. – S: bei übler Blutmischung sehr kritisch für den Bestand der ersten Ehe, bei guter Blutmischung gute Ehe und sicheres Vorwärtskommen durch Fleiß, Umsicht und Sparsamkeit. Eine Selbständigkeit, die sich auf eine Erfindung stützt, ist nicht übel. Sonst Vertrauensposten. Einige haben 3–5 Kinder oder mehr. Hohes Alter ist zu erreichen. Für flüssiges Blut ist zu sorgen. – Progr. E, G!

15. 25° ♒, 325° = meistens eine breitschultrige und später volle Figur.

Meistens blondhaarig und rotbackig. – W: ruhig, eine gewisse gesetzte, vertrauenerweckende Art. Gute Umgangsformen, zurückhaltend und sich in gutem Sinne anpassend. Fleißig und sehr sensibel, sparsam. – S: meistens in kinderreicher Familie geboren, in der die Mutter bestimmte. Heirat mit einem schwarzhaarigen Partner oder im anderen Falle ebensolcher Partnerin. Fragliche Gesundheit des Partners (der Partnerin), und zwar kann es sich um Darmentzündungen drehen. Eine Ehe. – 2–3 Kinder, die im Leben materielle Erfolge haben. Eigenes hohes Alter erreichbar. – Progr. E, G, etwas fraglich.

16. 26° ♒, 326° = K: wie bei Sonne in 24° ♒ zumeist. – W: ruhig, doch auch etwas spekulativ eingestellt, intelligent, doch auch romantische Anflüge, eine freie Auffassung vom Leben und doch geneigt, Eindruck und Eroberungen zu machen. Sehr hilfsbereit. – S: nicht viel Geschwister, eine gute Schulbildung zumeist, eine wirtschaftliche Panne des Vaters bei höherem Alter. Selbst in vielen Fällen eine frühzeitige (oft Muß-) Heirat unter eigenartigen Umständen. Allgemeine Beliebtheit, doch auch infolge nicht gewöhnlicher Erwerbsquellen mit Abstand. Irgendwie droht eine öffentliche Blamage oder man erregt peinliches öffentliches Aufsehen. Materielle Erfolge und geistiges Wachstum. Wenig Kinder. – Progr. E, G.

17. 27° ♒, 327° = oftmals ebenmäßige Mittelfigur mit blauen Augen und blondem Haar. Einige sind Schönheiten. Meistens gesund und großer Anstrengungen fähig. – W: naturliebend, aufgeschlossen, mutig, oft kühn, gegen Freunde hilfreich bis zur Selbstaufgabe, allgemein beliebt bei ihrer frischen Art. – S: in den meisten Fällen das einzige Kind, evtl. unehelich gezeugt. Unübersichtliche Verhältnisse in der Jugend. Einige haben Pflegeeltern. Siegeszug durch das Leben, aber Untreue aus Leichtsinn kann große Feindschaft in engerem Kreise und Lebenskrisen schwerster Art auslösen. Die Feinde sind in der Umgebung zu suchen, obgleich sie dem (der) Geborenen viel zu danken hätten. – Kindersegen ist evtl. ausgeschlossen. – Progr. E?, G.

18. 28° ♒, 328° = K, W, S: wie bei Sonne in 27° ♒, eher noch verschärft. – Progr. E?, G.

19. 29° ♒, 329° = K: meistens mittelgroß, gesunde Hautfarbe, volles Antlitz, oft rote Wangen und im allgemeinen gesund. – W: rührig und immer aktiv, hier und da zu energisch, schlau, immer Auswege findend, auch evtl. Schleichwege in Rechtsfragen, nach materiellen Gütern strebend, liebebedürftig bis leidenschaftlich, in einigen Fällen. Will dominieren. – Finanzieller Aufstieg wahrscheinlich. Geschäft in der Öffentlichkeit. Besitz an Grund und Boden sowie an Häusern und Geschäften ist erreichbar. Aber in der Ehe oft bei vielen Krisen. Mehrere Ehen sind möglich. Wenig Kinder. Erstrebt wird ein sicheres, angenehmes Alter. Das kann erreicht werden. – Progr. E, G!

Zum Wesen und Schicksal der Fische-Geborenen

Das letzte Zeichen in der Reihe der zwölf Tierkeiszeichen ist das Zeichen Fische. Die Sonne wandert durch dieses Zeichen alljährlich in den Tagen vom 19. Februar bis zum 21. März. Wer in diesen Tagen geboren ist, hat in seinem Geburts-Horoskop die Sonne im Zeichen der Fische und gehört daher unter diesem Gesichtspunkte zu den Fische-Geborenen.

Nach uralter Regel rechnet man das Zeichen Fische zu den „beweglichen" Zeichen. Nach dieser Einordnung bildet das Zeichen Fische mit den Zeichen Zwillinge, Jungfrau und Schütze das bewegliche Kreuz.

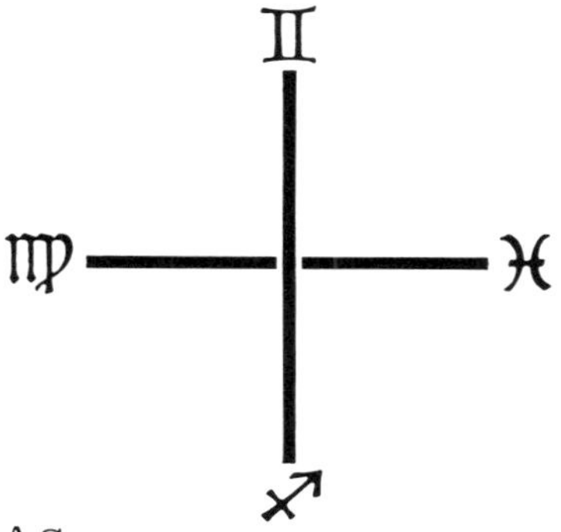

DAS
BEWEGLICHE KREUZ

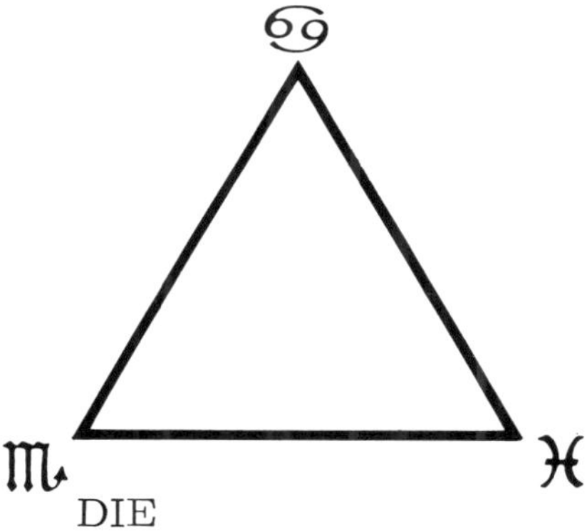

DIE
WASSER-ZEICHEN

Entlang anderer Gesichtspunkte rechnet man weiter das Zeichen Fische noch, und zwar ähnlich so, wie die Zeichen Krebs und Skorpion, zu den wässrigen oder Wasser-Zeichen. Wenn man dann kurz formulieren will, ist das Zeichen Fische ein Zeichen flutender Bewegung, und die Eigenart des Wassers, in Anpassung an vorhandene Formen selbst Form anzunehmen, offenbart sich auch im Wesen des Zeichens Fische. Dadurch wird das Zeichen Fische leicht zu einem sich unterordnenden Zeichen, das sich dazu hergibt, selbst in Materie und Form unechten und unschönen Dingen und Werten einen gewissen Glanz zu verleihen, oftmals in einer Hingabe, die Opferung bedeuten und fordern kann. – Daß bei diesem Opferungswillen besonders die seelisch feinveranlagten Menschen zu Grunde gehen, ist die Tragik der letzten 2000 Jahre, eben des Fische-Zeitalters. – Denn neben dem Jupiter, dem Planeten der Priester und Richter, ist auch noch der Neptun der Herrscher der Fische. Er ist der Planet der (leicht nebelhaften) für den Durchschnittsmenschen unfaßbaren Stimmungen, Gefühle und Willensimpulse, oftmals schwankend zwischen den höchsten Idealen und dem giftigen Sumpf trügerischen Irrwahns und dämonischer Besessenheit. – Wissen wir das, so verstehen wir die Geschichte der letzten 2000 Jahre und erhoffen bessere und klarere Impulse für das nahe Wassermann-Zeitalter.

Wenn wir ein etwas hartes Urteil über das Fische-Zeitalter sprechen müssen, so treffen wir damit nicht den einzelnen Fische-Geborenen oder die einzelne Fische-Geborene. Im Gegenteil: im Fische-Zeitalter war die Masse ideal eingestellt, wie Fische-Geborene ohne Frage sind. Aber die Summe der idealen Impulse in der Masse der Völker verführte auch dazu, den leitenden und führenden Kreisen zu wenig auf die Finger zu sehen und ihnen alle Macht zu überlassen. So kam es, daß das Geld- und Macht-Denken der Großen in den europäischen Ländern nicht nur den eigenen Völkern die Leibeigenschaft, die Inquisition, die „Hexen"- und „Zauberer"-Verbrennungen und den brutalen Materialismus bescherte, sondern auch anderen Erdteilen die Sklaverei und die Kolonial-Wirtschaft, wie auch die anderen fraglichen Errungenschaften europäischer „Kultur". – Erst nach und nach gelang es, die Machtgelüste der „Großen" etwas einzuschränken. Aber wir leiden noch unter den Folgen der vergangenen Jahrtausende, müssen uns immer wieder bemühen, die heutigen Tarnungen zu durchschauen und stehen mit offenen Augen schaudernd vor dem Abgrund, der in Kürze die ganze Menschheit verschlingen kann. –

Die seelische Eigenart der Fische-Geborenen ist Liebe, Fürsorge und Opferwilligkeit. Ihre größte Freude ist, wenn sie anderen Menschen helfen können, und auch die Tiere werden von ihnen umsorgt. Sie wollen selten viel für sich. Mit Zähigkeit und Ausdauer suchen sie immer wieder nach neuen Wegen, um anderen Menschen Gutes zu tun. Für sich selbst wollen sie nicht viel. Dabei haben die Fische-Geborenen einen lebhaften Geist. Sie sind lernbegierig und für neue Erkenntnisse, Wege und Methoden aufgeschlossen. Innerlich sind sie oft etwas in Unruhe, sie möchten alles recht machen und nichts versäumen und auch das Vorgenommene fertig machen. Ihr Schönheitssinn zeigt sich besonders auf dem Gebiete der Poesie. Viele Fische-Geborene sind große Kunstkenner, nutzen aber ihre Kenntnisse hier selten aus. Sie sind sehr feinfühlig, eindrucksfähig, einbildungsoffen und im

Innern reich an romantischen Stimmungen und Gefühlen. Diese stoßen sich natürlich oft an dem Leben und Treiben der Welt, und dann kann eine große Enttäuschung die Fische-Geborenen erfassen, sie können sich dann in ihren Gedankenbildern sehr verlaufen und auf alles Mögliche und Unmögliche kommen, können dann auch ganz unnötige Befürchtungen gebären, die dann sehr quälen und zu unnötigem oder falschem Handeln veranlassen können. – Alle Ausführungen in diesem hier vorliegenden Absatz gelten für die höher entwickelten Fische-Geborenen. Das hier geschilderte Wesen ist aber bei den weniger klar erscheinenden Typen ebenfalls vorhanden, nur mehr verdeckt. –

Das liegt auch oft daran, daß Fische-Geborene sich oft ganz in sich zurückziehen oder in Abwehrstellung gehen, weil sie so viel verkannt werden und weil man ihnen oft unnötig mißtraut und sie nicht nach ihrem wirklichen Wert einschätzt und behandelt. – Da muß man sich nicht wundern, wenn die feinfühligen Fische-Geborenen oftmals in uferlosem Pessimismus versinken können und überaus nervös und mit der Zeit für allerhand Krankheiten anfällig werden. – Es wäre noch übler, wenn die Fische-Geborenen sich weniger gedrängt fühlten, immer irgendetwas zu unternehmen. Dabei ist nicht immer alles überlegt. Der beste Wille kann dann unvermutet Widerstände nicht überwinden. Gesteigerte Nervosität und ein fahriges Benehmen ist dann oft die Folge. – Und doch ist diese Ursprünglichkeit und das gute Wollen etwas, das die Fische-Geborenen über viele andere Tierkreiszeichen hinaus- und hinaufhebt. Menschlich.

In der körperlichen Größe kommen die Fische-Geborenen selten über die Mittelfigur hinaus. Der Körper ist meistens auch etwas gedrungen. Starkknochige Menschen herrschen hier vor. Die Haarfarbe ist, je nach den Geburtstagen und den Aszendenten wie den Aspekten unterschiedlich. Die Augen sind meistens blau oder grau. Die Haut ist eher bleich denn rötlich und arm an Runzeln und Falten. Die Haut kann glänzen, als wenn Dunst oder Wasser darunter wäre. Der Gang ist zumeist aufrecht und bewußt, oft graziös. Immer hält der (die) Fische-Geborene auf gutes Benehmen. Wo er (sie) auf Feindschaften oder Ablehnung stößt, reagiert er (sie) nicht sofort. Auf die Dauer erringt der (die) Fische-Geborene doch die erstrebte Position oder etwas ähnliches. – Unter den Fische-Geborenen gibt es sehr viel Sensitive. Da sie die Strahlungen der Umgebung wie der größten Weiten sehr aufnehmen, finden wir unter den Fische-Geborenen auch viele gute

Medien. Das hindert sie nicht daran, in der Gesellschaft anderer Menschen an allem teilzunehmen, soweit keine Übertreibungen vorkommen. Viele Fische-Geborene haben heilmagnetische Kräfte und können durch Handauflegen oftmals in kurzer Zeit bei anderen Menschen Krankheiten bessern oder ganz beseitigen. Ausbleiben kann es da natürlich nicht, daß sie sich nachher oft als sehr erschöpft fühlen. –

Die blondhaarigen, blauäugigen Fische-Geborenen unterstehen meistens vorzugsweise dem Jupiter, während bei den dunkelhaarigen (hier und da auch dunkeläugigen) Fische-Geborenen mehr die Herrscherschaft des Neptun durchkommt. Um den 12. März werden auch Menschen geboren, die goldblondes oder rotes Haar haben und mehr dem Mars oder dem Saturn unterstehen.

Fische-Geborene arbeiten emsig und unermüdlich. Sie sind auch für Verbesserung der Arbeitsmethoden und können deswegen Vorgesetzte vor den Kopf stoßen, auch Mitarbeitern lästig werden oder sie mißtrauisch machen. – In ihrer Arbeit sind Fische-Geborene sehr gewissenhaft. Es ist eine starke seelische Verbundenheit zwischen den Fische-Geborenen und ihrem Arbeitsbereich, oder ihre Firma oder ihrem Verein oder Verband vorhanden. Sie wollen in einem größeren oder kleineren Kreise mitschwingen, sei es nun eine Vereinigung oder ein Freundschaftskreis oder die Familie. Der Interessenbereich ist sehr groß und vielfältig. Selten lebt man stumpf dahin. Neben der Erfüllung der Pflichten nimmt man sich Zeit für eine Ablenkung von den Gedanken des Alltags. Die Schönheit der Natur und wirklicher Kunstwerke können begeistern. Die sensitive Art ermöglicht eine innige Verbindung mit allem Wahrgenommenen, mit allen Wesen und Ereignissen der Umgebung. Fische-Geborene wollen gut sein, wollen Liebe üben, wollen im Gemeinschaftsleben Klippen umschiffen und Härten, die andere bedrängen, mildern. –

Die materiellen Verhältnisse der Fische-Geborenen lassen sich durch fleißige Arbeit und Umsicht sowie durch Sparsamkeit sichern und gut gestalten. Selten legt sich der (die) Fische-Geborene auf eine Erwerbsart und eine Erwerbsquelle fest. Oftmals wechseln sie auch ihren Beruf oder verändern sich innerhalb ihres Arbeitsbereiches. Durch ihre Vielseitigkeit können sie etwas nervös und vielleicht sogar fahrig erscheinen. Ihre Beweglichkeit kann zu einer auch nach außen wirkenden Unruhe ausarten. Fische-Geborene müssen da alles tun, um zur Stetigkeit zu kommen. So können sie zu Wohlstand gelangen und werden nie Not haben. Sie können sich aber auch mit wenigem einrichten. – Die finanziellen Verhältnisse sind auch im Alter gesichert. Oftmals ist sogar Reichtum durch Erbschaften vorhanden oder wird durch Arbeit für das ganze Leben dauernd errungen.

Die Geschwister werden von den Fische-Geborenen getrennt, einige sterben zeitig, einige können auch den (die) Fische-Geborene(n) schädigen, aber einige auch nützen. Die Geschwister sind sehr verschieden in ihrer Art und ihrem Wesen, sind auch in vielen Fällen sehr sensitiv, und ein Bruder oder eine Schwester kann in der Öffentlichkeit sehr von sich reden machen. Geschwister können auch weit entfernt, ja im Auslande wohnen.

Im Elternhaus war (ist) es etwas unruhig. Mindestens ein Teil der Eltern kann sehr früh und plötzlich sterben. Jäh hereinbrechende Ereignisse können im Elternhause die Lage für die Fische-Geborenen sehr ungünstig gestalten. Die Eltern werden selten beieinanderliegend bestattet. Stirbt der Vater früh, so ist die Grablage an der Nordgrenze des Friedhofes. So ist auch meistens die Grablage der Mutter, wenn sie zuerst stirbt. Die Eltern sind sehr verschieden in ihrer Abstammung und ihrem Wesen. Da kann es zu Mißverständnissen kommen, aber das seelische Band ist trotzdem sehr stark. Der Tod des Vaters besonders kann mit irgendwelchen Unglücksfällen, auch Verletzungen verbunden sein. Oder es liegt sonst ein tragisches Ende vor. Die Vorfahren der Eltern waren meistens hochgeachtet und begütert. Alter Blutsadel kann auch vorliegen. Übersinnliche Erscheinungen und entsprechende Erlebnisse spielten im Elternhause eine große Rolle mit. Die aus all diesen Verhältnissen und Bedingungen entstandenen inneren Werte der (des) Fische-Geborenen befähigen meistens sehr zu der Gabe, durch Handauflegen selbst die schwersten Erkrankungen bei anderen Menschen zu beseitigen.

Die Kinderzahl der Fische-Geborenen ist nur in seltenen Fällen groß. Die Haarfarbe der Kinder ist unterschiedlich, ihre Art auch. Bei den Kindern muß sehr auf die Ernährung geachtet werden. Magenleiden sind bei unbedachter Ernährung leicht die Folge oder eine allgemeine Vergiftung der Säfte, die zu vielen Krankheiten und frühzeitigem Altern führen kann. Besonders die dunkelhaarigen Kinder sollten Fleisch meiden.

Fische-Geborene sollten vor allen Dingen auf ihre Füße achten und sie wohl pflegen. Heiße Fuß- und Wadenbäder sind mindestens jede Woche einmal notwendig. Sonst kommt es zu aufgeschwollenen Füßen, Fußleiden und

Beinleiden, auch zu wassersüchtigen Erscheinungen, die sich schwer beseitigen lassen. Die Flüssigkeitszufuhr sollte nicht zu groß sein. Auch Krankheiten der Eingeweide liegen nahe. Also ist auf reine Kost zu achten. Da Fische-Geborene leicht frieren und da sich durch dieses Frieren auch die Haut schließt, sollte man sich möglichst in der Wärme halten, sonst sind leicht Nierenleiden die Folge. Und auch Nervenleiden. Bei weiblichen Fische-Geborenen hapert es mit der Verfassung der Nerven vor den regelmäßigen Tagen besonders. Ab und zu lieben Fische-Geborene auch eine innere Erwärmung durch ein Anregungsmittel. Es braucht nicht viel zu sein.

Die Gesundheit des Ehepartners (der Ehepartnerin) läßt oftmals zu wünschen übrig. Magenschwäche kann da vorliegen. Verwandte, die man anheiratet, wirken leicht etwas ungünstig auf die Ehe ein. Hier und da kommt es auch zu zwei Ehen. Fische-Geborene bringen es aber sehr leicht fertig, eine Ehe erträglich oder schön zu gestalten, wenigstens in den meisten Fällen.

Erbschaften von den Eltern sind nicht immer groß zu erwarten. Eher von dem Ehepartner (Ehepartnerin). Mit allen Fragen des Okkulten beschäftigt sich der (die) Fische-Geborene oft sehr. – Reisen werden gerne unternommen. Auch Seereisen, die aber nicht immer ohne Gefahr verlaufen. Große Gewinne werden selten auf diesen Reisen oder im Auslande errungen.

Die berufliche Seite ist zum Teil schon besprochen. Berufe, bei denen es sich um Flüssigkeiten dreht, liegen nahe (Mineralwasser, Bier, Kaffee usw.). Auch Gastwirte, Kaffeehausbesitzer, Lebensmittelhändler findet man viel und erfolgreich unter diesem Zeichen. Daneben findet man auch viele Fische-Geborene unter den Künstlern. In vielen Fällen werden mehrere Berufe ausgeübt. Der geschäftliche Erfolg läßt selten auf sich warten. – Fische-Geborene haben viele Freunde und viele Feinde. Die Freunde können sehr viel nützen, aber auch sehr viel schaden. Also hat der (die) Fische-Geborene sich zu wehren, sollte sich aber auch nicht immer groß wehren, sondern vielmehr durch entsprechendes Denken solche Dinge zur Regelung bringen.

Wir kommen nun zu einigen Angaben über das Wesen und das Schicksal der an einzelnen Geburtstagen Geborenen. – Da sind die vom 18.–21. Februar Geborenen. Der 18., 19. Februar warnt vor einer Situation, aus der eine sogenannte Mußheirat ersprießen könnte. Zu leicht gewinnt der Ehepartner (die Partnerin) die Oberhand zu sehr oder sonst ist das Zusammenleben zu leicht Trübungen ausgesetzt. Die in diesen Tagen Geborenen nehmen oft zu viel Lasten auf sich. Außerdem sehr strebsam. Vorwärtskommen. Aufstieg. Selten viele Kinder. – Wohnlage: meistens Eckgebäude. – Die am 20., 21. Geborenen können etwas eigenartig veranlagt sein und dabei voller Schüchternheit und unter einem ewigen Druck leidend. Seelische Gespaltenheit kann zu unüberlegten triebhaften Handlungen führen. Große Intelligenz und Künstlerschaft bei vielen. Viel Einzelgängertum. Wenig Kinder. Wohnlage: wie vor.

Die vom 22.–27., zum Teil auch die bis zum 28. Februar Geborenen sind in ihrer Arbeit sehr genau und methodisch. Sei sind meistens körperlich kleiner als die in den Vortagen Geborenen. Ihre pedantische Genauigkeit macht sie tüchtig für irgendwelche Verwaltungs-Posten. Sie halten ihre Arbeit für sehr wichtig und haben gewisse bürokratische Neigungen, sind auch oftmals Beamte oder werden es einmal – und die in diesen Tagen Geborenen weiblichen Geschlechts haben die beste Aussicht, einmal einen Beamten oder einen selbständigen Geschäftsmann oder einen leitenden Herrn zu heiraten. – Die hier Geborenen geben sich gerne etwas selbstverständlich autoritär, auch bewußt und behäbig, reden gerne im Brustton der Überzeugung, können recht würdig tun, sind für eine gute Fassade und nicht immer gerade beliebt. Starkes Strebertum, zähe, vorsichtig, devot, das Ordnungsprinzip betonend, gutes Werkzeug der Vorgesetzten, peinlich genau, belehrend gegenüber Untergebenen. Immer die „Pflicht" („leider") betonend, Vorteile heischend, materielle Sicherheit über alles erstrebend und dieses Ziel auch meistens erreichend. – So ist es in vielen Fällen. Nicht immer. Manchmal schlimmer. In der Familie nach außen der „Herr des Hauses", hintenherum oft das „Mädchen für alles". Alle sparen sehr. Man kommt zu „etwas". – Krankheiten: Asthma- Atemnot, Herzgeschichten, Leberleiden. Wenig oder gar keine Kinder. Oft ist ein Kind „sonderbar". Die Wohnlage: zuerst freistehend oder Eckhaus, dann in der Reihe. Betont sei ausdrücklich, daß nicht alle der in diesen Tagen Geborenen so sind oder sich so verhalten. Es kommt ja auch noch auf den Stand der anderen Planeten und die seelische Reife an.

Die Geburtstage 28. Februar bis 3. März begünstigen wieder ganz andere Wesensseiten und Schicksalsabläufe. – Die in diesen Tagen Geborenen nehmen oft in größter Selbstlosigkeit und stärkstem Opferwillen Pflichten auf sich.

Als hervorstechend, das gilt für alle Fische-Geborenen im allgemeinen, sei noch erwähnt, daß ein großer Teil der Nonnen und Mönche, Diakonissinnen und Diakone, Krankenpflegerinnen und Krankenpfleger sowie das in den Heilanstalten sonst noch beschäftigte Personal von den Fische-Geborenen gestellt wird. Ja, viele Fische-Geborene, besonders die blondhaarigen, haben im Aussehen etwas ähnliches den Menschen, die in den vorstehend aufgeführten Berufen lange tätig sind. Auch der Gang ist typisch. Es wird zuerst meistens mit dem Absatz aufgetreten. Selten sieht man überhaupt Fische-Geborene mit hohen Absätzen.

Auf diejenigen, die nun vom 27. 2. – 3. 3. geboren sind, wirkt diese Berufsneigung mindestens zeitweise sehr stark ein. Der Standpunkt und die Losung „Ich dien!“ gilt wohl so ziemlich für alle und von Jugend an. Liebesglück, so wie die Menschen oft die Liebe verstehen, liegt nicht viel an oder auf dem Wege der in diesen Tagen Geborenen. Ehre, so wie die Menschen die Ehre meistens auffassen, wird ihnen nicht viel zuteil. Dafür ringen sie sich in der Auffassung der Liebe und der Ehe zu einer höheren Richtschnur und zur Erfüllung höherer Aufgaben unter reineren Gesichtspunkten durch und erfüllen so, als Wertvolle von Wertvollen geschätzt, ihr Dasein, ihre Arbeit und ihr Leben im Dienste an eine Idee, im Dienste an anderen Menschen, und oft gerade an den Geschlagenen, Verachteten, Verstoßenen, Kranken und Einsamen ohne viel Aufhebens und viele Worte zu machen. So suchen sie zu mildern und wieder gutzumachen, was eine falsche, heuchlerische und verkommene „Ordnung“ durch ihren Apparat oder durch robuste „Menschen“ oder Irregeleitete oder durch in der „Ordnung“ entstandene Schuld den Menschen zugefügt hat.

Sie, diese sich Opfernden, sind wie die Steine im Fundament des Tempels der Menschlichkeit. Diese Tempel waren und sind zu allen Zeiten und in allen Erdteilen und unter der Herrschaft aller „Religionen“ überall gestanden, und überall stehen sie heute noch. Wie in allen Glaubensgemeinschaften tragen diese unermüdlich arbeitenden Idealisten der Tat und des Werkes im Dienst an dem Nächsten, von ihrem Fundament aus, das sie selbst sind, die Gebäude, die Organisationen, die Kirchengemeinschaften und kümmern sich nicht darum, daß da Prachtgebäude entstehen, schön für die Augen, stimmungsvoll für diejenigen, die der Ergötzung bedürfen und ehrenvoll für diejenigen, die der Ehre bedürfen, wie sie sie verstehen. Diese alles tragenden und sich opfernden Steine im Fundament kümmern sich auch nicht darum, in welche Richtung sich der Hahn auf der Spitze des Gebäudes dreht. – Sie bemühen sich nur um den Menschen, dem geholfen werden muß, und erfüllen so, gottseidank auch oft nach eigenen Richtlinien und aus eigenem Ermessen, unter Selbstaufgabe, ihre oft sehr schweren Pflichten an dem Menschenbruder, an der Menschenschwester. – Ich weiß: es gibt auch andere, mit anderen Gedanken und Hintergründen. Man erkennt und kennt sie bald. – Ein jeder Mensch straft, belohnt und – erlöst sich selbst(!) (anders geht es niemals) entsprechend der tragenden und entwickelten und ausgefüllten Idee, als Werkzeug dieser Idee. Und die höchste Idee ist die Menschlichkeit! – Und der Weg ist das Selbstopfer.

Es soll sich niemand einbilden, daß der Weg leicht, gar „romantisch" sei! Die langen Tage, die Nachtwachen, das Elend der Kranken und Siechen, ihre Hoffnungslosigkeit und ihre Stimmungen und Launen, die Sterbenden, die Luft und die Ausstrahlungen der Krankheiten, die Spucknäpfe, das Nachtgeschirr, die Eiter, die verschiedenen intimen Krankheiten, Schmerzensgestöhn und Sterben. – Dann die Eifersüchteleien unter den Menschen der Umgebung, die kleinen und großen Falschheiten und Hintertragödien, das Regiment mancher Oberin und mancher Vorgesetzten, die Tänzelei um diese, die langen Arbeitszeiten, teils als Dienstmädchen, teils als Reinmachefrau, teils als Handreicherin hie und da. Dann die so kurze freie Zeit. Immer in der Tracht, in der der Körper nicht ausdünsten kann, immer beobachtet, immer irgendwie unter Aufsicht, immer verpflichtet, ein gütig lächelndes Gesicht zu zeigen. Und dabei oft nur ein sehr, sehr knappes Taschengeld oder einen Lohn, der gotteserbärmlich niedrig ist und von dem man noch spenden soll, oder ans Haus vererben oder ans Kloster. – Und bei allem doch ein Menschenkind aus Fleisch und Blut, jung oder mehr gereift, von Gott und der Natur dazu bestimmt, Liebe zu geben und zu empfangen, Kinder zu gebären, zu herzen und zu küssen und zu erziehen und dabei einem Menschen alles zu sein, dem Gefährten des Lebens. – Was muß da alles unterdrückt werden, was muß da alles abgedrosselt werden, was kann sich da alles verwandeln in Regungen des Neides und des Hasses und andere unnatürliche Neigungen und widerwärtige Komplexe. – Und wie kam man zu diesem Leben? – Teils auf elterliches Gebot, teils aus der Schwärmerei irregeleiteter Gefühle, aus gutem Willen, aus dem Bestreben zu helfen, aber immer in Unkenntnis und oft in einer leisen Hoffnung, daß doch vielleicht einmal eine Befreiung, eine Erlösung – irgendwie – winken könne, und dann für die meisten, ja fast für alle, das Muß, der endgültige Zwang – und die Resignation – und nur bei einigen von Anfang an (und selten freudig durchhaltend) das willige Opfer des Selbst.

Es ist das Lied des Zeichens Fische, das hier in Vorstehendem erklingt. Das Lied der Menschheit in den letzten 2000 Jahren und das Lied vieler Fische-Geborenen. – Ich meine: diesen Aufgaben-Bereich, der hier nun einmal vorliegt und immer vorliegen wird, könnte eine wahrhafte Ordnung auch in anderer Weise gerecht werden. Die Pflege der Kranken und Leidenden sollten mindestens alle jungen Mädchen erlernen und eine Zeit hindurch ausüben. Und – eine anständige Entlohnung mindestens sollte für diejenigen, die ihr ganzes Leben opfern, übrig sein.

Die in den Tagen vom 28. 2. – 3. 3. Geborenen haben meistens, wenigstens eine Zeitlang, schweres Liebesleid zu tragen, fangen sich aber wieder in späteren Jahren und finden irgendwie einen Ausgleich, den das Schicksal für sie aufspart. – Arbeitstrieb und Ehrgeiz, Einfachheit und Genügsamkeit bringen die in diesen Tagen Geborenen im Leben vorwärts in ihrem Rahmen und auf der Bahn auch der seelischen Entwicklung. Falls es zu einer Ehe kommt, ist diese Ehe friedlich und von gegenseitiger Fürsorge getragen. Dasselbe gilt für Freundschaften. Mit vielen Kindern ist selten zu rechnen. Bei allen anfänglichen Schwierigkeiten ist mit einer sicheren Lage auf die Dauer zu rechnen. – Wohnlage: meistens in der Straßenzeile, selten freistehend oder Eckhaus.

Die Einflüsse des Sonnenstandes der vom 4. bis 12. März Geborenen sind, abgesehen von den allgemeinen Besonderheiten der Fische-Geborenen, dahin wirkend, daß die in diesen Tagen Geborenen mehr in der Öffentlichkeit hervortreten. Die in diesem Zeitraum Geborenen, meistens dunkelhaarig, sind mehr impulsiv und mit Energie und Schlauheit am Werke, um ihre Interessen zu fördern und zu verfechten, aber auch in der Familie. Es ist mehr Freude am Leben vorhanden, und die guten Dinge dieser Welt werden geschätzt. Sie haben gute Heiratsaussichten. Sie heiraten meistens einen Beamten oder selbständigen Geschäftsmann. Er heiratet meistens eine Beamtentochter oder die Tochter eines selbständigen Geschäfsmannes. Beamtenwitwen heiraten ja selten noch einmal. – In der Ehe kommt man materiell vorwärts, Kinder sind in großer Zahl sehr selten. Ein eigenes Haus oder mindestens Grundbesitz liegt am Wege des Schicksals oder ist Erfolg bewußten eisernen Strebens. Die in diesen Tagen Geborenen besitzen viel diplomatisches Geschick oder erwerben sich dieses im Laufe ihres Lebens. Sie sind oft der Mittelpunkt ihrer Lieben, da sie für alles und alle sorgen. Sie werden auch oftmals von Freunden oder Freundinnen ausgenutzt und leicht in eine Gerichtssache hineingezogen, die sie eigentlich wenig angeht. Mit der Zeit werden sie dann vorsichtiger. Sie sind immer fleißig und rührig. Die Männer der in diesen Tagen geborenen Ehefrauen sind in ihrer Gesundheit nicht besonders fest, haben meistens ein Leiden oder eine Schwäche der Verdauungsorgane, sind aber sehr gutmütig und fleißig. Die Frauen der in diesen Tagen Geborenen neigen zu Leber- und Gallenstein-Leiden und sollten dieses Leiden nicht so leicht nehmen. – Wohnlage: anfänglich Eckhaus, später in der Reihe.

Unter den vom 13.–15. März Geborenen finden wir viele Menschen mit rötlichen Haaren, feinknochig und oft zart gebaut, sorglich, temperamentvoll und mit viel Talent für die Schneiderei und für Arbeiten, die eine größere Geschicklichkeit erfordern. Die ersten Liebeserlebnisse werden in der Erinnerung immer eine sehr große Rolle spielen, deswegen läßt man aber doch dem Partner oder der Partnerin nichts abgehen. Der Vater trat meistens in der Öffentlichkeit hervor. Die eigene Ehe ist stabil und in Ordnung. Kinder können fehlen oder sind nur in geringer Zahl vorhanden. Man kommt materiell vorwärts und kommt auch sonst überall zum Siege. Ein hohes Alter, immer gesichert im Auskommen, ist zu erwarten. – Wohnlage: in der Jugend Eckhaus, später, aber selten, in der Reihe. –

Mit den Geburtstagen 16. bis 21. März kommen wir wieder an eine besonders betonte Zone der Sonnenwirkung im Zeichen Fische. Diese Grade betonen sehr die Venusbelange, da die Venus in 27 Grad Fische in ihre Erhöhung, also in starker Wirkung ist. Wichtig ist daher auch, wo im Geburts-Horoskop die Venus selbst ihren Platz hat und welche Aspekte sie progressiv zu anderen Planeten bildet. Meistens geht schon in den jungen Jahren der in diesen Tagen Geborenen eine große ideale Liebe in die Brüche durch örtliche Trennung und meistens auf Nimmerwiedersehen. Selbst im höchsten Grade selbstlos und opferwillig und sehr liebebedürftig, gelingt es oft erst nach einigen fehlgeschlagenen Versuchen, das rechte Glück zu finden, aber es gelingt meistens. Zum Bruche kann es auch dadurch kommen, daß der (die) Geborene Geheimnisse nicht recht zu wahren weiß und die Tragweite des Vertrauensbruches zu spät erkennt. – Aber man kann wohl sagen, daß die in diesen Tagen Geborenen die Partnerin (den Partner) sehr glücklich machen können, wenigstens alles tun, um das zu erreichen. – Gegen den 20., 21. ist die Auswirkung des Sonnenortes dann etwas mehr chaotisch. Hier ergibt sich oft eine starke Empfindlichkeit der Nerven, eine sehr sensible Art und eine große Ruhelosigkeit, die sich auch in dauernder Reiselust zeigen kann. Geheiratet wird meistens zwangsmäßig. Kinder sind nicht viel zu erwarten. Die finanziellen Verhältnisse sind meistens gut. Erbschaften liegen auch oftmals vor, aber fast immer muß deswegen prozessiert werden, oder man verzichtet. – Wohnlage: im Eckhause oder im Hause neben dem Eckhaus, seltener in der Reihe. Freude an einem eigenen Garten, an Blumen und allen schönen Künsten.

Soweit die kurze Betrachtung der einzelnen Geburtstage nach den Wirkungen des Sonnenstandes bei der Geburt. Diese Betrachtung kann nicht vollständig und erschöpfend sein. Immerhin aber kennzeichnet sie doch einige Besonderheiten des interessanten Zeichens Fische, das wohl stark schicksalsgebunden ist, aber auch sehr viele Möglichkeiten zu einer seelischen Höherentwicklung aufzeigt, und das ist sehr wichtig.

Neptun

Neptun ist eigentlich eine Mischung von Saturn mit Venus und Jupiter – daher der Planet der Akklamation, des Rufes und der Nachrede (gut oder schlimm). Gut gestellt verleiht Neptun ungewöhnliche Macht der Sympathien, negativ allerlei Wirrnisse und Unklarheiten, Abhängigkeiten und sonderbare Zustände. Er ist der Bringer der unkontrollierten Ideen und Handlungen, die uns heimsuchen, der hinterlistigen Machenschaften, die es auf uns abgesehen haben, uns zu fangen suchen.

Neptun gibt Vorteile (Venus), aber auch Bindungen (Saturn): Daher gehören Ratenzahlungen zu Neptun, auch Ersatzstoffe: Nylon usw.; auch das moderne Versicherungswesen: dem Sterbenden nützt es nichts mehr, für die Erben ist der Tod ein Freund. Versicherung: Jupiter – Venus geht zusammen mit der Plage der Zahlung. Saturn – Neptun kann sogar von Schmerz (Saturn) befreien (Jup) durch Narkose, Opium usw.; die Kräfte steigern: Pervitin; Konzentration (Saturn) und Frische (Jup, Venus) bringen. Alkohol wie Musik sind neptunisch, auch Tabak und andere Drogen – auch der Schmuggel und Verkauf seltener Drogen oder Lebensmittel usw.; alle Gifte, Rauschzustände. Neptun hat Beziehungen zum Tode, auch Ausschaltung des Willens, der psychischen und physischen Widerstandskraft.

Neptun der Geist des Wahnsinns, scheinheiliger Gebärden, krankhafter Vergewaltigung, der Säufer, der Dirnen. Er bewirkt die Knechtseligkeit ganzer Völker wie die sexuelle Hörigkeit des einzelnen – er ist der Turnierplatz des Teufels.

Trotz aller Widrigkeiten jedoch ist Neptun, wenn er in den Körper gelangt, die veredelte Venus, die Art Psyche, welche keinen Amor mehr verletzt, die Art Agape und Caritas, welche aus reiner Liebe dient!

Mit sieben Planeten brauchen wir nur zu rechnen bzw. ihren Einfluß als gegeben annehmen; bei Uranus, Neptun und Pluto können nur die bereits für diese Schwingungen höher organisierten Körper individuell aufnehmen und damit wirken. Bei normalen und durchschnittlichen Menschen wirken diese drei nur im Zusammenhang von Massenschicksal (kollektivbewußt!) und dann eben mehr erleidend und erst später (über diesen Vorgang) zur Befreiung und Erhöhung findend.

Die Grade der Sonne im Zeichen Fische

Geb.-Tage im Februar	Die Sonne in Fische	Die Bedeutung der nachstehend verwendeten Abkürzungen:		
		K	=	Körperliche Grundlagen, Veranlagung, Lebenskraft
		W	=	Wesensart, ihre Äußerung, Eigenheiten, Fähigkeiten
		S	=	Schicksals-Möglichkeiten
		Progr.	=	Progressiv (Wirkung der vorgeschrittenen Sonne)
		E	=	Verbindungen, die zur Ehe führen können
		G	=	Geschäftsgründung, evtl. größere Selbständigkeit

19., 20. 0° ♓, 330° = K: groß oder mittelgroß, oft eine Schwäche des Rückgrats, oft etwas bleiches Gesicht. – W: beweglich, die Schultern bewußt tragend, redegewandt, intelligent, gefällig, vielseitig interessiert, will sich bilden. Studieren gerne, legen auch Wert auf Wissenschaftlichkeit, sind dennoch voller Gefühle und Stimmungen, können sich durch unüberlegtes Handeln deswegen Schwierigkeiten bereiten, können aber vieles wieder einrenken oder schaukeln und haben ihre eigene Rechtsauffassung und ihre eigene Moral. – S: wurden in einer Familie geboren, in der eine gewisse starre Rechtlichkeit herrscht, sehen hinter den Schein, bauen sich ihr eigenes Weltbild und stellen sich möglichst auf die eigenen Füße. Romantisches Liebesleben, auch wohl Mußehe, meistens mehrere Ehen, zwischendurch auch wohl eine Scheidung, mehrere Kinder. Meistens ein bewegtes, aber finanziell erfolgreiches Leben und ein hohes Alter. – Progr. E!, G!

20., 21. 1° ♓, 331° = K: meistens mittelgroß und dunkelhaarig. – W: ähnlich wie bei Sonne in 0° ♓, aber mehr von Stimmungen abhängig und sehr gefühlvoll, eher noch sehr feinfühlig und fähig, gewagte Lagen auszunutzen. Dabei oft sehr zurückhaltend und angenehm im Umgang. – S: Aufgewachsen in einer Familie, die geistig rege ist und dabei die Bildung in sich abgeschlossener, besonderer Typen begünstigt. Durch Anpassung, angleichendes Streben und Ausnutzen der Lagen Aussicht auf Reichtum. In reiferem Alter innige Beschäftigung mit geistigen Gebieten höheren Wertes, auch Okkultismus, Astrologie usw. Ein hohes Alter ist erreichbar. Evtl. mehrere Ehen und nicht so viele Kinder. – Progr. E, G!

21., 22. 2° ♓, 332° = K: wie bei Sonne in 1° ♓ zumeist. – W: mehr als bei Sonne in 1° ♓ von Gefühlen und Stimmungen beherrscht. Deswegen auch unüberlegte Handlungen und starke Stimmungskrisen hinterher. Im übrigen ähnlich wie bei Sonne in 1° ♓. – S: ähnlich wie bei Sonne in 1° ♓. Stark auf Freundschaften und Verbindungen und Beziehungen eingestellt. Evtl. fast ausschließlich Freundschaften mit Personen des gleichen Geschlechts. Einige bleiben ledig. Ehekrisen wahrscheinlich. Im allgemeinen günstige finanzielle Verhältnisse mit den Jahren. Ein hohes Alter ist erreichbar. – Progr. E, G.

22., 23. 3° ♓, 333° = meistens groß, schlank und dunkelhaarig. Etwas schwache Nerven zumeist und eine schwankende Gesundheit. – W: beweglich, temperamentvoll, evtl. leidenschaftlich und romantisch eingestellt. Schönheitsgefühl, gute Formen liebend, schönen Stimmungen offen, einige sehr begeisterungsfähig. Auf der anderen Seite werden die oft unnötigen Sorgen gehätschelt. Auch entgegenkommend und hilfswillig. Fleißig und aufopferungsfähig in der Arbeit wie im Verkehr mit anderen Menschen, sparsam. Sauber an sich und im Heim sehr für Sauberkeit und Ordnung. – S: meistens in mittleren Verhältnissen aufgewachsen. Gute Bildung wird erstrebt und erreicht. Frühzeitige Selbständigkeit. Evtl. Mußheirat. Mehrere Kinder, von denen das erste eine Zeit hindurch als Kind in Lebensgefahr ist. Mehrere Ehen, oder nach der ersten Ehe eine bindende Freundschaft möglich. – Evtl. langes Leben. – Progr. E, G.

23., 24. 4° ♓, 334° = K: meistens sehr breitschultrig und mittelgroß, dabei wohl dunkelhaarig. – W: ruhig, teils behäbig, fleißig, sorglich, willig, gerne repräsentierend, auf der anderen Seite auch devot, mit Stärke bluffend, auf der anderen Seite vorsichtig bis unterwürfig. Vertrauenswürdigkeit betonend, rechnend, sparsam, alles nutzend, strebsam in materiellen Dingen, auf das Reale eingestellt, zumeist diskret. Oft sehr listig. Im Zorn kollernd. Im Arbeitskreis selten beliebt. – S: oft in kinderreicher Familie geboren, selten eine gute Schulbildung in der Jugend. Arbeitet sich hinauf. Was er (sie) anerkennt im äußeren Schein, hemmt auch. Materielle Erfolge, vor allem die Sicherstellung der Existenz und das unermüdliche Streben kann innere Stauungen und Leberstörungen, auch Leberentzündungen mit Lebensgefahr hervorrufen, aber auch Asthma. Das Alter, für das mit allen Mitteln gesorgt wird, kann oft nicht erlebt werden. Die Ehepartnerin (der Ehepartner) ist oft sehr energisch. Wenig Kinder zumeist oder auch keine. – Progr. E, G, aber oft Beamter.

25., 26. 5° ♓, 335° = K, W, S: meistens ähnlich wie bei Sonne in 4° ♓. Oft noch schärfer ausgeprägt. Etwas mehr wendig und vielleicht auch mehr geistig. Wird wegen der äußeren Stellung oft geachtet. Sonst wie bei Sonne in 4° ♓. – Progr. Wie bei Sonne in 4° ♓, weibliche können einen Beamten oder Selbständigen heiraten, kommen wenigstens damit in Verbindung. Männliche haben die Gelegenheit, eine Beamtentochter zu ehelichen oder damit Freundschaft zu haben. – Progr. E, G, oft Beamter (Beamtin).

26., 27. 6° ♓, 336° = K: mittelgroß bis groß, volle, oft sehr volle, oder schlanke Figur, meistens dunkle Haare und buschige Augenbrauen, oft lange Arme und Beine oder auch O-Beine. Evtl. Veranlagung zu Leberleiden oder Asthma. – W: wie bei Sonne in 4 und 5° ♓, alles mehr ausgeprägt, aber bei einigen höheren Geistigkeit und mehr nur bei einigen. Einige auch bekannte Wissenschaftler, Betonung des Standpunktes: Leben und leben lassen. Aber Juristen, höhere Verwaltungsbeamte. Einige auch sehr große „Radfahrer“ (nach oben sich bücken, nach unten treten!). – S: zumeist in Familien mit mittlerer Kinderzahl aufgewachsen. Anpassungsvermögen, Intelligenz oder Schlauheit und eifriges Streben, dabei Ausnützung jeder Möglichkeit und weiterhin größte Sparsamkeit sichern den Aufstieg oft weit über die soziale Schicht der elterlichen Familie hinaus. Viele snd Beamte (Beamtin) oder irgendwie im öffentlichen Dienst. Weibliche können einen Beamten oder selbständigen Geschäftsmann heiraten, männliche ein Fräulein aus ebensolcher Familie ehelichen. Nicht viele Kinder und unter diesen ein Kind, das etwas eigenartig veranlagt ist. – Progr. E, G.

27., 28. 7° ♓, 337° = K, W, S: ähnlich wie bei Sonne in 6° ♓. Evtl. Krebsleiden sollte man vorbeugen. – Progr. E, G.

28., 29. 8° ♓, 338°, 339° = K: meist Mittelgröße, überwiegend blondhaarig. Zähe Konstitution. Neigung zu Zirkulations-Störungen. – W: geistig rege, fleißig, sorglich, mehr ernst, ziemlich ehrgeizig, im allgemeinen harmonisch veranlagt. Ruhiges Auftreten, intelligent, strebsam, verantwortungsvoll, hilfreich, an Wissenschaften interessiert. Beliebt. – S: meistens in geordneten Verhältnissen aufgewachsen. Durchweg eine ruhige Lebensbahn. Vielerlei Gelegenheiten vorwärts zu kommen. Immer die Wahl zwischen zwei guten Möglichkeiten. Heirat evtl. in einer Zwangslage. Nicht viel Kinder. Hohes Alter ist erreichbar.

März

1. 10° ♓, 340° = K: meistens kleinere bis mittlere Figur und meistens blondhaarig. – W: meistens ruhiges Verhalten, in gereiztem Zustand aber sehr aufgeregt. Sehr ehrgeizig. Sehr fleißig und an dem Gelingen der Arbeit und der Erfüllung der Aufgaben sehr interessiert. Am besten ist eine halbselbständige oder selbständige Stellung. Leicht Schwierigkeiten mit den Mitarbeitern und den Mitarbeiterinnen durch unnötige Kritik, die dem Machtbereich nicht entspricht. Sehr hilfreich und im höchsten Maße aufopferungsfähig. Hohe Ideale, für die sich eingesetzt wird. Zeiten der Schwermut. – S: frühzeitig stirbt evtl. ein Elternteil, und der andere Elternteil kann sich dann in das Leben nicht hineinfinden und faßt falsche Entschlüsse, die sich übel auswirken. Tragische Ereignisse schon in den Jahren der Kindheit oftmals. Frühzeitiger Eintritt in das Berufsleben. Bekämpfung aus der eigenen Familie ist möglich. Berufswechsel. Eine lange Zeit Ausübung zweier Berufe. Ansammlung von materiellen Werten. Häufung von Erkenntnissen durch Studium nebenbei und Bildungsbestreben auf allen Gebieten. Eintreten für Ideale und Wahrheit und Recht. Evtl. scharfe Bekämpfung durch mächtige Feinde. Evtl. Freiheitsberaubung und (oder) Körperverletzung. Große Verluste. Aber es wird weiter gestrebt

und gearbeitet. In der Mitte der 20er Jahre ein romantisches Liebesverhältnis ohne Aussichten, evtl. viel Herzeleid. – Die Heirat ist für einige fraglich. Keine oder wenig Kinder. – Progr. E?, G. Ebenfalls progr. – viel Herzeleid.

2. 11° ♓, 341° = K, W, S: wie bei Sonne in 10° ♓, eher noch klarer und zutreffender. – Progr. E?, G.

3. 12° ♓, 342° = K: kleine bis mittelgroße Figur, mehr starkknochig. – W: ähnlich wie bei Sonne in 10° ♓, aber mehr Energie und Übersicht, auch mehr Triebhaftigkeit und Leidenschaftlichkeit. Evtl. sogenannte übersinnliche Fähigkeiten. Auch Sinn für technische Belange und Gebiete. Fleißig, geduldig und strebsam. Rechnend. – S: meistens in etwas unübersichtlichen Familienverhältnissen geboren und aufgewachsen. Frühzeitiger Eintritt in das Berufsleben. Frühzeitig meistens Liebesverhältnisse und frühe Heirat. Wenig Kinder zumeist. Finanzieller Aufstieg. Vielfach sicheres Einkommen. Ein hohes Alter ist zu erreichen. – Progr. E, G.

4. 13° ♓, 343° = K: gute Mittelfigur, im reiferen Alter zur Fülle neigend, meistens dunkelhaarig. – W: meistens intelligent bis schlau, vorsichtig, Möglichkeiten erspähend, neue Methoden erfindend, spekulativ veranlagt, nicht immer auf einer Linie bleibend, philosophierend. – S: in mittleren Verhältnissen aufgewachsen, frühzeitig beruflich tätig, geht in allem seine eigenen Wege, kann „Anstoß" erregen, sei es durch einen etwas abwegigen Beruf oder weil er (sie) sich nicht verkauft. Vielleicht auch einmal im Leben eine (teils schuldlose) öffentliche Blamage. (Die Spießer und Spießerinnen „entrüsten" sich gerne und treiben es heimlich.) Die Lebensführung wird meistens von einem Ideal bestimmt. Es sollte ein hohes Ideal sein. Evtl. mehrmaliger Berufswechsel. Mußheirat ist möglich. Wahrscheinlich, aber nicht unbedingt, sind Ehekrisen. Wenig Kinder. Langes Leben möglich. – Progr. E, G. Diejenigen, deren progr. Sonne diesen Grad erreicht, sollten einer öffentlichen Blamage vorbeugen.

5. 14° ♓, 344° = K: wie bei Sonne in 13° ♓. Lungenentzündungen sollten verhütet werden. – W: ähnlich wie im Vorgrad, aber eher Klip-

pen vermeidend. Joviales Auftreten zumeist. – S: wie im Vorgrad, aber eine mehr ebene Lebensbahn. Gunst bei Behörden oder durch behördliche Personen, die etwas großzügiger eingestellt sind. Durch Heirat wahrscheinlich Verbindungen mit einer Beamtenfamilie oder geschäftlich selbständigen Kreisen. Wenig Kinder. Ein mittleres bis hohes Alter ist erreichbar. – Progr. E, G.

6. 15° ♓, 345° = K: eine mehr gesetzte und vollere Figur zumeist und oft blondes Haar. In der Kinderzeit können die Augen zu Entzündungen neigen. Aber noch mehr in 16 und 17° ♓. Ursache: Erkältungen. Im mittleren und höheren Alter müssen Lungenentzündungen vermieden werden. – W: ruhig, jovial und evtl. etwas behäbig auftretend, sich nicht vordrängend, viele Freundschaften (kann durch Freunde in Schwierigkeiten kommen), lernt mit der Zeit unter Freundschaften zu wählen. Wendig, aber nicht immer sehr intelligent. Aber fleißig, ehrlich, zuverlässig, wo er (sie) als Mensch geachtet und behandelt wird. – S: Liebeserlebnisse können zu einer unehelichen Geburt und Mußehe führen. Ehepartnerin (Ehepartner) kann sehr eifersüchtig sein. Der (die) Geborene selbst kann adeliges Blut haben, aber das Blut der Partnerin (des Partners) kann von den Vorfahren her ungünstig gemischt sein. Meistens etwa 3 Kinder. Das erste Kind sehr vorwärtsstrebend, ist sehr egoistisch, im Geschäftsleben erfolgreich, kann im mittleren Alter Herztod erleiden, das zweite Kind, sehr sensibel, kann dadurch irgendwie untergebracht werden müssen, das dritte Kind kann in der Jugend ein begabter phantasievoller Stürmer sein, der durch die Ehe zur Ruhe kommt. Das sind so Möglichkeiten! Die Partnerin (der Partner) des (der) Geborenen kann gefährlich gallensteinkrank werden. Eine zweite Ehe kann erstrebt werden, wird aber selten erreicht. Der Tod könnte über eine Lungenentzündung eintreten. Eine allgemein beliebte Persönlichkeit mit guten, teils privaten und familiären Verbindungen mit Beamtenkreisen. Evtl. selbst Beamter, vielleicht auch selbständig. – Progr. E, G.

7. 16° ♓, 346° = K, W, S: ähnlich wie in 15 und 16° ♓, nur klarer, bewußter und erfolgreicher. Weniger Schwierigkeiten und Fehlschläge. – Progr. E, G.

8. 17° ♓, 347° = K: meistens mittelgroß, dunkelhaarig, rotbackig, schöne Menschen. Durch Erkältungen evtl. Augenentzündung oder Mittelohrenentzündung in den Kinderjahren. – W: teils intelligent, teils schlau und listig. Auch wieder gutherzig. Legt nach außen Wert auf Formen und Ordnung. Setzt rechtzeitig die Bremse an. Viel Familiensinn, umtriebig und vorsorgend. – S: meistens in einer kinderreichen Familie aufgewachsen, und früher Tod des einen Elternteiles oder auch Bruch in der Ehe der Eltern. Dadurch im ganzen viel Nachteil. Überlegte Heirat. Fleißig, vernünftige Ehepartnerin (Ehepartner). Gründung eines eigenen Geschäftes zumeist. Immer Geld im Hause durch Fleiß und Sparsamkeit. Guter Ruf der Familie, wenn auch einfache Verhältnisse vorliegen sollten .Abstammung wie bei Sonne in 15° ♓ wahrscheinlich. Nicht viel Kinder, etwas Sorgen damit, aber gegenseitige Liebe und Vernunft regeln vieles. Im höheren Alter evtl. Zirkulations- und Leberstörungen. Man kann sehr alt werden. Augenleiden und sogar Fälle von Blindheit können in der Familie eine Rolle spielen. Ein erfolgreiches Leben in Hinsicht auf Erfahrungen und seelische Entwicklung. – Progr. E, G.

9. 18° ♓, 348° = K, W, S: ähnlich wie bei Sonne in 17° ♓, in den meisten Fällen noch schärfer ausgeprägt. Männliche können eine Beamtentochter heiraten oder die Tochter eines selbständigen Geschäftsmannes, weibliche können einen Beamten oder leitend tätigen oder selbständigen Geschäftsmann heiraten oder haben entsprechende Freundschaften. – Progr. E, G.

10. 19° ♓, 349° = K, W, S: ähnlich wie bei Sonne in 17° ♓, aber zum Teil nur noch Nachklang. Im allgemeinen besser und immer wieder ein Ausweg und die Möglichkeit eines Aufstieges. In der Öffentlichkeit meistens geachtete Stellung. – Progr. E, G.

11. 20° ♓, 350° = K: meistens mittelgroß, breitschultrig, blasse Gesichtshaut zumeist und etwas kurze Arme. – W: ruhig und gemessen, fleißig, strebsam, eher zurückhaltend und oft sehr schweigsam, diplomatisch, sorglich, sparsam, intelligent und im geheimen etwas kritisch. – S: meistens in kindereicher Familie aufgewachsen, frühzeitig in das Berufsleben eintretend, in der Liebe Herzeleid in der Jugend, dann meistens

mit Überlegung eine Ehe schließend, auch evtl. finanzielle Vorteile durch die Heirat und gute Versorgung der Kinder. Meistens eine Tätigkeit in der Öffentlichkeit, auch evtl. im Lehrer-, Beamten-, Rechtsanwalt- und Richterberuf. Vielleicht zwei Ehen. Mehrere Kinder zumeist. Ein hohes Alter ist erreichbar. – Progr. E, G.

12. 21° ♓, 351° = mittelgroß, meistens feines Knochengerüst, oft weichliches Gewebe, meistens rotblondes oder schwarzes Haar. – W: ruhig, verhalten, abwartend, interessiert, plötzlich entschlossen, zufassend, angreifend und Erfolg verbuchend. So etwa. Intelligent zumeist und geschickt. Braucht Anerkennung und Liebe. Kann sich begeistern. Wirkt dann erfrischend und sieghaft. Befreit sich plötzlich kraftvoll von lange bescheiden ertragenem Druck. – S: in mittleren bis guten Verhältnissen aufgewachsen. Geachtete Familie, die durch Umwälzungen zurückkam. Langsames Zurechtfinden. Meistens gewagt-romantische Jugenderlebnisse. Große Stimmungsschwankungen. Verhältnismäßig späte, aber günstige Heirat und gesicherte Verhältnisse. Gute Ehe, aber meistens kinderlos. Ein hohes Alter ist zu erreichen. – Progr. E, G.

13. 22° ♓, 352° = K, W, S: ähnlich wie bei Sonne in 21° ♓, eher klarer hervortretend. Freundschaften und Heiraten in Beamtenfamilien wahrscheinlich. Gesichertes und hohes Alter wahrscheinlich. Wenig oder keine Kinder. – Progr. E, G.

14. 23° ♓, 353° = K: mittlere Größe, nicht so feinknochig, ebenmäßig gebaut, weiches Gewebe, meistens rundes, hübsches Gesicht, feine blonde oder braune Haare. Augen- oder Ohrenleiden können nach Erkältungen auftreten. – W: angenehm, lange geduldig, zurückgehaltene Spritzigkeit. Empfindliches Ehrgefühl. Evtl. Launenhafigkeit. Romantisch. Doch in der Arbeit verläßlich, wenn auch nicht immer schnell. – S: in mittleren bis guten Verhältnissen aufgewachsen, evtl. einziges Kind, daher leicht verwöhnt und stark egozentrisch eingestellt. Romantisches Liebeserlebnis kann zur unüberlegten Heirat zwingen. Ehekrisen. Zweite Hochzeit kann sich sehr verzögern. Möglich sind auch Erbschaften oder einige Glücksfälle. Sorgen durch die Kinder. (Das Leben wird zu sehr alleine vom Intellekt aus beurteilt. Wer glücklich werden will, muß auch glücklich machen wollen!) Ein hohes, vielleicht sehr einsames Alter. – Progr. E, G?

15. 24° ♓, 354° = K: ähnlich wie bei Sonne in 23° ♓. – W: ähnlich wie bei Sonne in 23° ♓, aber mehr gefühlvoll mitschwingend. – S: ähnlich wie bei Sonne in 23° ♓, aber meistens Vermeidung der Liebes- und Ehekrisen. Dafür evtl. Erbschaftsstreitigkeiten. Im allgemeinen eine erfolgreiche Lebensbahn, auch Hervortreten in der Öffentlichkeit. Wenig Kinder. Ein hohes, aber meistens einsames Alter. – Progr. E, G.

16. 25° ♓, 355° = K: etwas mittlere Größe, meistens mehr voll, in der Mehrzahl blond oder braunhaarig. – W: äußerlich ruhig im Auftreten wie in den Bewegungen, wissensbegierig und neuen Ideen zugänglich, auf Reales eingestellt. Große Reiselust. Voller Spannungen. Sensibel. Reiches Traumleben. Viele Stimmungen. Geeignet für das Schneider- und Schneiderinnen-Handwerk. – S: meistens in einigermaßen stabilen Verhältnissen aufgewachsen. Früher Eintritt in das Berufsleben. Evtl. Berufsveränderung und viel Umzüge und Ortswechsel bei einigen. Viel Mühe, Sorgen und kritische Lagen. Wenig Kinder, die für Drüsenleiden veranlagt scheinen. Nur nach und nach stabile Verhältnisse. Trotz großer gesundheitlicher Schwankungen ist ein langes Leben möglich. Das Herz muß geschont werden. – Progr. E, G.

17. 26° ♓, 356° = K: meistens mittelgroß, selten große Figur, meistens blond- oder braunhaarig, weibliche meistens vollbusig, breitschultrig und oft Schönheiten. – W: gefühlvoll, romantisch, einige innerlich etwas chaotisch. Äußerlich oft stolz erscheinend und doch innerlich oft anlehnungsbedürftig. Meistens intelligent, viel Sinn für die schönen Künste und viel Freude an der Natur und ihren Schönheiten, Gesang und Musik, Dichtkunst und Schriftstellerei. Mütterlich. – S: oft in sehr guten Verhältnissen aufgewachsen, romantisches Liebeserlebnis in der Jugend, das mit endgültiger Trennung zumeist endet. Die Partnerin (der Partner) wandert in den meisten Fällen in nordwestlicher Richtung aus, und zwar nach Übersee. Heirat meistens in reiferen Jahren. Nicht viel Kinder, oft nur eines. Etwas Eheschwierigkeiten. Trübe Stimmungen müssen bekämpft werden, sonst können sie sich katastrophal auswirken. – Progr. E, G.
26° ♓ = Josefstag, selbstlose Liebe, Elsa. Gralsmythos: weiße Taube (Ve) oder weißer Schwan (Ju). Erste Liebe in jungen Jahren verschwin-

det: wie Ritter; Scheat: ertrinken im Bade; Sat: Vorgesetzte im Beruf, auch Ausfluß bei Frauen. Venus H. Venus wirkt allgemein etwas chaotisch, auch hie und da nebelhaft: verwirrte Empfindungen, zu lange oder gar nicht überlegte Entschlüsse (Liebe macht blind!). Aber nicht nur auf dem Gebiet der Liebe, sondern in allem. Venus = kleines Glück, weil sie Verbindungen zwischen Menschen herbeiführt. Bei guter Stellung sind diese glücklich, dauernd, auch starke öffentliche Stellungen werden vermittelt, schaffen allgemein Achtung und Beliebtheit. Alles, was mit Ernährung und Bekleidung (auch mit Hausbau und eigenem Hause oder einem schönen Heim) zu tun hat, fällt unter Venus. Diese bemüht sich alles „schön" zu gestalten. Kunst ist ohne Venus nicht denkbar. Städte, deren hervorragendste Gebäude die Halbkugel zeigen (Venus liebt keine Kanten und Ecken), haben starke Venuseinflüsse. Venus kann als die edle, rein liebende, als aus reinem Empfinden sich anschmiegende und als diejenige auftreten, die aus Liebe alles auf sich nimmt, sich voll und ganz opfert. Sie kann auch auftreten als die Verführerin, als die Venus mit vernichtenden Hintergedanken, sie kann käuflich sein innerhalb des Rahmens der sogenannten gutbürgerlichen Moral, sie kann auch auf die Straße gehen oder ihren Körper anbieten (dazu gehören auch die meisten weiblichen (und männlichen) Filmsterne!). Stark Venusveranlagte neigen etwas zur körperlichen Fülle. Die Drüsen arbeiten meist gut, oft zu üppig; sie haben im Kindheitsalter (und später) vor allen Dingen die Aufgabe, das Knochengerüst zu bauen. Menschen mit guter Venus haben starkes Knochengerüst. Es kann sogar in einer Familie, die mit Krebsveranlagung belastet ist, bei dem (der) Geborenen nie zu einer Krebserkrankung kommen, wenn bestimmte Punkte oder Grade durch Venus besetzt sind (im Horoskop).

18., 19. 27° ♓, 357° = K, S, W: ähnlich wie bei Sonne in 26° ♓, aber viel klarer und schärfer wirkend. – Progr. E, G.
27° ♓: Ein ganz bedeutsamer Punkt in der Ekliptik und im Tierkreis. Lohengrin-Mythos: Elsa: 27° Fische; Lohengrin: 28° Fische; Schwan: 29° Fische. Da ist die Else von Brabant: Höhe der Venus; dann folgt Lohengrin – Ju-x; dann der Bruder der Elsa: der Schwan: Mond-x (Schwan = Leda, die ledige).

Weibliche, die am 19. geboren sind, erleben meist das Lohengrin-Schicksal: In jungen Jahren kommt die erste Liebe: Lohengrin. Etwa mittelgroß, gut geschultert, mit stapfenden Schritten; vorspringender Kehlkopf, guter Sänger, formvollendet, sehr liebenswürdig, hilfsbereit, meist auch blond, in grauem Anzug. Elsa ist ähnlich: mittelgroß, ziemlich vollbusig, breitschultrig, gemütvoll, oft bräunliche Haare. – Eines Tages beginnt sie eine Ungeschicklichkeit oder Vertrauensbruch ihrem Lohengrin gegenüber, Mißverständnis – Lohengrin reist ab, meist in NW-Richtung –, Else sieht ihn selten wieder. – Dieses Erlebnis kann Else öfter im Leben haben. Auch früher Geborene können das Erlebnis haben, wenn ihre pr. Sonne über Venus h geht. Geboren: 3. März mit 16 Jahren, 1. März mit 18 Jahren, 27. Februar mit 20 Jahren usw.
Auch bei männlichen wirkt sich dies ähnlich aus: fast immer Tennung durch Ortsänderung, meist der Partnerin, die auch meist Else heißt. Das Lohengrin-Erlebnis kann auch in höherem Alter sein (als Tod eines lieben Menschen), wenn unser Geburtstag weit zurück liegt (im Januar etwa). Die anderen Planeten wirken ähnlich, entsprechend ihrer Eigenart.
Zu der Sphäre der Venus gehört auch der Grals-Mythos (mit der Taube). Wer diesen Mythos erleben will, muß einige Venuspunkte besetzt haben durch Planeten oder Häuserspitzen. So sind zwischen Karfreitag–Pfingsten 51 Tage = 51 Grad: Venuswinkel; Pfingsten daher ein Venusfest. (Ist 18° Stier – 27° Fische + 51° – besetzt, so Venuserlebnis, Gralserlebnis.) Kosmische Gralsbrüderschaft hat diesen Punkt besetzt. Der Gral wird oft nicht erkannt; wer ihn zu senden versteht, ist oft in der Mitwelt wenig oder nicht geachtet. Denn Hilfen für in Not Geratene müssen selbstlos und aus reiner menschlicher Liebe gesendet werden. Verschiedenheiten der Eltern.

20. 28° ♓, 358° = K: einige sind sehr stattlich, andere können kugelrund werden. Immer etwas imponierend wirkend, sei es durch die Gestalt oder durch das Auftreten. – W: die Einflüsse der Sonne in 26 und 27° ♓ liegen noch etwas vor. Mehr innere Klarheit und nach außen mehr willensbewußt erscheinend. Mehr gesammelt auftretend, gerecht urteilend. Ordnung erstrebend, oft überragendes Urteil. Meistens intelligent, redegewandt, rechtskundig, auf Reales eingestellt. – S: wenig

Geschwister, in einstmals begüterter Familie aufgewachsen, erlebt Erbschaftsstreit wegen Erbschleicherei der Verwandtschaft. Romantische Jugendliebe. Oft Heirat unter dem Druck der Verhältnisse. Viel Umzüge, auch evtl. Ortsveränderungen. Etwas eigenartige Partnerin (Partner). Viel Auf und Ab in den finanziellen Verhältnissen. Meistens langes Leben. Wenig Kinder in den meisten Fällen. – Progr. E, G.

21. 29° ♓, 359° = K: hier ist die Figur sehr unterschiedlich. Meistens mehr gedrungene oder ganz volle Gestalt, wechselvolle Gesundheitsverhältnisse. – W: wechselvolle Stimmungen. Einfälle und Launen. Seelische Unruhe und oft sehr pessimistisch, obgleich dafür gar kein Grund vorliegt. Viele sind sehr sensibel und medial veranlagt. Meistens sehr stark den Einflüssen des Mondes unterworfen. Unruhiger Schlaf in Vollmondnächten, drückende Träume. Hier und da treffende Prophezeiungen. Immer wieder aber auch auf das Reale und den Vorteil eingestellt. Einige sehr egoistisch. – S: selten viel Geschwister. Frühzeitige Heirat und oft Mußheirat. Liebende Partnerin (Partner). Sie (er) hat es nicht leicht in der Ehe. Viel Umzüge und Ortswechsel. Langsames, aber stetiges Vorwärtskommen. Gefahren für Leib und Leben und den Besitz durch mächtige Feinde können auftreten. Aber selbst macht man vielleicht auch manches verkehrt. Aufregungen sollte man vermeiden, denn sie schaden dem Herzen sehr. Wenig Kinder. Bei allen ist ein hohes Alter erreichbar. – Progr. E, G.

Abbildungen der sieben Planetentypen und einiger Mischtypen

Marstypen ♂

für ♈ (Widder)
und ♏ (Skorpion)

+

−

+

Venustypen ♀

für ♉ (Stier)
und ♎ (Waage)

♀ —

Mischtyp ☽ / ♀ +

♀ +

Merkurtypen ☿
für ♊ (Zwillinge)
und ♍ (Jungfrau)

−

+

+

Mischtyp ☿ / ♂ +

Mondtypen ☽

für ♋ (Krebs)

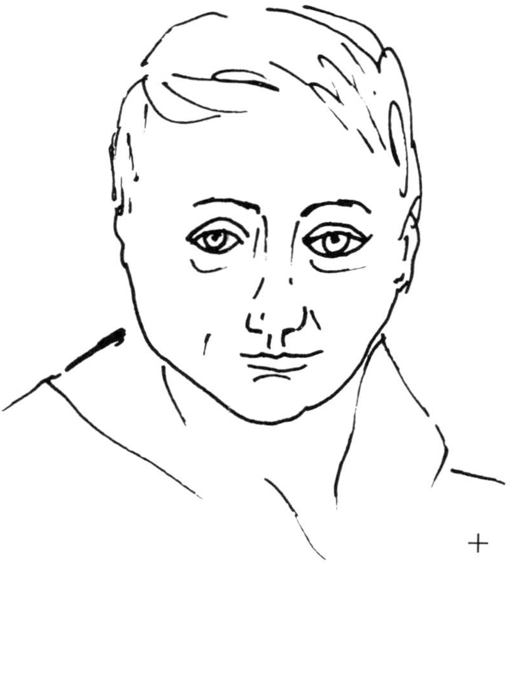

Sonnetypen ☉

für ♌ (Löwe)

\+

\+

–

Jupitertypen ♃

für ♐ (Schütze)
und ♓ (Fische)

–

+

Saturntypen ♄

für ♑ (Steinbock)
und ♒ (Wassermann)

+

Mischtyp ♄ / ♃ +

—

Mischtyp ♄ / ♃ —

Ausklänge und Nachträge für den Anfänger sowie den Könner

Wie in den vorangegangenen zwölf Sternkreisbilder-Aufzeichnungen öfter wiederholt, ist für ein persönlich-individuelles Studium der Astrologie eine Horoskopzeichnung für jeden ernsthaft Interessierten mit genauen Geburtsdaten nötig.

Wir sind in der Lage, Ihnen solch eine Zeichnung für DM 50,— zu liefern.

Voraussetzung ist die Angabe Ihres Geburtstages, Stunde und Minute, des Ortes mit nächstliegender größerer Kreisstadt.

Interessant wird es dann auch für den Gebrauch nach Erscheinen der *Sphärischen Astrologie,* in der Sie jeweils jeden Stand all Ihrer Planeten einschließlich Sonne gradgenau nachlesen können. Ebenfalls werden alle Spitzen der Häuser danach gemessen. Die Summe dieser Nachprüfungen führt durch die abwechslungsreichen Plus- und Negativ-(Spannungspunkte)-Punkte in Ihnen zur Grundlagenbildung in das, was wir Intuition nennen. – Das Geistig-Seelische läßt biokybernetisch als Ergebnis (Stimmung, Gefühl) in jedem Menschen einen anderen Grad an Selbsteinschätzung zurück.

Selbstverständlich gibt es in keinem Menschen nur Pluspunkte. Es sind folgerichtig die Mythen der Menschheits-Urgeschichte, welche in einem mehr, im anderen weniger zur Auswirkung kommen. Dies führt allgemein vom persönlichen Geschick in das eines Volkes (Rasse) und weiter in Verbindung gesehen mit dem ganzen Erdenrund, zu allen Völkern und gibt Niveau und Maßstab dieser Erde für jeden Tag, Jahr oder Jahrhundert-Augenblick wieder, in dem man eine Messung vornehmen würde (Natur-Kulturbeziehung).

Aus diesen Ergebnissen folgern wir – im Sinne nach auch eine Unzufriedenheit – das Maß an zu bewältigenden Innenspannungen, welche nun bewußt erkannt, angegangen werden können.

Durch dieses ungeheuer interessante System, welches kein anderer so vornehm beherrscht wie Friedrich Bernhard Marby, erkennen und finden wir den Schlüssel zu unserem Schicksal, in dessen Messersschneide wir eben nicht hineinlaufen sollten! –

Dies bewirkt das Studium mit Astrologie, einem System, dem keine Wissenschaft über das Selbststudium des Menschen (eben: erkenne Dich selbst) so ungemein nahe kommen kann.

Wir finden uns letztlich eben doch durch die beiden Bibeln verstanden!

Rudolf Arnold Spieth

Nachtrag Zur Graddeutung des Zeichens Widder:
Zwischen dem 10. und 12. April fehlt der 11. – Wir lesen:
11. 21° ♈ Eklipt. = K, W, S: ähnlich wie bei Sonne in 20° ♈.

Da, wie in Seite 26 angenommen, nur der mittlere Sonnenstand gegeben ist, entspricht nicht jeder Tag eines Geborenen demselben Grad, welcher daneben steht!
Durch die Verschiebung des Frühlingsanfangs und bedingt durch das alle vier Jahre folgende Schaltjahr (ebenso die Geburtszeit an jedem Tag) ist jedes einzelnen Tag exakt nur mit einem Horoskop in der Gradbestimmung möglich.
Die Sonnen-, die Planeten- und die Häuserspitzen-Grade (auch progressiv!), welche meistens mit Minuten (und Sekunden) angegeben sind, zählen wie folgt und bei allen anwendbar: Zum Beispiel der 10. Grad zählt von 9 Grad 30 Minuten bis 10 Grad 29 Minuten; der (z. B.) 23. Grad von 22 Grad 30 Minuten bis 23 Grad 29 Minuten. (Wir halten uns an Charubel somit!) Also gehört 9 Grad 50 Minuten zum 10. Grad oder 10 Grad 37 Minuten zum 11.!

Bisherige Veröffentlichungen des Verfassers F. B. Marby

Zeitschriften

Ab 1924: „Der eigene Weg“. – Ab 1931: „Die Neudeutsche Zeitung“. – Ab 1934: „Der Runenforscher“, vorher Beilage der Neudeutschen Zeitung. – Sämtliche Zeitschriften wurden von der Regierung des sog. 3. Reiches verboten!

Bücher

1924: Die Sprache des Kopfes (Kopfformkunde). – 1924: Die Kreuzesform in Fleisch und Blut. Ein Bühnenstück, aufgeführt 1924. – 1925: Das Erwachen im Walde. Ein Bühnenstück, aufgeführt 1925. – 1928: Der Hamburger Uranus-Kalender. – 1929–1936: Der Hag-al-Runen-Kalender. – 1928–1936: Der Persönliche Astrologische Führer. – 1935: Runen raunen richtig Rat! – Dazu noch eine Anzahl weitere Schriften. – Sämtliche Bücher wurden ebenfalls wie oben beschlagnahmt! –

Ab 1931 erschien die großes Aufsehen erregende und heute noch alle Abschreiberlinge und Abbieger in Tätigkeit setzende Marby-Runen-Bücherei Bd. 1–8 (Doppelbände).

Alle hier aufgeführten Werke sind vergriffen!

Nach 99 Monaten KZ Dachau begann Marby unter großen Mühen die Monatszeitschrift „Der eigene Weg“ zu verlegen; später folgt unter einem erweiterten Begriff dieselbe Zeitschrift als „Forschung und Erfahrung“ bis Juli 1966. Marby stirbt dann nicht ganz 84jährig im Dezember 1966.

Vorgesehene Neuerscheinungen

Die Esoterik des Christentums —
Lanz von Liebenfels und sein O.N.T.
zum 75jährigen Jubiläum 1900–1975, Dez., 25.
Mißbraucht, verkannt, verleumdet:
Opfer polit-psychologischer Manipulationen!

Friedrich Bernhard Marby:
Geheim-Systeme der Astrologie
I. Teil: Die sphärische Astrologie, ihre Aspekte und Wirkungspunkte
Grundlegende Orte im Horoskop und ihre Ausdeutung

Geheim-Systeme der Astrologie
II. Teil: Die Bahnen und Knoten der Planeten –
ihre Lage und ihr Einfluß im Horoskop sowie in allen Lebensgebieten

Die Astrologie der Zukunft:
Die galaktische Astrologie — Das galaktische Horoskop —
Die Astrologie der Milchstraße
in Verbindung mit der bisherigen Astrologie des Tyrkreises

Dr. med. Olga v. Ungern-Sternberg:
Die geistige Bewältigung der 12 Sternkraftfelder
im Spiegel des Herakles-Mythos

R. J. Mund (Wien):
Das heiße Eisen „Rassenpolitik" durchschaut!
Gerechtigkeit, Rassendiskriminierung, Autonomie schwarzer Staaten
sind falsch interpretiert! und erforscht!
Erscheint in deutscher und englischer Sprache als Taschenbuch!

Die Preise für die obigen vorangemeldeten Bücher stehen noch nicht fest.
Prospekte mit Inhaltsangabe bei Erscheinen
auf Verlangen gerne kostenlos.